실전활용!
**텐서플로
딥러닝 프로젝트**

**10가지 실무 프로젝트로 배우는
텐서플로와 딥러닝 알고리즘
100% 활용법**

실전활용!

텐서플로 딥러닝 프로젝트

10가지 실무 프로젝트로 배우는
텐서플로와 딥러닝 알고리즘 100% 활용법

지은이 루카 마사론, 알베르토 보세티, 알렉세이 그리고리예프, 아비섹 타쿠르, 라잘링가파 샨무가마니
옮긴이 김정인
펴낸이 박찬규 엮은이 이대엽 디자인 북누리 표지디자인 Arowa & Arowana

펴낸곳 위키북스 전화 031-955-3658, 3659 팩스 031-955-3660
주소 경기도 파주시 문발로 115, 311호 (파주출판도시, 세종출판벤처타운)

가격 27,000 페이지 328 책규격 188 x 240mm

초판 발행 2018년 11월 21일
ISBN 979-11-5839-123-2 (93000)

등록번호 제406-2006-000036호 등록일자 2006년 05월 19일
홈페이지 wikibook.co.kr 전자우편 wikibook@wikibook.co.kr

이 도서의 국립중앙도서관 출판시도서목록(CIP)은
서지정보유통지원시스템 홈페이지(http://seoji.nl.go.kr)와
국가자료공동목록시스템(http://www.nl.go.kr/kolisnet)에서 이용하실 수 있습니다.
CIP제어번호 CIP2018035669

실전활용!
텐서플로
딥러닝
프로젝트

10가지 실무 프로젝트로 배우는
텐서플로와 딥러닝 알고리즘
100% 활용법

루카 마사론, 알베르토 보세티,
알렉세이 그리고리예프, 아비섹 타쿠르,
라잘링가파 샨무가마니 지음
/
김정인 옮김

Packt>   위키북스

저자 소개

루카 마사론(Luca Massaron)은 데이터 과학자이자 마케팅 리서치 이사다. 전문 분야는 다변량 통계 분석, 머신러닝, 고객 인사이트로서 10년 이상 추론, 통계, 데이터 마이닝, 알고리즘을 사용해 실제 문제를 해결하고 이해관계자를 위한 가치를 만들어내는 일에 몸담았다. 데이터 분석과 관련한 모든 분야에 열의를 가지고 전문가와 비전문가 모두에게 데이터 중심의 지식 발견이 줄 수 있는 잠재력을 보여준 그는 어떤 분야라도 쉬운 말로 이해하고 핵심을 실천하는 것만으로도 많은 것을 달성할 수 있다고 믿는다.

유키코(Yukiko)와 아멜리아(Amelia)에게 감사 드린다.
그들은 내게 한결같은 사랑으로 지원과 도움을 마다하지 않았다.

알베르토 보세티(Alberto Boschetti)는 신호 처리와 통계 분야에 통달한 데이터 과학자다. 그는 통신공학 분야의 박사 학위를 가지고 있고, 런던에서 거주하며 일하고 있다. 그는 직업 특성상 자연어 처리, 머신러닝, 분산 처리에 걸쳐 매일 어려운 문제를 마주하고 있다. 그는 자신의 일에 매우 열정적이며, 미팅, 컨퍼런스, 기타 이벤트에 참석하면서 데이터 과학 기술 분야의 최근 발전 동향에 대한 최신 정보를 얻으려고 항상 노력한다.

알렉세이 그리고리예프(Alexey Grigorev)는 8년 이상의 전문 경력을 가진 데이터 과학자이자 머신러닝 엔지니어, 소프트웨어 개발자다. 그는 여러 크고 작은 기업에서 자바 개발자로 시작했지만 얼마 지나지 않아 데이터 과학 분야로 경력을 전환했다. 현재 Simplaex에서 데이터 과학자로 근무하고 있으며 주로 자바와 파이썬을 활용해 데이터 정제, 데이터 분석, 모델링하는 일을 한다. 전문 분야는 머신러닝과 텍스트 마이닝이다.

부인 라리사(Larisa)와 아들 아카디즈(Arkadij)가
이 책을 집필하는 동안 내게 보여준 인내와 지원에 감사한다.

아비섹 타쿠르(Abhishek Thakur)는 데이터 과학자다. 그는 이론보다는 주로 응용 머신러닝과 딥러닝에 관심을 갖고 있다. 2014년 초 본 대학(University of Bonn)에서 컴퓨터 과학으로 석사 학위를 받았다. 그때부터 주로 자동 기계 학습 분야의 연구 활동을 하며 다양한 산업군에서 일하고 있다. 그는 머신러닝 대회에 적극적으로 참가하며 유명한 웹사이트인 캐글(Kaggle)에서 세계 랭킹 3위에 이름을 올려 놓았다.

라잘링가파 샨무가마니(Rajalingappaa Shanmugamani)는 현재 SAP 싱가포르 지사에서 딥러닝을 이끌고 있다. 이전에는 다양한 스타트업 기업에서 일하고 컨설팅하며 컴퓨터 비전 제품을 개발했다. IIT 마드라스(IIT Madras) 대학에서 석사 학위를 받았으며, 제조업에 컴퓨터 비전 적용을 주제로 논문을 썼다. 그는 피어리뷰 저널에 글을 기고하거나 컨퍼런스에 발표하고 머신러닝 분야에 특허도 몇 건 등록 신청한 상태다. 여유가 있을 때는 학생과 엔지니어에게 프로그래밍과 머신러닝을 지도하기도 한다.

부인 에질(Ezhil)과 가족, 친구들의 전폭적인 지원에 감사 드린다.
모든 교사, 동료, 관리자, 멘토들에게도 감사드린다. 나는 그들로부터 많은 것을 배웠다.

검토자 소개

마빈 베르틴(Marvin Bertin)은 텐서플로를 이용한 딥러닝, 컴퓨터 비전, NLP를 중점적으로 다루는 온라인 교육과정의 저자이자 기술서적 편집자다. 기계 공학을 전공하고 데이터 과학 분야에서 석사 학위를 받았다. 그는 베이 에어리어(Bay Area)에서 주로 추천 시스템, NLP, 생명 공학 응용 분야에서 활동하고 있다. 그는 현재 암 초기 진단을 위한 딥러닝(AI) 알고리즘을 개발하는 스타트업 기업에서 일하고 있다.

역자 소개

학업까지 포함하여 약 20년을 IT 분야에 종사했다. 회사를 나오기 전 최근 7년동안 BI/BA 영역에 몸담았다. 관심 있는 분야는 데이터 과학 분야이며, 늘 이 책으로 처음 공부하는 사람처럼 번역에 임하고자 노력한다. 옮긴 책으로는 《러닝 스칼라》《파이썬 데이터 사이언스 핸드북》《애자일 데이터 과학 2.0》《구글 애널리틱스 완벽 가이드》《마이크로소프트 봇 프레임워크》가 있다.

역자 서문

개념을 이해하고자 할 때 실체를 직접 확인하는 것만큼 좋은 것은 없다. 이 책은 그런 의미에서 딥러닝의 개념을 이해하고 실전적 경험을 맛보는 데 있어 더할 나위 없다. 개념에 대한 간단한 설명 뒤에 우리가 흔히 접할 수 있는 문제와 응용프로그램에 적용된 사례에 그 개념을 직접 적용하여 보여줌으로써 손에 잡히게 딥러닝을 배울 수 있을 것이다.

이 책에 나오는 딥러닝 모델 외에도 우리가 자유롭게 활용할 수 있는 데이터셋에 대해서도 설명하므로 책에 나오는 예제가 아니더라도 이 데이터셋을 활용해 각자만의 주제로 다양한 실험들을 해볼 수 있을 것이다. 책은 아무래도 현재의 트렌드를 발빠르게 보여주기에는 다소 한계가 있을 수 있다. 이 책은 딥러닝에서 가장 기본적인 주제에 대해 가장 각광을 받고 있는 모델 및 솔루션을 보여줄 뿐 아니라 트렌드를 따라잡을 수 있는 참고 사이트를 제시하고 있어 책을 통해 기본기를 다진 다음 그 영역을 확장 발전시킬 수 있는 실마리를 얻을 수 있을 것이다.

번역하면서 딥러닝, 통계 분야 용어는 통계학회와 저명한 사이트에서 제공하는 용어 사전을 참고했다. 간혹 여기까지 번역하면 어색하지 않나 생각되지만 그렇지 않으면 조사와 어미만 남게 되는 경우가 있다. 역자로서의 관점을 견지하면서 가능하면 어색함이 가장 덜하도록 신중을 기해 번역하려 노력했다.

아무쪼록 이 책을 읽는 모든 독자가 실무적 관점에서 딥러닝을 이해하고 자신만의 응용 분야에서 적용할 수 있는 역량을 얻게 되길 바란다.

이 책이 나오기까지 도움을 주신 위키북스에 감사드린다.

그리고 늘 믿음과 기도로 나를 지지해주시는 가족에게 사랑과 감사를 전한다.

김정인

05

LSTM을 이용한 주가 예측

텐서플로(TensorFlow)는 머신러닝과 딥러닝에서 사용되는 가장 유명한 프레임워크 중 하나다. 텐서플로는 매우 높은 정확도로 다양한 종류의 딥러닝 모델을 훈련시킬 수 있는 빠르고 효율적인 프레임워크를 제공한다. 이 책은 12개의 실제 프로젝트를 가지고 텐서플로를 이용한 딥러닝을 학습하는 안내서다.

이 책은 딥러닝을 위한 최적의 텐서플로 환경을 구성하는 것으로 시작한다. CNN, RNN, LSTM, 대립쌍 구조를 사용하는 생성모델(generative adversarial network)을 비롯해 텐서플로를 사용해 다양한 유형의 딥러닝 모델을 훈련시키는 방법을 배울 것이다. 그러면서 이미지 처리, 엔터프라이즈 AI, 자연어 처리 같은 실제 문제를 해결할 수 있는 딥러닝 솔루션을 만들 것이다. 이 책을 통해 이미지 캡션을 자동으로 생성하고, 주가를 예측하고, 지능형 챗봇을 만드는 고성능 모델을 훈련시킬 것이다. 추천 시스템과 강화 학습 같은 고급 모델 역시 이 책에서 다룰 것이다.

이 책을 마치면 딥러닝의 개념을 모두 배우고 텐서플로를 사용해 이 개념들을 구현하고, 어떤 문제를 만나더라도 이를 해결하기 위해 텐서플로를 사용해 자신만의 딥러닝 모델을 구축하고 훈련시킬 수 있을 것이다.

이 책의 대상

이 책은 실제 지능형 시스템 구축에 대한 지식과 전문성을 테스트해보기 위한 참고서적이 필요한 데이터 과학자, 머신러닝 및 딥러닝 실무자와 AI 마니아를 대상으로 한다. 텐서플로에서 실제 프로젝트를 구현해보면서 그와 관련된 다양한 딥러닝 개념과 알고리즘을 학습하고 싶다면 이 책을 읽으면 된다.

이 책의 내용

1장 컨볼루션 신경망을 활용한 교통 표지판 인식에서는 필요한 전처리 과정을 전부 거쳐서 이미지로부터 적절한 특징을 추출하는 방법을 보여준다. 컨볼루션 신경망(convolutional neural network)을 위해 matplotlib으로 만들어진 간단한 형상을 사용할 것이다. 예일 얼굴 데이터베이스(Yale Face Database)를 사용해 이미지 전처리 실습을 해 볼 것이다.

2장 Object Detection API를 활용하여 이미지에 주석 달기에서는 텐서플로의 새로운 객체 탐지 API(object detection API, 텐서플로 탐지 모델 zoo라고 불리는 미리 학습된 컨볼루션 신경망을 활용한)와 OpeCV를 사용해 이미지, 동영상, 웹캠 캡처 영상에 주석을 달 수 있는 실시간 객체 탐지 응용 프로그램을 만드는 방법을 자세히 다룬다.

3장, **이미지에 대한 캡션 생성**에서는 미리 훈련된 모델을 사용하거나 사용하지 않고 캡션을 생성하는 법을 배울 수 있다.

4장 **조건부 이미지 생성을 위한 GAN 구축**에서는 원하는 종류의 새로운 이미지를 재생산하기 위한, 선택적인 GAN을 구축하는 방법을 단계별로 안내한다. 여기서 GAN이 재생산할 데이터셋은 손으로 쓴 글자(Chars74K 데이터셋의 숫자와 문자를 모두 포함)다.

5장 **LSTM을 활용한 주가 예측**에서는 1차원 신호, 주가의 미래를 예측하는 방법을 알아본다. 과거 주가가 주어졌을 때 LSTM 아키텍처를 사용해 주가의 미래를 예측하는 방법과 예측 정확도를 높이는 방법을 배울 것이다.

6장 **기계 번역 시스템 구축과 훈련**에서는 텐서플로로 최첨단 기계 번역 시스템을 생성하고 훈련시키는 법을 보여준다.

7장 **사람처럼 의견을 나눌 수 있는 챗봇의 훈련과 구축**에서는 처음부터 지능형 챗봇을 만드는 방법과 그 챗봇과 논의하는 방법을 알려준다.

8장 **중복된 쿼라 질문 탐지하기**에서는 쿼라(Quora) 데이터셋을 사용해 중복 질문을 탐지하기 위해 사용할 수 있는 방법들을 알아본다. 물론 이러한 방법은 유사한 다른 데이터셋에도 활용할 수 있다.

9장 **텐서플로 추천 시스템 구축하기**에서는 현실적인 예제로 대규모 응용 프로그램을 다룬다. 9장에서는 AWS에서 클라우드 GPU 컴퓨팅 기능을 구현하는 방법에 대한 매우 명확한 지침을 제공한다. 또한 대규모의 심층 신경망을 대상으로 H2O의 훌륭한 API를 활용할 것이다.

10장 **강화학습으로 비디오 게임 하기**에서는 Lunar Lander 게임을 직접 할 수 있는 AI를 만드는 프로젝트를 자세히 다룬다. 이 프로젝트는 기존의 OpenAI Gym 프로젝트를 중심으로 텐서플로를 사용해 통합된다. OpenAI Gym은 텐서플로 신경망 모델로 동작하는 AI 에이전트를 사용하는 방법을 탐구하기 위해 다양한 게임 환경을 제공하는 프로젝트다.

이 책을 읽기 전에 준비할 사항

이 책에서 다룬 예제들은 윈도우나 우분투, 맥에서 실행된다. 이 책은 설치와 관련된 내용을 자세히 안내하고 있다. 여러분은 파이썬, 머신러닝, 딥러닝에 대한 기본 지식을 갖추고 텐서플로에 익숙해야 할 것이다.

예제 파일 내려받기

이 책의 예제 코드는 이 책의 홈페이지인 http://wikibook.co.kr/tensorflow-projects/에서 내려받을 수 있다. 파일을 내려받았다면 다음 프로그램을 사용해 파일의 압축을 푼다.

1. 윈도우의 경우: WinRAR/7-Zip

2. 맥의 경우: Zipeg/iZip/UnRarX

3. 리눅스의 경우: 7-Zip/PeaZip

이 책의 코드는 깃허브에도 호스팅돼 있다(https://github.com/wikibook/tensorflow-projects).

이 책에 사용된 표기법

이 책에 사용된 표기법은 다음과 같다.

본문 안의 코드: 텍스트 안에서 코드, 데이터베이스 테이블 이름, 폴더 이름, 파일 이름, 파일 확장자, 경로명, 더미 URL, 사용자 입력, 트위터 아이디를 가리킨다. 예를 들면, 'TqdmUpTo 클래스는 다운로드를 위한 진행 상태를 보여주기 위해 사용하는 tqdm 래퍼다.'와 같이 표기한다.

코드는 다음과 같이 표기한다.

```
import numpy as np
import urllib.request
import tarfile
import os
import zipfile
import gzip
import os
from glob import glob
from tqdm import tqdm
```

명령줄 입력이나 출력은 다음과 같이 쓴다.

```
epoch 01: precision: 0.064
epoch 02: precision: 0.086
epoch 03: precision: 0.106
epoch 04: precision: 0.127
epoch 05: precision: 0.138
epoch 06: precision: 0.145
epoch 07: precision: 0.150
epoch 08: precision: 0.149
epoch 09: precision: 0.151
epoch 10: precision: 0.152
```

굵은 글꼴: 새로운 용어, 중요한 단어, 화면에서 보게 될 단어를 나타낸다. 예를 들어, 메뉴나 대화상자의 단어가 다음처럼 텍스트 형태로 등장할 때 사용한다. 예를 들면 '**관리** 패널에서 **시스템 정보**를 선택하라'처럼 말이다.

 경고 또는 중요한 알림을 표시

 팁 또는 트릭을 표시

01

컨볼루션 신경망을 활용한
교통 표지판 인식

이 책에서 다룰 첫 번째 프로젝트는 딥러닝이 매우 잘 동작하는 간단한 모델로 교통 표지판을 인식하는 일이다. 간단하게 설명하면 교통 표지판의 컬러 이미지가 주어졌을 때 모델은 그 표지판이 무엇인지 인식한다. 이 과정에서 다음 사항을 알아볼 것이다.

- 데이터셋 구성
- 사용할 심층 신경망
- 데이터셋의 이미지 전처리 방법
- 성능 관점에서 예측 모델을 훈련시키고 예측하는 방법

데이터셋

교통 표지판 이미지를 가지고 교통 표지판을 예측하려고 하기 때문에 동일한 목적으로 구성된 데이터 셋을 사용할 것이다. 다행히 독일 신경정보학 연구소(Institute für Neuroinformatik) 연구원들은 43개의 교통 표지판과 관련된 모두 다른 4만여 개의 이미지를 포함한 데이터셋을 만들었다. 우리가 사용할 데이터셋은 GTSRB(German Traffic Sign Recognition Benchmark)라는 경연의 일부로 동일한 목적을 갖는 여러 모델의 성능을 채점하고자 만들어졌다. 이 데이터셋은 2011년에 만들어졌으니 꽤 오래됐다! 하지만 프로젝트를 시작하기에 부족함이 없고 잘 구성된 데이터셋이라 생각한다.

이 프로젝트에서 사용하는 데이터셋은 http://benchmark.ini.rub.de/Dataset/GTSRB_Final_Training_Images.zip에서 무료로 내려받을 수 있다.

코드를 실행하기 전에 먼저 파일을 내려받고 코드와 동일한 디렉터리에 압축을 풀어야 한다. 아카이브 압축을 풀면 데이터셋을 포함한 GTSRB라는 새 폴더가 생성된다.

이 책의 저자로서 이 데이터셋을 구성해서 오픈소스로 제공한 이들에게 감사 인사를 드리고 싶다. 또한 CNN(컨볼루션 신경망)에 대해 더 배우고 싶다면 http://cs231n.github.io/convolutional-networks/[1]를 참고한다.

자, 이제 몇 가지 예제를 보자.

'속도 제한 20km/h'

'직진 또는 우회전'

'로터리'

---

1 (옮긴이) 한국어 사이트로는 http://aikorea.org/cs231n/neural-networks-3/를 참고한다.

보다시피 표지판은 밝기가 일정하지 않고(어떤 것은 매우 어둡고, 어떤 것은 너무 밝다), 크기도 다르며, 이미지 각도도 다 다르고, 배경 이미지도 제각각이며 다른 교통 표지판 이미지가 일부 포함돼 있기도 하다.

이 데이터셋은 다음과 같은 방식으로 구성돼 있다. 같은 레이블을 갖는 이미지는 모두 동일한 폴더 내에 있다. 예를 들어, GTSRB/Final_Training/Images/00040/ 경로 아래에 있는 이미지는 모두 동일한 레이블인 40을 갖고 있다. 다른 레이블 5를 갖는 이미지를 보려면 GTSRB/Final_Training/Images/00005/ 폴더를 열면 된다. 또한 모든 이미지는 PPM 형식이다. 이 형식은 무손실 압축 이미지 파일 형식으로 다양한 오픈소스 인코더/디코더에서 이 형식을 지원한다.

CNN

프로젝트에서는 다음과 같은 아키텍처를 가진 매우 간단한 신경망을 사용할 것이다.

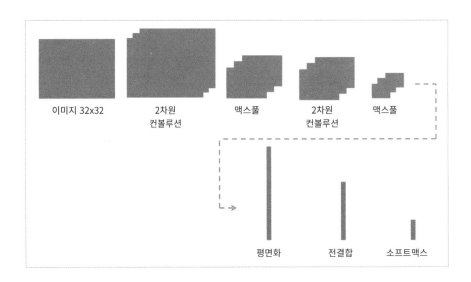

이 아키텍처에서는 다음 사항들을 선택해야 한다.

- 2차원 컨볼루션에서 필터 개수와 커널 크기
- **맥스풀(Max pool)**에서의 커널 크기
- **전결합(Fully Connected)** 계층에서의 유닛 개수
- 계층별 배치 크기, 최적화 알고리즘, 학습 단계(결국, 학습 속도의 감소율), 활성화 함수와 세대(epoch) 수

이미지 전처리

모델에서 처음으로 할 일은 이미지를 읽어서 표준화하는 것이다. 실제로 다양한 크기의 이미지를 가지고는 작업할 수 없으므로 첫 번째 단계에서 이미지를 로딩해서 이미지 크기를 미리 정의된 크기(32x32)로 조정한다. 더불어 한 요소만 활성화된(그 요소가 1을 포함함) 43차원 배열을 갖기 위해 레이블을 원 핫 인코딩(one-hot encoding)하고 이미지의 색 공간을 RGB에서 회색조(grayscale)로 전환할 것이다. 이미지를 보면 우리가 필요한 정보는 신호의 색깔이 아니라 모양과 디자인에 포함돼 있다는 사실을 알 수 있다.

이제 주피터 노트북을 열어 이미지 표준화를 위한 코드를 작성해 보자. 우선 이미지 크기를 재조정한 다음의 이미지 크기와 범주 개수(43)를 포함한 상수를 만들자.

```
N_CLASSES = 43
RESIZED_IMAGE = (32, 32)
```

다음으로 한 경로에 주어진 모든 이미지를 읽어서 그 이미지를 미리 정의한 형상으로 크기를 재조정하고, 회색조로 변환한 다음 레이블을 원 핫 인코딩하는 함수를 작성할 것이다. 이 작업을 위해 dataset이라는 이름의 명명된 튜플(named tuple)을 사용할 것이다.

```
import matplotlib.pyplot as plt
import glob
from skimage.color import rgb2lab
from skimage.transform import resize
from collections import namedtuple
import numpy as np
np.random.seed(101)
%matplotlib inline

Dataset = namedtuple('Dataset', ['X', 'y'])

def to_tf_format(imgs):
    return np.stack([img[:, :, np.newaxis] for img in imgs], axis=0).astype(np.float32)

def read_dataset_ppm(rootpath, n_labels, resize_to):
    images = []
    labels = []
```

```
for c in range(n_labels):
    full_path = rootpath + '/' + format(c, '05d') + '/'
    for img_name in glob.glob(full_path + "*.ppm"):

        img = plt.imread(img_name).astype(np.float32)
        img = rgb2lab(img / 255.0)[:,:,0]
        if resize_to:
            img = resize(img, resize_to, mode='reflect')

        label = np.zeros((n_labels, ), dtype=np.float32)
        label[c] = 1.0

        images.append(img.astype(np.float32))
        labels.append(label)

    return Dataset(X = to_tf_format(images).astype(np.float32),
                   y = np.matrix(labels).astype(np.float32))

dataset = read_dataset_ppm('GTSRB/Final_Training/Images', N_CLASSES, RESIZED_IMAGE)
print(dataset.X.shape)
print(dataset.y.shape)
```

skimage 모듈 덕분에 이미지를 읽고, 변환하고, 사이즈를 조정하는 작업이 매우 쉽다. 우리는 구현할 때 원래의 색 공간(RGB)을 lab 색 공간으로 변환한 다음 밝기(휘도) 성분만 유지하기로 했다. 색 공간을 전환할 때 YUV 색 공간으로 전환하는 것도 좋은 방법이다. 이 경우에는 'Y' 요소만 회색조 이미지로 유지된다.

앞에서 본 코드를 실행하면 다음 결과를 얻게 된다.

```
(39209, 32, 32, 1)
(39209, 43)
```

출력 형식을 보면, 관측 행렬 X의 형상이 4차원임을 알 수 있다. 첫 번째 차원은 관측치를 인덱싱한다 (이 경우 거의 40,000개에 달하는 관측치를 확보했다). 나머지 세 개의 차원은 이미지(32픽셀×32픽셀의 회색조, 즉 일차원 이미지)를 포함한다. 이것이 텐서플로에서 이미지를 처리할 때 사용하는 기본 형태다(_tf_format 함수의 코드 참조).

레이블 행렬에서 행 인덱스는 관측치이며 열은 해당 레이블의 원 핫 인코딩 결과다.

관측 행렬을 좀 더 이해하기 위해 첫 번째 표본의 특징 벡터를 레이블과 함께 출력해보자.

```
plt.imshow(dataset.X[0, :, :, :].reshape(RESIZED_IMAGE)) #표본
print(dataset.y[0, :]) #레이블
```

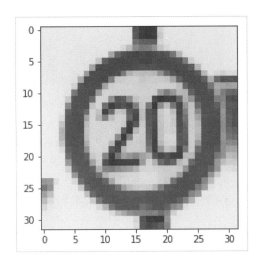

```
[[1. 0. 0. 0. 0. 0. 0. 0. 0. 0. 0. 0. 0. 0. 0. 0. 0. 0. 0. 0. 0. 0. 0.
0. 0. 0. 0. 0. 0. 0. 0. 0. 0. 0. 0. 0. 0. 0. 0. 0. 0. 0. 0.]]
```

이미지, 즉 특징 벡터가 32×32임을 확인할 수 있다. 레이블에는 첫 번째 위치에만 1이 포함돼 있다.

이제 마지막 표본을 출력해보자.

```
plt.imshow(dataset.X[-1, :, :, :].reshape(RESIZED_IMAGE)) #표본
print(dataset.y[-1, :]) #레이블
```

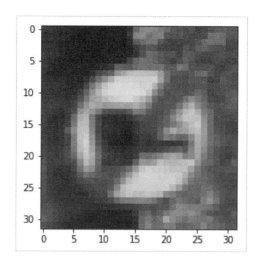

```
[[0. 0. 0. 0. 0. 0. 0. 0. 0. 0. 0. 0. 0. 0. 0. 0. 0. 0. 0. 0. 0. 0. 0.
  0. 0. 0. 0. 0. 0. 0. 0. 0. 0. 0. 0. 0. 0. 0. 0. 0. 0. 0. 1.]]
```

특징 벡터의 크기는 동일하고(32 × 32) 레이블 벡터에서 마지막 위치에 1이 포함돼 있다.

이 둘은 우리가 모델을 생성할 때 필요한 정보다. 특히 형상에 주의를 기울여 보자. 형상은 딥러닝 분야에서 이미지를 가지고 작업할 때 결정적인 요소이기 때문이다. 전통적인 머신러닝의 관측 행렬에 반해 여기서 X는 4차원을 갖는다!

전처리의 마지막 단계는 훈련 데이터와 테스트 데이터를 분할하는 것이다. 우리는 데이터셋 일부를 가지고 모델을 훈련시킨 다음 그 모델의 성능을 나머지 표본, 즉 테스트 데이터셋을 가지고 측정해야 한다. 그러기 위해 sklearn에서 제공하는 함수를 사용하자.

```python
from sklearn.model_selection import train_test_split

idx_train, idx_test = train_test_split(range(dataset.X.shape[0]), test_size=0.25, random_state=101)
X_train = dataset.X[idx_train, :, :, :]
X_test = dataset.X[idx_test, :, :, :]
y_train = dataset.y[idx_train, :]
y_test = dataset.y[idx_test, :]


print(X_train.shape)
print(y_train.shape)
```

```
print(X_test.shape)
print(y_test.shape)
```

이 예제에서는 데이터셋의 75%에 해당하는 표본으로 모델을 훈련하고 나머지 25%를 가지고 테스트할 것이다. 실제로 앞의 코드를 실행하면 다음과 같은 결과를 얻는다.

```
(29406, 32, 32, 1)
(29406, 43)
(9803, 32, 32, 1)
(9803, 43)
```

모델 훈련 및 예측

우선 훈련 데이터의 미니배치를 생성하는 함수를 만들어 보자. 실제로 훈련을 반복할 때마다 훈련 데이터셋에서 추출된 표본의 미니배치를 삽입해야 한다. 여기서 우리는 관측치, 레이블, 배치 크기를 인수로 가져와 미니배치 생성기를 반환하는 함수를 만들 것이다. 나아가 훈련 데이터에 변화를 주기 위해 함수에 다른 인수를 추가한다. 이 인수는 각 생성기가 서로 다른 데이터 미니배치를 갖도록 데이터를 섞을 가능성을 뜻한다. 생성기마다 서로 다른 데이터 미니배치를 갖게 되면 모델은 데이터 순서를 암기하는 것이 아니라 입력-출력 연결을 학습하게 된다.

```
def minibatcher(X, y, batch_size, shuffle):
    assert X.shape[0] == y.shape[0]
    n_samples = X.shape[0]

    if shuffle:
        idx = np.random.permutation(n_samples)
    else:
        idx = list(range(n_samples))

    for k in range(int(np.ceil(n_samples/batch_size))):
        from_idx = k*batch_size
        to_idx = (k+1)*batch_size
        yield X[idx[from_idx:to_idx], :, :, :], y[idx[from_idx:to_idx], :]
```

이 함수를 테스트하기 위해 batch_size=10000으로 해서 미니배치의 형상을 출력해보자.

```
for mb in minibatcher(X_train, y_train, 10000, True):
  print(mb[0].shape, mb[1].shape)
```

그러면 다음과 같은 결과가 출력된다.

```
(10000, 32, 32, 1) (10000, 43)
(10000, 32, 32, 1) (10000, 43)
(9406, 32, 32, 1) (9406, 43)
```

당연하게도 훈련 집합의 29,406개의 표본이 10,000개의 미니배치 두 개와 마지막으로 9,406개의 미니배치로 나뉜다. 물론 레이블 행렬에도 동일한 개수의 요소가 포함돼 있다.

이제 마지막으로 모델을 구성할 차례다! 먼저 네트워크를 구성할 블록을 만들어 보자. 활성화 함수 없이 다양한 개수(이것은 인수로 제공된다)의 유닛을 가지고 전결합(fully connected) 계층을 만드는 것으로 시작할 수 있다. 계층이 적절하게 중심을 잡고 분포되도록 만들기 위해 계수(가중치)로는 Xavier 초기화, 편향값(bias)으로는 0-초기화를 사용하기로 했다. 결과는 단순히 입력 텐서에 가중치를 곱해서 편향값을 더한 값이다. 가중치의 차원을 주의 깊게 보기 바란다. 이 차원은 동적으로 정의되기 때문에 네트워크의 어느 위치에서나 사용될 수 있다.

```
import tensorflow as tf

def fc_no_activation_layer(in_tensors, n_units):
  w = tf.get_variable('fc_W',
    [in_tensors.get_shape()[1], n_units],
    tf.float32,
    tf.contrib.layers.xavier_initializer())
  b = tf.get_variable('fc_B',
    [n_units, ],
    tf.float32,
    tf.constant_initializer(0.0))
  return tf.matmul(in_tensors, w) + b
```

이제 활성화 함수를 사용해 전결합 계층을 만들자. 여기서 leaky ReLU를 사용할 것이다. 보다시피 이전 함수를 사용해 이 함수를 만들 수 있다.

```
def fc_layer(in_tensors, n_units):
  return tf.nn.leaky_relu(fc_no_activation_layer(in_tensors, n_units))
```

마지막으로 입력 데이터, 커널 크기, 필터(또는 유닛) 개수를 인수로 취하는 컨볼루션 계층을 만들자. 전결합 계층에서 사용했던 것과 동일한 활성화 함수를 사용할 것이다. 이 경우 출력은 leaky ReLU 활성화 함수를 통과한다.

```
def conv_layer(in_tensors, kernel_size, n_units):
  w = tf.get_variable('conv_W',
    [kernel_size, kernel_size, in_tensors.get_shape()[3], n_units],
    tf.float32,
    tf.contrib.layers.xavier_initializer())
  b = tf.get_variable('conv_B',
    [n_units, ],
    tf.float32,
    tf.constant_initializer(0.0))
  return tf.nn.leaky_relu(tf.nn.conv2d(in_tensors, w, [1, 1, 1, 1], 'SAME') + b)
```

이제 maxpool_layer를 만들자. 여기서 윈도우 크기와 스트라이드(stride, 이동 폭)는 모두 정사각형이다.

```
def maxpool_layer(in_tensors, sampling):
  return tf.nn.max_pool(in_tensors, [1, sampling, sampling, 1], [1, sampling, sampling, 1], 'SAME')
```

마지막으로 네트워크를 정규화하는 데 사용될 드롭아웃(dropout)을 정의한다. 드롭아웃은 만들기가 매우 간단하지만 결과를 예측할 때 사용해서는 안 되고 네트워크를 훈련시킬 때만 사용해야 한다는 사실에 주의하자. 따라서 드롭아웃 적용 여부를 정의하기 위한 조건 연산자가 필요하다.

```
def dropout(in_tensors, keep_proba, is_training):
  return tf.cond(is_training, lambda: tf.nn.dropout(in_tensors, keep_proba), lambda: in_tensors)
```

마지막으로 지금까지 배운 내용을 종합해서 앞에서 정의한 대로 모델을 만들어보자. 다음의 계층으로 구성된 모델을 만들 것이다.

1. 2차원 컨볼루션, 5x5, 32 필터

2. 2차원 컨볼루션, 5x5, 64 필터

3. 평면화 계층

4. 전결합 계층, 1,024 유닛

5. 드롭아웃 40%

6. Fully connected 계층, 활성화 함수 배제

7. 소프트맥스(Softmax) 활성화 함수 결과 계층

모델 구성 코드는 다음과 같다.

```python
def model(in_tensors, is_training):
  # 첫 번째 계층: 5x5 2차원 컨볼루션, 32개의 필터, 2x 맥스풀, 20% 드롭아웃
  with tf.variable_scope('l1'):
    l1 = maxpool_layer(conv_layer(in_tensors, 5, 32), 2)
    l1_out = dropout(l1, 0.8, is_training)

  # 두 번째 계층: 5x5 2차원 컨볼루션, 64개의 필터, 2x 맥스풀, 20% 드롭아웃
  with tf.variable_scope('l2'):
    l2 = maxpool_layer(conv_layer(l1_out, 5, 64), 2)
    l2_out = dropout(l2, 0.8, is_training)

  with tf.variable_scope('flatten'):
    l2_out_flat = tf.layers.flatten(l2_out)

  # 전결합 계층, 1024개의 뉴런, 40% 드롭아웃
  with tf.variable_scope('l3'):
    l3 = fc_layer(l2_out_flat, 1024)
    l3_out = dropout(l3, 0.6, is_training)

  # 결과
  with tf.variable_scope('out'):
```

```
   out_tensors = fc_no_activation_layer(l3_out, N_CLASSES)

  return out_tensors
```

그리고 이제 훈련 집합으로 모델을 훈련시키고 테스트 집합으로 모델 성능을 테스트하는 함수를 작성하자. 다음에 나올 코드는 모두 train_model 함수에 포함돼 있다. 다만 설명을 단순화하기 위해 여러 부분으로 나눴다.

이 함수는 훈련 집합, 테스트 집합, 레이블 외에도 학습 속도, 세대 수, 배치 크기, 즉 훈련 배치당 이미지 개수를 인수로 받는다. 일부 텐서플로 플레이스홀더(placeholder)를 정의하는데, 제일 중요한 것을 먼저 해야 한다. 이미지의 미니배치, 레이블의 미니배치, 마지막으로 훈련을 위한 실행인지 여부를 선택(이것은 주로 드롭아웃 계층에서 사용된다)하는 플레이스홀더를 정의한다.

```
from sklearn.metrics import classification_report, confusion_matrix

def train_model(X_train, y_train, X_test, y_test, learning_rate, max_epochs, batch_size):
  in_X_tensors_batch = tf.placeholder(tf.float32, shape = (None, RESIZED_IMAGE[0], RESIZED_IMAGE[1], 1))
  in_y_tensors_batch = tf.placeholder(tf.float32, shape = (None, N_CLASSES))
  is_training = tf.placeholder(tf.bool)
```

이제 결과, 지표 점수, 최적화 모델을 정의하자. 여기서는 AdamOptimizer와 손실 함수로 softmax(logits)를 사용한 크로스 엔트로피(cross entropy)를 사용하기로 했다.

```
  logits = model(in_X_tensors_batch, is_training)
  out_y_pred = tf.nn.softmax(logits)
  loss_score = tf.nn.softmax_cross_entropy_with_logits(logits=logits, labels=in_y_tensors_batch)
  loss = tf.reduce_mean(loss_score)
  optimizer = tf.train.AdamOptimizer(learning_rate).minimize(loss)
```

그리고 마지막으로, 다음은 미니배치를 사용해 모델을 훈련시키는 코드를 보여준다.

```
  with tf.Session() as session:
    session.run(tf.global_variables_initializer())

    for epoch in range(max_epochs):
      print("Epoch=", epoch)
```

```
    tf_score = []

    for mb in minibatcher(X_train, y_train, batch_size, shuffle = True):
      tf_output = session.run([optimizer, loss],
                              feed_dict = {in_X_tensors_batch : mb[0],
                                           in_y_tensors_batch : mb[1],
                                           is_training : True})

      tf_score.append(tf_output[1])
    print(" train_loss_score=", np.mean(tf_score))
```

모델을 훈련시킨 다음에는 테스트 집합으로 모델을 테스트한다. 여기서는 미니배치를 전송하는 대신
전체 테스트 집합을 사용하겠다. 단 테스트할 때는 드롭아웃을 사용하지 않을 것이므로 is_training을
False로 해야 한다는 것만 주의하자!

```
print("TEST SET PERFORMANCE")
    y_test_pred, test_loss  = session.run([out_y_pred, loss],
                                 feed_dict = {in_X_tensors_batch : X_test,
                                              in_y_tensors_batch : y_test,
                                              is_training : False})
```

그리고 마지막으로 분류 보고서를 출력하고, 잘못 분류한 내용을 확인하기 위해 혼동 행렬(confusion
matrix)과 이 혼동 행렬의 log2 버전을 그려보자.

```
    print(" test_loss_score=", test_loss)
    y_test_pred_classified = np.argmax(y_test_pred, axis=1).astype(np.int32)
    y_test_true_classified = np.argmax(y_test, axis=1).astype(np.int32)
    print(classification_report(y_test_true_classified, y_test_pred_classified))

    cm = confusion_matrix(y_test_true_classified, y_test_pred_classified)

    plt.imshow(cm, interpolation='nearest', cmap=plt.cm.Blues)
    plt.colorbar()
    plt.tight_layout()
    plt.show()
```

```
# 잘못 분류한 내용을 강조하기 위해 log2 버전을 그림
plt.imshow(np.log2(cm + 1), interpolation='nearest', cmap=plt.get_cmap("tab20"))
plt.colorbar()
plt.tight_layout()
plt.show()

tf.reset_default_graph()
```

마지막으로 매개변수를 넣어서 함수를 실행해보자. 여기서 학습 속도는 0.001, 미니배치당 표본 개수는 156, 전체 10세대로 잡고 모델을 실행하겠다.

```
train_model(X_train, y_train, X_test, y_test, 0.001, 10, 256)
```

다음은 그 결과다.

```
Epoch= 0
train_loss_score= 3.4909246
Epoch= 1
train_loss_score= 0.5096467
Epoch= 2
train_loss_score= 0.26641673
Epoch= 3
train_loss_score= 0.1706828
Epoch= 4
train_loss_score= 0.12737551
Epoch= 5
train_loss_score= 0.09745725
Epoch= 6
train_loss_score= 0.07730477
Epoch= 7
train_loss_score= 0.06734192
Epoch= 8
train_loss_score= 0.06815668
Epoch= 9
train_loss_score= 0.060291935
TEST SET PERFORMANCE
test_loss_score= 0.04581982
```

그다음으로 범주별 분류 보고서가 나온다.

	precision	recall	f1-score	support
0	1.00	0.96	0.98	67
1	0.99	0.99	0.99	539
2	0.99	1.00	0.99	558
3	0.99	0.98	0.98	364
4	0.99	0.99	0.99	487
5	0.98	0.98	0.98	479
6	1.00	0.99	1.00	105
7	1.00	0.98	0.99	364
8	0.99	0.99	0.99	340
9	0.99	0.99	0.99	384
10	0.99	1.00	1.00	513
11	0.99	0.98	0.99	334
12	0.99	1.00	1.00	545
13	1.00	1.00	1.00	537
14	1.00	1.00	1.00	213
15	0.98	0.99	0.98	164
16	1.00	0.99	0.99	98
17	0.99	0.99	0.99	281
18	1.00	0.98	0.99	286
19	1.00	1.00	1.00	56
20	0.99	0.97	0.98	78
21	0.97	1.00	0.98	95
22	1.00	1.00	1.00	97
23	1.00	0.97	0.98	123
24	1.00	0.96	0.98	77
25	0.99	1.00	0.99	401
26	0.98	0.96	0.97	135
27	0.94	0.98	0.96	60
28	1.00	0.97	0.98	123
29	1.00	0.97	0.99	69
30	0.88	0.99	0.93	115
31	1.00	1.00	1.00	178
32	0.98	0.96	0.97	55
33	0.99	1.00	1.00	177
34	0.99	0.99	0.99	103
35	1.00	1.00	1.00	277
36	0.99	1.00	0.99	78
37	0.98	1.00	0.99	63
38	1.00	1.00	1.00	540

39	1.00	1.00	1.00	60
40	1.00	0.98	0.99	85
41	1.00	1.00	1.00	47
42	0.98	1.00	0.99	53
avg / total	0.99	0.99	0.99	9803

훈련 집합에서는 정확도(precision)가 0.99에 달하는 것을 볼 수 있다. 또 f1 점수와 재현율(recall) 점수가 같다. 테스트 집합에서의 손실이 마지막 반복 시행에서 보고된 손실과 비슷하기 때문에 모델은 안정적인 것 같다. 따라서 이 모델은 과적합(over-fitting)되지도 과소적합(under-fitting)되지도 않았다.

다음으로 혼동 행렬을 보여준다.

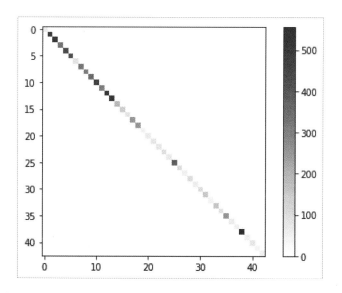

그다음은 이전 화면의 log2 버전이다.

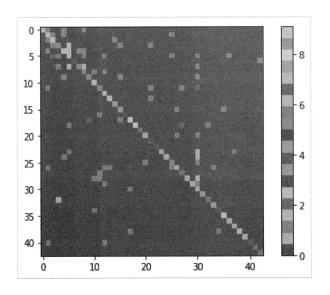

연습 문제

- 일부 CNN 계층과 전결합 계층을 추가/삭제해보라. 성능이 어떻게 변하는가?

- 이 간단한 프로젝트는 드롭아웃이 정규화에 필요하다는 것을 증명한다. 드롭아웃 비율을 바꾸고 결과가 과적합 또는 과소 적합되는지 확인하라.

- 이제 여러분이 살고 있는 도시의 교통 표지판 사진을 찍어서 이 훈련된 모델을 현실에서 테스트해보라.

정리

이번 장에서는 컨볼루션 신경망을 사용해 교통 표지판을 인식하는 방법을 알아봤다. 다음 장에서는 CNN으로 처리하기에는 더 복잡한 문제를 살펴보겠다.

Object Detection API를 활용해 이미지에 주석 달기

딥러닝 덕분에 컴퓨터 비전이 최근에 비약적으로 발전하면서 컴퓨터는 시각적 장면을 더욱 잘 이해할 수 있게 됐다. 비전 작업에서 딥러닝이 갖고 있는 잠재력은 어마어마하다. 컴퓨터가 시각적으로 인지하고 주변을 이해할 수 있게 해줌으로써 이동성(예를 들어, 자율 주행 자동차는 차에 설치된 카메라를 통해 앞에 나타난 장애물이 보행자나 동물, 다른 자동차인지 탐지해서 적절한 운행 경로를 결정할 수 있다)과 일상 생활에서 사람-기계 사이의 상호작용(예를 들어, 로봇이 주변 사물들을 인지해서 그들과 성공적으로 상호작용하도록 하는 것) 측면 모두에서 인공지능을 적용할 수 있는 새로운 기회를 열었다.

1장에서 컨볼루션 신경망과 그 동작 방식을 설명했으니, 이제 다음으로 인터넷이나 컴퓨터 웹캠에서 바로 수집한 이미지를 활용해 카메라와 휴대폰으로 찍은 이미지를 컴퓨터가 이해할 수 있도록 도와주는 빠르고 간단한 프로젝트를 만들고자 한다. 이 프로젝트의 목표는 이미지에 포함된 사물의 유형과 정확한 위치를 찾는 것이다.

그러한 사물의 분류와 위치 확인을 위해 구글 텐서플로에서 사용자가 자신만의 맞춤 응용 프로그램에서 바로 사용할 수 있도록 미리 훈련된 표준 신경망 모델들을 만드는 프로젝트의 일부인, 새로운 객체 탐지(object detection) API를 사용할 것이다.

이번 장에서는 다음 내용을 살펴볼 것이다.

- 프로젝트에서 올바른 데이터를 사용하는 것이 주는 이점

- 텐서플로 object detection API에 대한 간단한 설명

- 앞으로도 활용할 수 있도록 저장된 이미지에 주석을 다는 방법

- moviepy를 사용해 동영상에 시각적으로 주석을 다는 방법

- 실시간으로 웹캠에서 가져온 이미지에 주석을 다는 방법

MS COCO 데이터셋

딥러닝을 컴퓨터 비전에 적용하는 기술의 발전은 대체로 ImageNet(그리고 PASCAL VOC – http://host.robots.ox.ac.uk/pascal/VOC/voc2012/ 등)과 같은 대회와 이 문제를 해결하기 위한 다양한 컨볼루션 신경망(Xception, VGG16, VGG19, ResNet50, InceptionV3, MobileNet, 잘 알려진 패키지인 Keras[1]에서 사용할 수 있는 모델만 언급해도 이만큼이다)으로 요약될 수 있는 분류 문제에 초점이 맞춰진다.

ImageNet 데이터를 기반으로 한 딥러닝 네트워크가 실제로 최신 기법이더라도 이러한 네트워크를 실제 응용 프로그램에 그대로 적용하기에는 어렵다. 실제 응용 프로그램에서는 ImageNet에서 제공하는 예제와는 매우 다른 이미지들을 처리해야 한다. ImageNet에서 분류할 요소는 이미지에 뚜렷하게 보이는 유일한 요소로 깔끔하게 구성된 사진의 가운데 근처에 장애물 없이 이상적으로 놓여 있다. 하지만 실제 현장에서 가져온 사진에는 사물이 제멋대로 여기저기 흩어져 있고, 그 개수도 대체로 많다. 또한 이러한 사물들 모두 서로 많이 달라서 때로는 혼동을 일으킨다. 게다가 관심 있는 사물이 뚜렷하지 않을 수 있고, 다른 관심을 가질 만한 사물에 시각적으로 가려져서 바로 인지되지 않을 수도 있다.

다음에 언급한 자료의 그림을 참고하기 바란다.

---

1 https://keras.io/applications/

그림 2.1 ImageNet에서 가져온 이미지 샘플: 일반적인 또는 더 구체적인 범주를 가지고 작업할 수 있도록 계층 구조로 정렬돼 있다.[2]

실제 이미지는 여러 사물을 포함하고 있고 때로는 잡음이 섞여 있는 배경 때문에 구분하기 어려울 수도 있다. 실제로 해당 객체가 가장 높은 신뢰 수준으로 인식됐음을 알려주기만 하는 태그로 이미지에 레이블을 붙이는 것만으로는 흥미로운 프로젝트를 만들 수 없다.

실제 응용 프로그램에서는 다음을 수행할 수 있어야 한다.

- 대체로 동일한 범주에 해당하는 여러 객체를 인식할 때 하나 이상의 사례에서 객체 분류하기

- 객체가 이미지 내 어디에 있는지 이해하는 이미지 위치 파악(image localization)

- 배경으로부터 흥미로운 부분을 잘라낼 수 있도록 객체나 배경의 유형을 나타내는 레이블을 사용해 이미지 내의 각 픽셀을 표시함으로써 이미지 분할(image segmentation)

앞서 언급했던 목적 중 일부 혹은 전부를 달성하려면 컨볼루션망을 훈련시켜야 한다는 필요성 때문에 다음 논문에서 설명한 대로 Microsoft common objects in context(MS COCO) 데이터셋이 만들어졌다. LIN, Tsung-Yi, et al. (2014). "Microsoft coco: common objects in context", *European conference on computer vision*, Zurich, Switzerland, Springer, Cham, pp. 740-755(원문은 https://arxiv.org/abs/1405.0312에서 읽을 수 있다).

---

2 출처: DENG, Jia, et al. (2009). "Imagenet: A large-scale hierarchical image database", Computer Vision and Pattern Recognition, 2009, Miami, U.S., pp. 248-255.

이 데이터셋은 계층 구조로 정렬된 91개의 일반 객체 범주로 구성돼 있고, 그중 82개에는 5천 개 이상의 레이블이 달린 사례를 포함하고 있다. 이 데이터셋에는 총 250만 개의 레이블이 달린 객체가 32만 8천 개의 이미지에 분포돼 있다.

다음은 MS COCO 데이터셋에서 인식 가능한 범주다.

```
{1: 'person', 2: 'bicycle', 3: 'car', 4: 'motorcycle', 5: 'airplane', 6: 'bus', 7: 'train', 8:
'truck', 9: 'boat', 10: 'traffic light', 11: 'fire hydrant', 13: 'stop sign', 14: 'parking meter',
15: 'bench', 16: 'bird', 17: 'cat', 18: 'dog', 19: 'horse', 20: 'sheep', 21: 'cow', 22: 'elephant',
23: 'bear', 24: 'zebra', 25: 'giraffe', 27: 'backpack', 28: 'umbrella', 31: 'handbag', 32: 'tie',
33: 'suitcase', 34: 'frisbee', 35: 'skis', 36: 'snowboard', 37: 'sports ball', 38: 'kite', 39:
'baseball bat', 40: 'baseball glove', 41: 'skateboard', 42: 'surfboard', 43: 'tennis racket',
44: 'bottle', 46: 'wine glass', 47: 'cup', 48: 'fork', 49: 'knife', 50: 'spoon', 51: 'bowl', 52:
'banana', 53: 'apple', 54: 'sandwich', 55: 'orange', 56: 'broccoli', 57: 'carrot', 58: 'hot dog',
59: 'pizza', 60: 'donut', 61: 'cake', 62: 'chair', 63: 'couch', 64: 'potted plant', 65: 'bed', 67:
'dining table', 70: 'toilet', 72: 'tv', 73: 'laptop', 74: 'mouse', 75: 'remote', 76: 'keyboard',
77: 'cell phone', 78: 'microwave', 79: 'oven', 80: 'toaster', 81: 'sink', 82: 'refrigerator',
84: 'book', 85: 'clock', 86: 'vase', 87: 'scissors', 88: 'teddy bear', 89: 'hair drier', 90:
'toothbrush'}
```

ImageNet 데이터셋이 14,197,122개의 이미지에 분포된 1,000개의 객체 범주를 나타낼 수도 있지만 (https://gist.github.com/yrevar/942d3a0ac09ec9e5eb3a에서 설명한대로), MS COCO는 그보다 더 적은 이미지에 분포된 다양한 객체의 독특한 특징을 제공한다(이 데이터셋은 비용이 더 많이 드는 방식이긴 하지만 ImageNet에서도 공유됐던 Amazon Mechanical Turk를 사용해서 수집됐다). 이러한 전제하에서 보면 객체가 현실적인 위치와 환경에 배치돼 있기 때문에 MS COCO 이미지를 *맥락에 따른 관계와 상징적이지 않은 객체 이미지*의 매우 훌륭한 예라고 생각할 수 있다. 이 점은 앞에서 언급했던 MS COCO 논문에서 가져온 비교 사례를 통해 검증할 수 있다.

(a) 상징적인 사물 이미지　　　　(b) 상징적인 풍경 이미지　　　　(c) 상징적이지 않은 이미지

그림 2.2 상징적인 이미지와 상징적이지 않은 이미지의 예[3].

더불어 MS COCO의 이미지 주석은 특히 풍부해서 이미지에 있는 객체의 윤곽 좌표를 제공한다. 그 윤곽은 객체가 위치한 이미지 부분의 범위를 정하는 윤곽 상자(bounding box)로 쉽게 변환될 수 있다. 윤곽 상자는 MS COCO 자체를 훈련시킬 때 사용했던 픽셀 분할(pixel segmentation) 기반의 원래 방식보다는 사물의 위치를 더 뭉뚱그려 지정한다.

다음 그림에서 붐비는 열은 이미지에서 눈에 띄는 영역을 정의하고 그 영역에 대한 텍스트 설명을 생성함으로써 조심스럽게 분할됐다. 이 과정을 머신러닝 용어로 변환해보면 레이블을 이미지의 모든 픽셀에 할당하고 분할 범주(텍스트 설명에 해당)를 예측하는 것이라 하겠다. 역사적으로 이 과정은 ImageNet 2012에서 딥러닝을 적용하는 것이 훨씬 더 효율적이라는 것이 증명되기 전까지는 이미지 처리로 이뤄졌다.

2012년은 컴퓨터 비전 분야에서 한 획을 그은 해였는데, 그 해에 최초로 딥러닝 방식이 이전에 사용해왔던 그 어떤 기법보다도 탁월한 결과를 냈기 때문이다.

KRIZHEVSKY, Alex; SUTSKEVER, Ilya; HINTON, Geoffrey E. (2012). "Imagenet classification with deep convolutional neural networks", *Advances in neural information processing systems. 2012.* Lake Tahoe, U.S., pp. 1097–1105(https://papers.nips.cc/paper/4824-imagenet-classification-with-deep-convolutional-neural-networks.pdf).

3　출처: LIN, Tsung–Yi, et al. (2014), "Microsoft coco: common objects in context", European conference on computer vision, Zurich, Switzerland, Springer, Cham, pp. 740–755

특히 이미지 분할은 다음의 다양한 작업에 있어 유용하다.

- 이미지 내의 중요한 객체를 강조, 예를 들어 아픈 부위를 탐지하는 의료 분야 응용 프로그램

- 로봇이 사물을 들어올리거나 처리할 수 있도록 이미지 내에서 객체 위치 찾기

- 자율 주행 자동차나 드론이 길을 찾을 수 있도록 도로 장면을 이해하는 일을 돕기

- 이미지 일부를 추출하거나 배경을 제거하는 작업을 자동으로 수행함으로써 이미지 편집하기

이러한 종류의 주석 달기는 완전히 손으로 해야 하고 세심함과 정확도를 요구하기 때문에 비용 측면에서 매우 비싸다(MS COCO의 예제 수를 줄인 이유이기도 하다). 이미지를 분할해서 주석 다는 일을 돕는 도구들이 있다. 전체 목록은 https://en.wikipedia.org/wiki/List_of_manual_image_annotation_tools 에서 확인할 수 있다. 하지만 여러분이 직접 이미지 분할을 해서 주석을 달려고 한다면 아래의 두 가지 도구를 사용하는 것이 좋다.

- LabelImg: https://github.com/tzutalin/labelImg

- FastAnnotationTool: https://github.com/christopher5106/FastAnnotationTool

이 도구들을 사용하면 윤곽 상자를 이용해 훨씬 간단하게 주석을 달 수 있고, 각자가 정의한 범주를 사용해 MS COCO에서 제공하는 모델을 다시 훈련시키기 쉬워진다(이에 대해서는 이번 장의 후반부에서 다시 다루겠다).

MS COCO 훈련 단계에서 사용된 픽셀 분할

텐서플로 객체 탐지 API

구글 연구원과 소프트웨어 엔지니어는 연구 단체의 역량을 높이는 방법으로 종종 최신 모델을 개발해서 특허권을 거는 대신 대중에게 공개해 사용할 수 있게 한다. 구글 리서치 블로그[4]에서 설명한 것처럼 2016년 10월 구글이 자체 제작한 객체 탐지 시스템은 이미지에서 객체 찾기(객체가 그 위치에 있을 확률 추정)와 그 객체의 윤곽 상자에 중점을 둔 COCO detection 대회에서 1위를 차지했다(이 솔루션의 기술적 내용은 https://arxiv.org/abs/1611.10012에서 자세히 읽어볼 수 있다).

이 구글 탐지 시스템은 상당수의 논문에 기여했을 뿐 아니라 구글 제품(Nest Cam[5], Image Search[6], Street View[7])에도 포함된 반면, 텐서플로 기반으로 구성된 오픈소스 프레임워크로 공개되기도 했다.

이 프레임워크는 일부 유용한 함수와 다음 5개의 미리 훈련된 모델(이를 통칭 미리 훈련된 모델 Zoo라고 한다)을 제공한다.

- MobileNets를 적용한 SSD(Single Shot Multibox Detector)

- Inception V2를 적용한 SSD

- Resnet 101을 적용한 R–FCN(Region–Based Fully Convolutional Networks)

- Resnet 101을 적용한 Faster R–CNN

- Inception Resnet v2를 적용한 Faster R–CNN

이 모델은 탐지 정확도는 높은 순서로, 탐지 프로세스 실행 속도는 느린 순서로 정렬돼 있다. MobileNets, Inception, Resnet은 CNN 네트워크 아키텍처 유형을 말한다(MobileNets는 이름에서 알 수 있듯이 휴대폰에 최적화된 아키텍처로서 규모는 더 작고 실행 속도는 더 빠르다). 이전 장에서 CNN 아키텍처를 설명했으니 이 아키텍처에 대해 더 이해하고 싶다면 해당 부분을 참고하면 된다. 다른 참고 자료가 필요하면 조이스 쉬(Joyce Xu)가 쓴 블로그에서 이 주제를 쉽게 설명하고 있다[8].

---

4 https://ai.googleblog.com/2017/06/supercharge-your-computer-vision-models.html

5 https://nest.com/cameras/nest-aware/

6 https://www.blog.google/products/search/now-image-search-can-jump-start-your-search-style/

7 https://ai.googleblog.com/2017/05/updating-google-maps-with-deep-learning.html

8 https://towardsdatascience.com/an-intuitive-guide-to-deepnetwork-architectures-65fdc477db41

그 밖에 SSD(Single Shot Multibox Detector), RFCN(Region-Based Fully convolutional networks), Faster R-CNN(Faster Region-based convolutional neural networks)은 이미지 내에 있는 여러 객체들을 탐지하기 위한 다양한 모델이다. 다음 단락에서는이 모델들이 사실상 어떻게 동작하는지 설명하겠다.

응용 프로그램에 따라 여러분은 가장 적합한 모델을 선택하거나(그러려면 약간의 실험이 필요하다) 더 나은 결과를 얻기 위해 여러 모델로부터 얻은 결과를 합칠 수 있다(이 방식으로 COCO 대회에서 구글 연구원들이 우승할 수 있었다).

R-CNN, R-FCN, SSD 모델 기초의 이해

CNN이 이미지를 분류해내는 방법을 명확히 알고 있더라도 어떻게 신경망이 윤곽 상자(사물의 윤곽을 둘러싼 직사각형)를 정의해서 하나의 이미지 내에서 여러 객체의 위치를 찾아내는지 확실하게 이해되지는 않을 수 있다. 제일 먼저 생각할 수 있는 가장 쉬운 방법은 슬라이딩 윈도우를 사용해 각 윈도우에 CNN을 적용하는 것이겠지만 이 방식은 대부분의 실제 응용 프로그램에서 연산 측면에서 매우 비용이 많이 들 수 있다(자율 주행 자동차의 비전 기능을 작동시킨다면 차가 장애물을 인식하고 그것을 치기 전에 멈추게 하고 싶을 것이다).

객체 탐지를 위한 슬라이딩 윈도우 방식에 대해서는 에이드리언 로즈브록(Adrian Rosebrock)이 작성한 글에서 더 자세히 배울 수 있다[9]. 이 블로그에서는 이미지 피라미드와 짝을 이뤄 효과적인 예제를 만든다.

이 방식은 논리적으로 생각했을 때 바로 이해가 되지만 복잡도가 높고 연산이 번거롭기 (다양한 이미지 척도를 적용해 철저하게 작업하기) 때문에 슬라이딩 윈도우에는 상당한 제약이 뒤따르고 그에 대한 대안을 바로 *region proposal* 알고리즘에서 찾았다. 그런 알고리즘은 이미지에서 가능한 윤곽 상자의 임시 목록을 생성하기 위해 이미지 분할(이미지를 영역 간 주요 색상 차이를 기준으로 영역을 나누는 분할 기법)을 사용한다. 이 알고리즘의 동작 방식은 사티야 말릭(Satya Mallik)이 쓴 글에 자세히 설명돼 있다[10]. 요점은 region proposal 알고리즘이 평가할 상자의 수를 철저한 슬라이딩 윈도우(exhaustive sliding windows) 알고리즘이 제안하는 것보다 훨씬 더 작은 개수로 한정해서 제안한다는 것이다. 이러한 특징 덕분에 이 알고리즘은 다음과 같이 최초의 R-CNN(Region-based convolutional neural networks, 영역 기반 컨볼루션 신경망)에 적용될 수 있다.

9 https://www.pyimagesearch.com/2015/03/23/sliding-windows-for-object-detection-with-python-and-opencv/

10 https://www.learnopencv.com/selective-search-for-object-detection-cpp-python/

1. region proposal 알고리즘 덕분에 이미지에서 수백, 수천 개의 관심 영역을 발견

2. 각 부분의 특징을 생성하기 위해 관심 있는 각 영역을 CNN에서 처리

3. 이 특징을 사용해 서포트 벡터 머신(support vector machine)과 선형 회귀로 영역을 분류해서 더욱 정확한 경계 상자를 계산

R-CNN은 다음과 같은 이유로 일을 더 빠르게 처리하는 Fast R-CNN으로 바로 진화했다.

1. CNN을 사용해 이미지를 한 번에 모두 처리하고 변환해서 그 변환 결과에 region proposal을 적용한다. 그러면 CNN 처리를 수천 번 호출하는 대신 한 번의 호출로 줄일 수 있다.

2. 분류 작업을 위해 SVM을 사용하는 대신 소프트맥스 계층(soft-max layer)과 선형 분류 모델을 사용하기 때문에 데이터를 다른 모델에 전달하는 대신 CNN을 단순히 확장했다.

본질적으로 Fast R-CNN을 사용함으로써 비신경망 알고리즘을 기반으로 필터링해서 선택하는 특수 계층인 region proposal 계층을 특징으로 하는 단일 분류 네트워크를 다시 갖게 됐다. Faster R-CNN에서는 이 계층마저 region proposal 신경망으로 대체했다. 그렇게 함으로써 모델은 좀 더 복잡해졌지만 이전의 그 어떤 방식보다도 효과적이고 빠르다.

그래도 R-FCN이 컨볼루션 계층 다음에 전결합(fully connected) 계층을 사용하지 않고 컨볼루션 계층으로만 구성된 네트워크(fully convolutional network, FCN)이기 때문에 Faster R-CNN보다 훨씬 더 빠르다. 이 네트워크는 입력부터 컨볼루션 계층들을 거쳐 출력까지 한쪽 끝부터 다른 한쪽 끝까지 잇는 네트워크다. 이로써 FCN은 훨씬 더 빨라지게 된다(FCN은 마지막에 전결합 계층이 있는 CNN보다 훨씬 더 적은 가중치를 갖는다). 그러나 속도가 빨라지면 그만큼의 비용이 따르기 마련이며, 'FCN에서는 결국 이미지가 변하지 않는다'는 특징을 잃게 된다(CNN은 객체가 어떻게 회전돼 있어도 그 사물의 범주를 알아낼 수 있다). Faster R-CNN은 위치에 민감한 스코어 맵(position-sensitive score map)을 통해 이 약점을 보완하는데, 이 방식은 FCN이 처리한 원본 이미지의 일부가 분류할 범주의 일부와 일치하는지 확인한다. 예를 들어, 이 네트워크는 개를 분류하는 것이 아니라 개 좌상단 부분, 개 우하단 부분 등으로 분류한다. 이 방식을 사용하면 이미지 일부에 개가 있는지 여부를 그 개가 놓여 있는 방향과 상관없이 알아낼 수 있다. 분명히 이 방식은 속도가 빨라진 대신, 위치에 민감한 스코어 맵이 원래 CNN이 가지고 있는 특성을 모두 보완할 수 없기 때문에 정확도는 좀 떨어진다.

마지막으로 SSD(Single Shot Detector)가 있다. 여기서 네트워크는 이미지를 처리하면서 윤곽 상자 위치와 그 상자의 범주를 동시에 예측하기 때문에 속도는 훨씬 더 빠르다. SSD는 단순히 region proposal 단계를 생략함으로써 상당수의 윤곽 상자를 계산한다. 이 방식은 많이 겹치는 윤곽 상자만

줄이는데도, 지금까지 언급했던 모든 모델과 비교해보면 가장 많은 윤곽 상자를 처리한다. 그럼에도 속도가 빠른 것은 각 윤곽 상자의 범위를 정하고 그 윤곽 상자를 분류도 하기 때문이다. 상당히 유사한 방식으로 수행함에도 불구하고, 이 모델은 모든 작업을 한 번에 수행하기 때문에 속도는 가장 빠르다.

조이스 쉬(Joyce Xu)가 쓴 또 다른 글에는 지금까지 설명했던 탐지 모델을 더 자세히 설명하고 있다.

https://towardsdatascience.com/deep-learning-for-object-detection-a-comprehensive-review-73930816d8d9

요약하면 네트워크를 선택할 때는 분류 능력, 네트워크 복잡도, 다양한 탐지 모델 차원에서 다양한 CNN 아키텍처를 결합하고 있다는 점을 고려해야 한다. 사물의 위치를 찾아 정확하게 분류하고 이 모든 일을 적시에 수행할 수 있는 네트워크의 능력을 결정하는 것은 이 아키텍처들을 결합한 효과다.

여기서 간단히 설명했던 모델들의 속도와 정확도에 대해 더 많은 자료를 확인하고 싶다면 다음 자료를 참고한다.

Huang J, Rathod V, Sun C, Zhu M, Korattikara A, Fathi A, Fischer I, Wojna Z, Song Y, Guadarrama S, Murphy K. (2017). "Speed/accuracy trade-offs for modern convolutional object detectors". *CVPR 2017*, http://openaccess.thecvf.com/content_cvpr_2017/papers/Huang_SpeedAccuracy_Trade-Offs_for_CVPR_2017_paper.pdf

하지만 여러분의 응용 프로그램에 실제로 테스트해 보라고 할 수는 없다. 평가는 이 모델들이 작업에 충분히 적합하고 합리적인 시간 내에 실행되는지 여부를 평가하는 것이다. 그렇다면 여러분의 응용 프로그램에서 어느 방식이 최선인지 결정하는 것은 절충의 문제일 뿐이다.

프로젝트 계획

텐서플로에서 제공하는 이 같은 강력한 도구를 고려하면 우리 계획은 이미지에 시각적으로나 외부 파일로 주석을 달기 위해 사용할 수 있는 클래스를 만들어 이 도구의 API를 활용하는 것이다. 주석을 단다는 것은 다음을 뜻한다.

- 이미지에서 객체를 가리킴(MS COCO에서 훈련된 모델에 의해 인식된 대로)
- 객체 인식의 신뢰 수준 보고(앞에서 언급한 논문에서 논의한 현대 컨볼루션 객체 탐지 모델의 속도/정확도 트레이드오프에 따라 설정된 최소 확률 임계치(여기서는 0.25) 이상의 사물만 고려한다.)
- 각 이미지에 대해 윤곽 상자의 반대편 두 꼭짓점의 좌표를 출력

- 이러한 정보를 모두 JSON 형식으로 텍스트 파일에 저장

- 필요한 경우, 원래 이미지에 윤곽 상자를 시각적으로 표시

이러한 목적을 달성하기 위해서는 다음 작업을 해야 한다.

1. 미리 훈련된 모델(.pb 형식 – protobuf로 사용 가능)을 내려받아 텐서플로 세션으로 그 모델을 인메모리로 사용할 수 있 도록 만든다.

2. 텐서플로에서 제공하는 헬퍼 코드를 재구성해서 여러분의 스크립트에 쉽게 임포트될 수 있는 클래스를 사용해 레이블, 카 테고리, 시각화 도구를 적재하기 쉽게 만든다.

3. 단일 이미지, 동영상, 웹캠에서 캡처한 동영상을 가지고 이 모델을 사용하는 방법을 보여주는 간단한 스크립트를 준비 한다.

먼저 프로젝트에 적합한 환경부터 구성하자.

프로젝트 환경 구성

프로젝트 실행을 위해 특별한 환경이 필요하지는 않지만 아나콘다 conda를 설치하고 그 프로젝트를 위 한 별도 환경을 구성하는 것이 좋다. 여러분의 시스템에서 conda를 사용할 수 있다면 실행 명령어는 다 음과 같다.

```
conda create -n TensorFlow_api python=3.5 numpy pillow
activate TensorFlow_api
```

환경을 활성화했다면 pip install 명령어나 다른 저장소(menpo, conda-forge)를 가리키는 conda install 명령어를 사용해 다른 패키지들을 설치할 수 있다.

```
pip install TensorFlow-gpu
conda install -c menpo opencv
conda install -c conda-forge imageio
pip install tqdm, moviepy
```

이 방법 말고 이 프로젝트를 실행하는 다른 방법을 선호한다면 프로젝트를 성공적으로 실행하기 위해 numpy, pillow, TensorFlow, opencv, imageio, tqdm, moviepy가 필요하다는 사실만 기억하자.

또한 모든 작업을 순조롭게 실행하려면 프로젝트를 위한 디렉터리를 생성하고 그 디렉터리 아래에 텐서플로 object detection API 프로젝트의 object_detection 디렉터리[11]를 저장해야 한다.

전체 텐서플로 모델의 프로젝트에 git 명령어를 사용하고 해당 디렉터리만 선택해서 가져오면 그 디렉터리를 얻을 수 있다. 여러분의 Git 버전이 1.7.0(2012년 2월 버전) 이상이면 가능하다.

```
mkdir api_project
cd api_project
git init
git remote add -f origin https://github.com/tensorflow/models.git
```

이 명령어는 텐서플로 모델 프로젝트의 모든 개체들을 가져오겠지만 체크아웃하지는 않는다. 그러려면 앞의 명령어에 이어 다음 명령을 실행해야 한다.

```
git config core.sparseCheckout true
echo "research/object_detection/*" >> .git/info/sparse-checkout
git pull origin master
```

이제 object_detection 디렉터리와 그 안의 내용만 파일 시스템에 체크아웃되고 다른 디렉터리나 파일은 존재하지 않게 된다.

프로젝트는 object_detection 디렉터리에 접근해야 하기 때문에 프로젝트 스크립트를 object_detection 디렉터리와 같은 디렉터리에 둬야 한다는 점만 유의하자. 그 디렉터리 밖에 있는 스크립트를 사용하려면 전체 경로를 사용해서 접근해야 한다.

---

11 https://github.com/tensorflow/models/tree/master/research/object_detection

Protobuf 컴파일

텐서플로 object detection API는 모델과 모델 훈련 매개변수를 구성하기 위해 구글 데이터 교환 형식인 프로토콜 버퍼(*protobuf*, https://github.com/google/protobuf)를 사용한다. 이 프레임워크를 사용하려면 protobuf 라이브러리를 컴파일해야 하며 그러기 위해서는 각자의 운영체제(유닉스(리눅스나 맥) 또는 윈도우 환경)에 따라 다른 단계를 따라야 한다.

윈도우 설치

먼저 https://github.com/google/protobuf/releases에서 protoc-3.2.0-win32.zip을 내려받아 프로젝트 폴더에 압축을 푼다. 이제 새로운 protoc-3.4.0-win32 디렉터리가 생겼고 거기에 readme.txt와 bin, include라는 두 개의 디렉터리가 포함돼 있다. 그 두 폴더에는 프로토콜 버퍼 컴파일러(*protoc*)의 미리 컴파일된 바이너리 버전이 포함돼 있다. 여러분은 protoc-3.4.0-win32 디렉터리를 시스템 경로에 추가하기만 하면 된다.

시스템 경로에 추가한 뒤, 다음 명령어를 실행하면 된다.

```
protoc-3.4.0-win32/bin/protoc.exe object_detection/protos/*.proto --python_out=.
```

이렇게만 하면 각자 컴퓨터에서 텐서플로 object detection API가 동작한다.

유닉스 설치

유닉스 환경에서는 셸 명령어를 사용해 설치할 수 있다. 설치 안내 페이지[12]에 나와 있는 지시를 따르면 된다.

---

12 https://github.com/tensorflow/models/blob/master/research/object_detection/g3doc/installation.md

프로젝트 코드 준비

먼저 필요한 패키지를 로딩해서 tensorflow_detection.py 파일에 프로젝트 스크립트를 만든다.

```
import os
import numpy as np
import tensorflow as tf
import six.moves.urllib as urllib
import tarfile
from PIL import Image
from tqdm import tqdm
from time import gmtime, strftime
import json
import cv2
```

동영상을 처리할 수 있으려면 OpenCV 3 외에 moviepy 패키지도 필요하다. moviepy 패키지는 http://zulko.github.io/moviepy/에서 확인할 수 있고 MIT 라이선스로 배포되어 무료로 사용할 수 있다. 홈페이지에 적힌 설명대로 moviepy는 동영상 편집(잘라내기, 붙이기, 제목 삽입), 동영상 합성(비선형 편집), 동영상 처리 또는 고급 효과를 만들기 위한 도구다.

이 패키지는 GIF 형식을 포함해서 가장 보편적인 동영상 형식을 대상으로 동작한다. 이 패키지가 제대로 동작하려면 FFmpeg 변환기(https://www.ffmpeg.org/)가 필요하기 때문에 처음 이 패키지를 사용할 때는 제대로 시작되지 않는다. 따라서 먼저 imageio를 사용해 FFmpeg을 플러그인으로 내려받을 것이다.

```
try:
    from moviepy.editor import VideoFileClip
except:
    # FFmpeg (https://www.ffmpeg.org/)이 컴퓨터에 없으면
    # 인터넷에서 내려받음(인터넷 연결 필요)
    import imageio
    imageio.plugins.ffmpeg.download()
    from moviepy.editor import VideoFileClip
```

마지막으로 텐서플로 API 프로젝트의 object_detection 디렉터리에 있는 두 개의 함수가 필요하다.

```
from object_detection.utils import label_map_util
from object_detection.utils import visualization_utils as vis_util
```

DetectionObj 클래스와 그 클래스의 init 프로시저를 정의한다. 초기화 과정에서는 하나의 매개변수와 모델 이름(처음에는 잘 동작하지는 않지만 더 빠르고 가벼운 모델인 SSD MobileNet으로 설정돼 있다)만 필요하지만 클래스의 용도에 맞게 몇 가지 내부 매개변수를 바꿀 수 있다.

- self.TARGET_PATH는 처리한 주석을 어느 디렉터리에 저장할지 가리킨다.

- self.THRESHOLD는 주석 처리에 의해 발견될 확률 임곗값을 바꾼다. 실제로 여기에 포함된 모델이라면 모든 이미지에서 낮은 확률 임곗값으로 탐지한 수많은 결과를 출력한다. 너무 낮은 확률로 탐지된 객체는 일반적으로 오경보(false alarm)이며 그런 이유로 그렇게 확률이 낮은 객체를 무시하기 위해 임곗값을 바꿔야 한다. 경험상 완전히 가려지거나 시각적으로 어수선해서 불분명한 객체를 잡아내기에 적절한 임곗값은 0.25다.

```
class DetectionObj(object):
    """
    DetectionObj는 다양한 원천(파일, 웹캠에서 가져온 이미지, 동영상)에서
    가져온 이미지에 주석을 달기 위해 구글 텐서플로 detection API를 활용하기 적합한 클래스다.
    """
    def __init__(self, model='ssd_mobilenet_v1_coco_11_06_2017'):
        """
        클래스가 인스턴스화될 때 실행될 명령
        """

        # 파이썬 스크립트가 실행될 경로
        self.CURRENT_PATH = os.getcwd()

        # 주석을 저장할 경로(수정 가능)
        self.TARGET_PATH = self.CURRENT_PATH

        # 텐서플로 모델 Zoo에서 미리 훈련된 탐지 모델 선택
        self.MODELS = ["ssd_mobilenet_v1_coco_11_06_2017",
                       "ssd_inception_v2_coco_11_06_2017",
                       "rfcn_resnet101_coco_11_06_2017",
```

```
                    "faster_rcnn_resnet101_coco_11_06_2017",
                    "faster_rcnn_inception_resnet_v2_atrous_coco_11_06_2017"]

# 모델이 객체를 탐지할 때 사용할 임곗값 설정
self.THRESHOLD = 0.25 # 실제로 가장 많이 사용하는 임곗값임

# 선택한 미리 훈련된 탐지 모델이 사용 가능한지 확인
if model in self.MODELS:
    self.MODEL_NAME = model
else:
    # 사용할 수 없다면 기본 모델로 되돌림
    print("Model not available, reverted to default", self.MODELS[0])
    self.MODEL_NAME = self.MODELS[0]

# 확정된 텐서플로 모델의 파일명
self.CKPT_FILE = os.path.join(self.CURRENT_PATH, 'object_detection',
                            self.MODEL_NAME, 'frozen_inference_graph.pb')

# 탐지 모델 로딩
# 디스크에 탐지 모델이 없다면, 인터넷에서 내려받음
# (인터넷 연결 필요)
try:
    self.DETECTION_GRAPH = self.load_frozen_model()
except:
    print ('Couldn\'t find', self.MODEL_NAME)
    self.download_frozen_model()
    self.DETECTION_GRAPH = self.load_frozen_model()

# 탐지 모델에 의해 인식될 클래스 레이블 로딩
self.NUM_CLASSES = 90
path_to_labels = os.path.join(self.CURRENT_PATH, 'object_detection', 'data',
                            'mscoco_label_map.pbtxt')
label_mapping = label_map_util.load_labelmap(path_to_labels)
extracted_categories = label_map_util.convert_label_map_to_categories(
                    label_mapping, max_num_classes=self.NUM_CLASSES,
                    use_display_name=True)
```

```
        self.LABELS = {item['id']: item['name'] for item in extracted_categories}
        self.CATEGORY_INDEX = label_map_util.create_category_index(extracted_categories)

        # 텐서플로 세션 시작
        self.TF_SESSION = tf.Session(graph=self.DETECTION_GRAPH)
```

범주 숫자 코드를 텍스트 표현과 연결한 딕셔너리를 포함하여 접근에 편의성을 제공하는 self.LABELS 변수를 갖게 됐다. 게다가 init 프로시저는 텐서플로 세션을 로딩하고 열어서 self.TF_SESSION에서 사용할 수 있도록 준비시킨다.

load_frozen_model과 download_frozen_model 함수를 사용하면 init 프로시저는 선택된 고정 모델을 디스크에서 로딩하고 디스크에 해당 모델이 없을 경우 인터넷에서 모델을 TAR 파일로 내려받아 적절한 디렉터리(object_detection)에 압축을 푼다.

```
def load_frozen_model(self):
    """
    ckpt 파일에 동결된 탐지 모델을 디스크에서 메모리로 적재
    """

    detection_graph = tf.Graph()
    with detection_graph.as_default():
        od_graph_def = tf.GraphDef()
        with tf.gfile.GFile(self.CKPT_FILE, 'rb') as fid:
            serialized_graph = fid.read()
            od_graph_def.ParseFromString(serialized_graph)
            tf.import_graph_def(od_graph_def, name='')
    return detection_graph
```

download_frozen_model 함수는 인터넷에서 새로운 모델을 내려받을 때 진행 현황을 시각화하기 위해 tqdm 패키지를 활용한다. 어떤 모델은 꽤 커서(600MB 이상) 내려받는 데 시간이 오래 걸릴 수 있다. 진행 현황과 완료될 때까지의 예상 시간을 시각적으로 보여주면 사용자는 작업이 진행 중임을 확인할 수 있다.

```python
def download_frozen_model(self):
    """
    고정된 탐지 모델이 디스크에 없을 때 인터넷에서 내려받음
    """
    def my_hook(t):
        """
        URLopener를 모니터링하기 위해 tqdm 인스턴스를 감쌈
        """
        last_b = [0]

        def inner(b=1, bsize=1, tsize=None):
            if tsize is not None:
                t.total = tsize
            t.update((b - last_b[0]) * bsize)
            last_b[0] = b

        return inner

    # 모델을 찾을 수 있는 url 열기
    model_filename = self.MODEL_NAME + '.tar.gz'
    download_url = 'http://download.tensorflow.org/models/object_detection/'
    opener = urllib.request.URLopener()

    # tqdm 완료 추정을 사용해 모델 내려 받기
    print('Downloading ...')
    with tqdm() as t:
        opener.retrieve(download_url + model_filename,
                        model_filename, reporthook=my_hook(t))

    # 내려 받은 tar 파일에서 모델 추출하기
    print ('Extracting ...')
    tar_file = tarfile.open(model_filename)
    for file in tar_file.getmembers():
        file_name = os.path.basename(file.name)
        if 'frozen_inference_graph.pb' in file_name:
            tar_file.extract(file, os.path.join(self.CURRENT_PATH, 'object_detection'))
```

다음 두 함수 load_image_from_disk와 load_image_into_numpy_array는 디스크에서 이미지를 가져와 이 프로젝트에 있는 텐서플로 모델이 처리하기에 적합한 Numpy 배열로 변환하기 위해 필요하다.

```
def load_image_from_disk(self, image_path):
    return Image.open(image_path)


def load_image_into_numpy_array(self, image):
    try:
        (im_width, im_height) = image.size
        return np.array(image.getdata()).reshape(
            (im_height, im_width, 3)).astype(np.uint8)
    except:
        # 이전 프로시저가 실패하면
        # 우리는 이미지가 이미 넘파이 ndarray라고 생각한다.
        return image
```

대신 detect 함수가 이 범주 분류 기능의 핵심이다. 이 함수는 처리할 이미지 리스트만 받는다. 부울 플래그인 annotate_on_image는 제공된 이미지에 윤곽 상자와 주석을 직접 시각화하도록 스크립트에 지시만 한다.

그런 함수는 다양한 크기의 이미지를 번갈아 처리할 수 있지만 각 이미지를 개별적으로 처리해야 한다. 그렇기 때문에 이 함수는 각 이미지를 가져와 배열 차원에 차원 하나를 추가해 확장한다. 이는 모델이 이미지 개수 * 높이 * 너비 * 깊이의 크기를 갖는 배열을 받기 때문에 필요하다.

우리는 예측할 배치 이미지 전부를 단일 행렬로 묶을 수 있다. 그렇게만 해도 제대로 동작하지만 모든 이미지의 높이와 너비가 같아(우리 프로젝트에서는 그렇게 가정하지 않는다) 단일 이미지 처리가 가능하다면 더 빠를 것이다.

그런 다음 모델에서 몇 개의 텐서(tensor)를 이름(detection_boxes, detection_scores, detection_classes, num_detections)으로 가져오는데, 이 텐서들은 우리가 모델에서 얻게 될 결과이며, 우리가 모든 것을 입력 텐서인 image_tensor에 공급하면 이 입력 텐서가 이미지를 모델의 계층이 처리할 수 있는 적합한 형태로 정규화할 것이다.

결과는 리스트에 수집되고 이미지는 탐지 상자로 처리되고 필요하다면 화면에 표시된다.

```python
def detect(self, images, annotate_on_image=True):
    """
    이미지 리스트를 처리해서 탐지 모델에 제공하고
    모델로부터 이미지에 표시될 점수, 윤곽 상자, 예측 범주를 가져옴
    """
    if type(images) is not list:
        images = [images]
    results = list()
    for image in images:
        # 이미지를 배열 기반으로 나타내면
        # 상자와 상자 레이블을 가지고 결과 이미지를 준비하기 위해 나중에 사용될 것임
        image_np = self.load_image_into_numpy_array(image)

        # 모델은 [1, None, None, 3] 형상을 갖는 이미지를 기대하므로 차원을 확장함
        image_np_expanded = np.expand_dims(image_np, axis=0)
        image_tensor = self.DETECTION_GRAPH.get_tensor_by_name('image_tensor:0')

        # 각 상자는 이미지에서 특정 사물이 탐지된 부분을 나타냄
        boxes = self.DETECTION_GRAPH.get_tensor_by_name('detection_boxes:0')

        # 점수는 각 객체에 대한 신뢰 수준을 나타냄
        # 점수는 범주 레이블과 함께 결과 이미지에 나타낼 수 있음
        scores = self.DETECTION_GRAPH.get_tensor_by_name('detection_scores:0')
        classes = self.DETECTION_GRAPH.get_tensor_by_name('detection_classes:0')
        num_detections = self.DETECTION_GRAPH.get_tensor_by_name('num_detections:0')

        # 여기서 실제로 객체가 탐지됨
        (boxes, scores, classes, num_detections) = self.TF_SESSION.run(
            [boxes, scores, classes, num_detections],
            feed_dict={image_tensor: image_np_expanded})

        if annotate_on_image:
            new_image = self.detection_on_image(image_np, boxes, scores, classes)
            results.append((new_image, boxes, scores, classes, num_detections))
        else:
            results.append((image_np, boxes, scores, classes, num_detections))
    return results
```

함수 detection_on_image는 detect 함수의 결과만 처리하고 visualize_image 함수를 사용해 화면에 표시될 윤곽 상자가 추가된 새로운 이미지를 반환한다(스크립트가 다른 이미지를 처리하러 지나가기 전 이미지가 화면에 머무는 시간에 해당하는 지연 매개변수를 조정할 수 있다).

```python
def detection_on_image(self, image_np, boxes, scores, classes):
    """
    이미지에 탐지된 범주로 탐지 상자 두기
    """
    vis_util.visualize_boxes_and_labels_on_image_array(
        image_np,
        np.squeeze(boxes),
        np.squeeze(classes).astype(np.int32),
        np.squeeze(scores),
        self.CATEGORY_INDEX,
        use_normalized_coordinates=True,
        line_thickness=8)
    return image_np
```

visualize_image 함수는 이 프로젝트에서 각자의 요구 사항을 맞추기 위해 수정될 수 있는 몇 가지 매개변수를 제공한다. 우선 image_size는 화면에 표시될 이미지의 원하는 크기를 제공한다. 그렇게 함으로써 크고 작은 이미지가 이렇게 미리 규정한 크기와 부분적으로 닮도록 수정된다. latency 매개변수는 각 이미지가 화면에 표시될 시간을 초로 정의해서 다음 이미지로 넘어가기 전 객체 탐지 프로시저를 잠근다. 마지막으로 bluish_correction은 이미지가 모델이 기대하는 이미지 형식인 RGB(red-green-blue) 대신 BGR 형식(이 형식에서 색상 채널은 blue-green-red로 정렬돼 있고 이 형식은 OpenCV 라이브러리의 표준 형식이다[13])으로 제공될 때 보정한다.

```python
def visualize_image(self, image_np, image_size=(400, 300), latency=3, bluish_correction=True):
    height, width, depth = image_np.shape
    reshaper = height / float(image_size[0])
    width = int(width / reshaper)
    height = int(height / reshaper)
    id_img = 'preview_' + str(np.sum(image_np))
    cv2.startWindowThread()
```

---

13 https://stackoverflow.com/questions/14556545/why-opencv-usingbgr-colour-space-instead-of-rgb

```
        cv2.namedWindow(id_img, cv2.WINDOW_NORMAL)
        cv2.resizeWindow(id_img, width, height)
        if bluish_correction:
            RGB_img = cv2.cvtColor(image_np, cv2.COLOR_BGR2RGB)
            cv2.imshow(id_img, RGB_img)
        else:
            cv2.imshow(id_img, image_np)
        cv2.waitKey(latency*1000)
```

주석은 serialize_annotations 함수에 의해 준비되고 디스크에 기록되는데, 이 함수는 각 이미지에 대해 탐지된 범주, 윤곽 상자의 꼭짓점, 탐지 신뢰수준 관련 데이터를 포함한 단일 JSON 파일을 생성한다. 예를 들어 다음은 개 사진을 탐지한 결과다.

```
"{"scores": [0.9092628359794617], "classes": ["dog"], "boxes": [[0.025611668825149536,
0.22220897674560547, 0.9930437803268433, 0.7734537720680237]]}"
```

이 JSON은 탐지된 범주(개 한 마리), 신뢰 수준(약 0.91 신뢰도), 윤곽 상자의 꼭짓점을 이미지 높이와 너비의 비율로 표현해 가리킨다(즉 이것은 절대적 픽셀이 아닌 상대적 픽셀이다).

```
    def serialize_annotations(self, boxes, scores, classes, filename='data.json'):
        """
        주석을 디스크 및 JSON 파일에 저장
        """

        threshold = self.THRESHOLD
        valid = [position for position, score in enumerate(scores[0]) if score > threshold]
        if len(valid) > 0:
            valid_scores = scores[0][valid].tolist()
            valid_boxes = boxes[0][valid].tolist()
            valid_class = [self.LABELS[int(a_class)] for a_class in classes[0][valid]]
            with open(filename, 'w') as outfile:
                json_data = {'classes': valid_class, 'boxes':valid_boxes, 'scores': valid_scores})
                json.dump(json_data, outfile)
```

get_time 함수는 파일명에 사용되기 편리하도록 실제 시간을 문자열로 변환한다.

```
def get_time(self):
    """
    실제 날짜와 시간을 보고하는 문자열 반환
    """
    return strftime("%Y-%m-%d_%Hh%Mm%Ss", gmtime())
```

마지막으로 이미지, 동영상, 웹캠을 대상으로 세 개의 탐지 파이프라인을 준비한다. 이미지에 대한 파이프라인은 각 이미지를 리스트에 로딩한다. 동영상에 대한 파이프라인은 annotate_photogram 함수에 적절히 감싼 detect 함수를 전달한 다음 모든 어려운 일을 moviepy의 VideoFileClip 모듈에 맡긴다. 마지막으로 웹캠 캡처 이미지를 위한 파이프라인은 OpenCV의 VideoCapture를 기반으로 웹캠에서 가져온 스냅샷 개수를 기록하고 마지막 스냅샷을 반환하는(이 작업은 웹캠이 주변 환경의 밝기 수준에 맞추기 위해 필요한 시간을 고려한다) 단순한 capture_webcam 함수를 활용한다.

```
def annotate_photogram(self, photogram):
    """
    동영상에서 가져온 사진을 탐지 범주에 해당하는 윤곽 상자로 주석 달기
    """
    new_photogram, boxes, scores, classes, num_detections = self.detect(photogram)[0]
    return new_photogram
```

capture_webcam 함수는 cv2.VideoCapture 기능[14]을 사용해 웹캠에서 이미지를 얻는다. 웹캠은 사진이 찍히는 환경의 밝기 조건에 먼저 적응해야 하기 때문에 객체 탐지 프로시저에 사용될 사진을 얻기 전에 처음 찍은 사진 몇 장은 삭제한다. 이 방식으로 웹캠은 언제나 밝기 설정을 조정할 수 있다.

```
def capture_webcam(self):
    """
    통합된 웹캠에서 이미지 캡처하기
    """

    def get_image(device):
        """
```

---

14 http://docs.opencv.org/3.0-beta/modules/videoio/doc/reading_and_writing_video.html

```
            카메라에서 단일 이미지를 캡처해서 PIL 형식으로 반환하는 내부 함수
            """
            retval, im = device.read()
            return im


    # 통합된 웹캠 설정하기
    camera_port = 0

    # 카메라가 주변 빛에 맞춰 조정하기 때문에 버려야 할 프레임 개수
    ramp_frames = 30

    # cv2.VideoCapture로 웹캠 초기화
    camera = cv2.VideoCapture(camera_port)

    # 카메라 램프 조절 - 카메라를 적절한 밝기 수준에 맞추기 때문에 이 프레임들은 모두 제거
    print("Setting the webcam")
    for i in range(ramp_frames):
        _ = get_image(camera)

    # 스냅샷 가져오기
    print("Now taking a snapshot ... ", end='')
    camera_capture = get_image(camera)
    print('Done')

    # 카메라를 해제하고 재활용할 수 있게 만듦
    del (camera)
    return camera_capture
```

file_pipeline은 스토리지에서 이미지를 로딩하고 이를 시각화하고 주석을 달기 위해 필요한 모든 단계로 구성된다.

1. 이미지를 디스크에서 로딩

2. 로딩된 이미지에 객체 탐지를 적용

3. 각 이미지에 대한 주석을 JSON 파일에 기록

4. 필요하다면 부울 매개변수인 visualize를 사용해 컴퓨터 화면에 윤곽 상자를 포함한 이미지를 표시함

```python
def file_pipeline(self, images, visualize=True):
    """
    디스크로부터 로딩할 이미지 리스트를 처리하고 주석을 달기 위한 파이프라인
    """
    if type(images) is not list:
        images = [images]
    for filename in images:
        single_image = self.load_image_from_disk(filename)
        for new_image, boxes, scores, classes, num_detections in self.detect(single_image):
            self.serialize_annotations(boxes, scores, classes, filename=filename + ".json")
            if visualize:
                self.visualize_image(new_image)
```

video_pipeline은 단순히 동영상을 윤곽 상자로 주석 달기 위해 필요한 모든 단계를 배치하고 작업이 완료되면 결과를 디스크에 저장한다.

```python
def video_pipeline(self, video, audio=False):
    """
    디스크 상의 동영상을 처리해서 윤곽 상자로 주석을 달기 위한 파이프라인
    결과는 주석이 추가된 새로운 동영상임
    """
    clip = VideoFileClip(video)
    new_video = video.split('/')
    new_video[-1] = "annotated_" + new_video[-1]
    new_video = '/'.join(new_video)
    print("Saving annotated video to", new_video)
    video_annotation = clip.fl_image(self.annotate_photogram)
    video_annotation.write_videofile(new_video, audio=audio)
```

webcam_pipeline은 웹캠에서 얻은 이미지에 주석을 달고자 할 때 필요한 모든 단계를 배치한 함수다.

1. 웹캠에서 이미지 캡처

2. 캡처된 이미지를 디스크에 저장(대상 파일명을 기반으로 다양한 이미지 형식을 기록할 수 있는 장점을 가진 cv2.imwrite 를 사용[15])

---

15 http://docs.opencv.org/3.0-beta/modules/imgcodecs/doc/reading_and_writing_images.html 참고

3. 이미지에 객체 탐지 적용

4. 주석 JSON 파일 저장

5. 윤곽 상자를 포함한 이미지를 시각적으로 표시

```python
def webcam_pipeline(self):
    """
    내부 웹캠에서 얻은 이미지를 처리해서 주석을 달고 JSON 파일을 디스크에 저장하는 파이프라인
    """
    webcam_image = self.capture_webcam()
    filename = "webcam_" + self.get_time()
    saving_path = os.path.join(self.CURRENT_PATH, filename + ".jpg")
    cv2.imwrite(saving_path, webcam_image)
    new_image, boxes, scores, classes, num_detections =
    self.detect(webcam_image)[0]
    json_obj = {'classes': classes, 'boxes':boxes, 'scores':scores}
    self.serialize_annotations(boxes, scores, classes, filename=filename+".json")
    self.visualize_image(new_image, bluish_correction=False)
```

간단한 응용 프로그램

마지막으로 프로젝트에서 사용하는 세 가지 원천인 파일, 동영상, 웹캠을 활용하는 세 가지 간단한 스크립트를 보여주겠다.

첫 번째 테스트 스크립트는 로컬 디렉터리에서 DetectionObj 클래스를 임포트한 다음 세 개의 이미지에 주석을 달고 시각화하는 것을 목표로 한다(다른 디렉터리에서 작업하는 경우라면 프로젝트 디렉터리를 파이썬 경로에 추가하지 않으면 임포트되지 않을 것이다).

 스크립트에서 파이썬 경로에 디렉터리를 추가하려면 해당 디렉터리에 접근해야 하는 부분이 시작하기 전 sys.path.insert 명령어를 스크립트에 넣어야 한다.

```python
import sys
sys.path.insert(0,'/path/to/directory')
```

그런 다음 클래스를 활성화해서 SSD MobileNet v1 모델을 사용해 클래스를 선언한다. 그러고 나서 각 이미지의 경로를 리스트에 넣고 이 리스트를 file_pipeline 메서드에 공급해야 한다.

```
from TensorFlow_detection import DetectionObj

if __name__ == "__main__":
    detection = DetectionObj(model='ssd_mobilenet_v1_coco_11_06_2017')
    images = ["./sample_images/intersection.jpg",
              "./sample_images/busy_street.jpg",
              "./sample_images/doge.jpg"]
    detection.file_pipeline(images)
```

탐지 범주가 교차로 이미지 위에 놓인 다음, 충분한 신뢰도로 인식된 객체 주변에 윤곽 상자를 두른 다른 이미지를 결과로 반환한다.

그림 2.3 교차로 사진에 SSD MobileNet v1을 적용한 객체 탐지

스크립트를 실행하면 세 개의 이미지 모두가 화면에 주석이 달려 표시되고(3초마다 하나씩) 새로운 JSON 파일이 디스크(대상 디렉터리. 클래스 변수 TARGET_CLASS를 수정해 바꾸지 않았다면 로컬 디렉터리)에 기록될 것이다.

시각화하면 예측 신뢰도가 0.5 이상인 사물과 관련한 윤곽 상자를 모두 보게 될 것이다. 어쨌든 (앞의 그림에서 볼 수 있듯이) 교차로 이미지에 주석을 달아보면 모델이 모든 차와 보행자를 찾지는 못한다는 것을 알 수 있다.

JSON 파일을 보면 더 낮은 신뢰도로 모델이 더 많은 차와 보행자를 찾았음을 알 수 있다. 이 파일에서는 신뢰도가 객체 탐지에 대한 수많은 연구 결과 보편적으로 사용되는 표준 임계치인 0.25(하지만 클래스 변수 THRESHOLD를 수정해서 이 값을 바꿀 수 있다) 이상으로 탐지된 사물을 모두 볼 수 있다.

아래에서 JSON 파일에 생성된 점수를 확인할 수 있다. 시각화 임계치인 0.5 이상으로 탐지된 사물은 8개뿐이며, 그보다 작은 점수를 가진 사물은 16개다.

```
"scores": [0.9099398255348206, 0.8124723434448242, 0.7853631973266602, 0.709653913974762,
0.5999227166175842, 0.5942907929420471, 0.5858771800994873, 0.5656214952468872,
0.49047672748565674, 0.4781857430934906, 0.4467884600162506, 0.4043623208999634,
0.40048354864120483, 0.38961756229400635, 0.35605812072753906, 0.3488095998764038,
0.3194449841976166, 0.3000411093235016, 0.294520765542984, 0.2912806570529938,
0.2889115810394287, 0.2781482934951782, 0.2767323851585388, 0.2747304439544678]
```

그리고 아래에서 탐지된 사물과 관련한 범주를 찾을 수 있다. 더 낮은 수준의 신뢰도로 차를 많이 찾았다. 이것들은 이미지에서 실제로 차일 수도 있고 오류일 수도 있다. Detection API를 어떻게 응용할지에 따라 임계치를 조정하거나 다양한 모델을 사용해 여러 모델에서 임계치 이상으로 반복적으로 탐지될 때만 객체를 추정할 수도 있다.

```
"classes": ["car", "person", "person", "person", "person", "car", "car", "person", "person",
"person", "person", "person", "person", "person", "car", "car", "person", "person", "car", "car",
"person", "car", "car", "car"]
```

동영상에서 객체를 탐지할 때 동일한 스크립트 방식을 사용한다. 이번에는 적절한 메서드인 video_pipeline과 동영상 경로, 결과 동영상에 음성을 넣을지 여부(기본으로 음성은 필터링된다)만 가리키면 된다. 이 스크립트는 그 자체로 모든 작업을 수행하고, 수정되어 주석이 달린 동영상을 원래의 동영상과 동일한 디렉터리에 저장한다(이 동영상은 원래의 이름 앞에 annotated_를 추가했기 때문에 쉽게 찾을 수 있다).

```
from TensorFlow_detection import DetectionObj

if __name__ == "__main__":
    detection = DetectionObj(model='ssd_mobilenet_v1_coco_11_06_2017')
    detection.video_pipeline(video="./sample_videos/ducks.mp4", audio=False)
```

마지막으로 웹캠에서 얻은 이미지에 정확히 동일한 방식을 적용할 수도 있다. 이때 사용할 메서드는 webcam_pipeline이다.

```
from TensorFlow_detection import DetectionObj

if __name__ == "__main__":
    detection = DetectionObj(model='ssd_mobilenet_v1_coco_11_06_2017')
    detection.webcam_pipeline()
```

이 스크립트는 웹캠을 활성화하고 밝기를 조정하고 스냅샷으로 골라서 결과 스냅샷과 주석 JSON 파일을 현재 디렉터리에 저장하고 화면에 스냅샷을 마지막으로 탐지된 객체의 윤곽 상자와 함께 표시한다.

실시간 웹캠 탐지

앞서 본 webcam_pipeline은 스냅샷을 가져와 하나의 이미지에 탐지를 적용하기 때문에 실시간 탐지 시스템이 아니다. 웹캠 스트리밍은 I/O 데이터 교환이 집약적으로 일어나기 때문에 이러한 제약은 필수적이다. 특히 문제는 웹캠에서 전송이 끝날 때까지 파이썬을 잠그는 파이썬 인터프리터에 도착하는 이미지 큐에 있다. 아드리안 로즈브록은 자신의 웹사이트인 pyimagesearch에서 임계치를 활용한 간단한 해결 방안을 제안했다[16].

내용은 매우 간단하다. 파이썬에서는 GIL(global interpreter lock) 때문에 한 번에 하나의 스레드만 실행될 수 있다. 스레드를 차단하는 I/O 작업(파일을 내려받거나 웹캠에서 이미지를 가져오는 것 같은)이 있다면 나머지 명령어는 그 작업이 끝날 때까지 지연되어 프로그램의 실행 속도를 늦춘다. 그렇다면 스레드를 차단하는 I/O 작업을 다른 스레드로 옮기는 것이 좋다. 스레드들은 같은 메모리를 공유하기 때문에 프로그램 스레드는 프로그램 명령을 실행하면서 간간이 I/O 스레드 작업이 끝났는지 확인한다. 따라서 이미지를 웹캠에서 프로그램 메모리로 옮길 때 나머지 작업을 차단한다면 I/O 작업을

---

16 http://www.pyimagesearch.com/2015/12/21/increasing-webcam-fps-with-python-and-opencv/

다른 스레드에 맡기는 것이 방법일 수 있다. 메인 프로그램은 I/O 스레드를 조회해서 가장 최근에 받은 이미지를 갖고 있는 버퍼로부터 이미지를 가져와 화면에 그린다.

```python
from tensorflow_detection import DetectionObj
from threading import Thread
import cv2

def resize(image, new_width=None, new_height=None):
    """
    이미지 크기를 새로운 너비나 높이를 기준으로 원래 가로/세로 비율에 맞춰 조정
    """
    height, width, depth = image.shape
    if new_width:
        new_height = int((new_width / float(width)) * height)
    elif new_height:
        new_width = int((new_height / float(height)) * width)
    else:
        return image
    return cv2.resize(image, (new_width, new_height), interpolation=cv2.INTER_AREA)

class webcamStream:
    def __init__(self):
        # 웹캠 초기화
        self.stream = cv2.VideoCapture(0)
        # SSD Mobilenet으로 텐서플로 API 시작
        self.detection = DetectionObj(model='ssd_mobilenet_v1_coco_11_06_2017')
        # 웹캠이 자체 튜닝하도록 동영상 캡처 시작
        _, self.frame = self.stream.read()
        # stop 플래그에 False 설정
        self.stop = False
        #
        Thread(target=self.refresh, args=()).start()

    def refresh(self):
        # 함수 외부에서 명시적인 중지 명령(stop)이 올 때까지 반복
        while True:
            if self.stop:
                return
```

```python
            _, self.frame = self.stream.read()

    def get(self):
        # 주석이 달린 이미지 반환
        return self.detection.annotate_photogram(self.frame)

    def halt(self):
        # 중지 플래그 설정
        self.stop = True

if __name__ == "__main__":
    stream = webcamStream()

    while True:
        # 스레드에 들어오는 동영상 스트림에서 프레임을 잡아
        # 최대 너비가 400 픽셀이 되도록 크기를 조정
        frame = resize(stream.get(), new_width=400)
        cv2.imshow("webcam", frame)
        # 스페이스 바를 누르면 프로그램이 중지함
        if cv2.waitKey(1) & 0xFF == ord(" "):
            # 먼저 동영상 스트리밍 스레드가 중지
            stream.halt()
            # 그다음 while 루프 중지
            break
```

위 코드는 웹캠 I/O를 처리할 스레드를 초기화하는 webcamStream 클래스를 사용해 이 방식을 구현해서, 메인 파이썬 프로그램이 텐서플로 API(ssd_mobilenet_v1_coco_11_06_2017을 사용)에서 처리한 최근 이미지를 즉시 사용할 수 있게 해준다. 처리가 끝난 이미지는 OpenCV 함수를 사용해 화면에 유동적으로 표시되며, 프로그램을 종료하기 위해 스페이스 바를 누르는지 확인한다.

감사의 말

이 프로젝트와 관련된 모든 것은 다음 논문에서 비롯했다.

Huang J, Rathod V, Sun C, Zhu M, Korattikara A, Fathi A, Fischer I, Wojna Z, Song Y, Guadarrama S, Murphy K (2017). "Speed/accuracy trade-offs for modern convolutional object detectors", CVPR 2017, https://arxiv.org/abs/1611.10012.

이번 장을 마무리하면서 텐서플로 object detection API를 만드는 데 참여한 모든 이들에게 감사 드린다. 그들은 훌륭한 API를 만들었고 오픈소스로 공개해서 누구나 자유롭게 사용할 수 있게 해줬다. Jonathan Huang, Vivek Rathod, Derek Chow, Chen Sun, Menglong Zhu, Matthew Tang, Anoop Korattikara, Alireza Fathi, Ian Fischer, Zbigniew Wojna, Yang Song, Sergio Guadarrama, Jasper Uijlings, Viacheslav Kovalevskyi, Kevin Murphy에게 정말 감사드린다. 또한 Dat Tran에게 고맙다는 얘기를 전한다. 우리는 다른 사물에 대해서도 실시간 인식이 가능하도록 텐서플로의 object detection API를 사용하는 방법을 연구하는 두 개의 MIT 라이선스 프로젝트의 매체에 대해 그가 쓴 글에서 많은 영감을 얻었다[17].

정리

이 프로젝트를 통해 큰 번거로움 없이 일정 수준의 신뢰도를 가지고 이미지에서 객체를 바로 분류할 수 있게 됐다. 이 프로젝트를 통해 컨볼루션 신경망이 여러분의 문제를 해결하는 데 어떤 역할을 할 수 있는지 알 수 있다. 즉, 여러분이 목표로 한 최종 이미지(아마 더 큰 응용 프로그램)에 좀 더 초점을 맞추고, 선택된 범주에 해당하는 새로운 이미지들을 사용해 더 많은 컨볼루션 망을 훈련시켜 많은 이미지에 주석을 달 수 있게 해준다.

프로젝트를 진행하는 동안 이미지를 다루는 여러 프로젝트에서 재사용할 만한 몇 가지 유용한 세부 사항들을 배웠다. 우선 이미지, 동영상, 웹캠 캡처 영상에서 가져온 다양한 종류의 시각적 입력 자료를 처리하는 방법을 알게 됐다. 또한 고정시킨 모델을 로딩해서 적용하는 방법과 클래스를 사용해 텐서플로 모델에 접근하는 방법을 배웠다.

---

17 https://towardsdatascience.com/building-a-real-time-object-recognition-app-with-tensorflow-and-opencv-b7a2b4ebdc32
https://towardsdatascience.com/how-to-train-your-own-objectdetector-with-tensorflows-object-detector-api-bec72ecfe1d9

한편으로 분명히 이 프로젝트에는 조만간 발생할 수 있는 몇 가지 한계가 있으며 코드를 통합하기 위한 아이디어를 얻고 훨씬 더 갈고 닦을 수 있다. 무엇보다 여기서 논의했던 모델은 곧 새롭고 효율적인 모델에 추월 당할 것이며(새로 출시된 모델은 이곳[18]에서 확인할 수 있다) 여러분은 새로운 모델을 포함하거나 자신만의 아키텍처를 만들어야 할 것이다[19]. 그런 다음 여러분이 프로젝트에서 원하는 수준만큼 정확도를 올리기 위해 이 모델을 결합해야 할 수 있다(*"Speed/accuracy trade-offs for modern convolutional object detectors"* 논문에서 구글 연구원이 어떻게 했는지 확인할 수 있다). 마지막으로 새로운 범주를 인식하기 위해 컨볼루션 망을 조정해야 할 수 있다(이곳[20]에서 그 방법을 읽을 수 있지만 이것만으로도 시간이 오래 걸리는 프로세스이고 프로젝트라는 걸 명심하자).

다음 장에서는 이미지에서 최신 객체를 탐지하는 방법을 살펴봄으로써 그저 단순한 레이블과 윤곽 상자가 아니라 제출된 이미지를 완전하고 광범위하게 묘사하는 캡션을 만들어 주는 프로젝트를 고안할 것이다.

---

18 https://github.com/tensorflow/models/blob/master/research/object_detection/g3doc/detection_model_zoo.md

19 https://github.com/tensorflow/models/blob/master/research/object_detection/g3doc/defining_your_own_model.md

20 https://github.com/tensorflow/models/blob/master/research/object_detection/g3doc/using_your_own_dataset.md

03

이미지 캡션 생성

캡션 생성은 딥러닝 영역의 가장 중요한 응용 사례 중 하나이고 최근에 상당히 관심을 많이 얻고 있다. 이미지에 캡션을 다는 모델은 시각 정보와 자연어 처리를 조합해서 적용한다.

이번 장에서는 다음 내용을 배울 것이다.

- 캡션 생성 분야의 최근 동향
- 캡션 생성 방식
- 캡션 생성 모델 구현

캡션 생성이란 무엇인가?

캡션 생성은 자연어로 이미지를 묘사하는 작업이다. 앞에서 캡션 생성 모델은 객체 탐지 모델을 기반으로 탐지된 객체를 설명하는 텍스트를 생성하기 위해 사용된 템플릿과 결합해서 동작한다고 설명했다. 딥러닝의 모든 개선 사항들과 마찬가지로 이 모델들은 컨볼루션 신경망과 순환 신경망(RNN, recurrent neural network)의 결합으로 대체됐다.

예제는 다음과 같다[1].

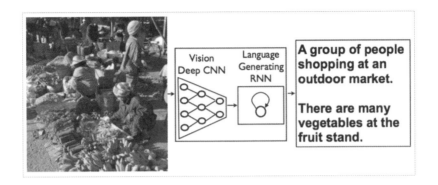

이미지에 캡션을 다는 모델을 만드는 데 도움될 만한 데이터셋이 여러 개 있다.

이미지 캡션을 달 수 있는 데이터셋 둘러보기

이미지 캡션을 다는 데 사용할 수 있는 데이터셋은 여러 가지가 있다. 일반적으로 이미지를 몇몇 사람에게 보여주고 그들에게 각 이미지를 설명하는 문장을 작성해 달라고 요청함으로써 데이터셋이 준비된다. 이 방식을 통해 같은 이미지를 설명하는 여러 캡션들이 만들어진다. 캡션에 여러 후보가 있으면 캡션을 더 잘 생성할 수 있다. 어려운 것은 모델 성능에 순위를 매기는 데 있다. 캡션을 생성할 때마다 사람들이 캡션을 평가하는 것이 바람직하다. 이 작업에서는 자동 평가가 어렵다. Flickr8 데이터셋을 살펴보자.

데이터셋 내려받기

Flickr8은 플리커(Flickr)에서 수집되고 상업용으로 사용될 수 없다. Flickr8 데이터셋을 https://forms.illinois.edu/sec/1713398에서 내려받는다. http://nlp.cs.illinois.edu/HockenmaierGroup/8k-pictures.html에서 데이터셋에 대한 설명을 확인할 수 있다. 텍스트와 이미지를 별개로 내려받는다. 페이지에 있는 양식을 채워야 자료에 접근할 수 있다.

---

1 출처: https://arxiv.org/pdf/1609.06647.pdf

university of illinois at urbana-champaign

DEPARTMENT OF COMPUTER SCIENCE

We do not own the copyright of the images. We solely provide the Flickr 8k dataset for researchers and educators who wish to use the images for non-commercial research and/or educational purposes.

* 1. Name

* 2. Institution

Enter your email below to receive a link to the dataset. Please do not redistribute the link

Include your email address in your submission to:

✔ Get a copy of your answers

Enter Your Email Address

Submit Form

그러면 다운로드 링크가 담긴 이메일을 보내준다. 파일을 내려받아 압축을 풀면 다음과 같다.

```
Flickr8k_text
CrowdFlowerAnnotations.txt
Flickr_8k.devImages.txt
ExpertAnnotations.txt
Flickr_8k.testImages.txt
Flickr8k.lemma.token.txt
```

```
Flickr_8k.trainImages.txt
Flickr8k.token.txt readme.txt
```

다음은 데이터셋에 있는 몇 가지 예를 보여준다.

앞 그림은 다음과 같은 요소를 보여준다.

- 거리 레이싱 보호장비를 착용한 사람이 다른 레이서의 오토바이 타이어를 살펴보고 있다.

- 두 레이서가 길을 따라 흰 오토바이를 몰았다.

- 오토바이를 탄 두 사람이 특이한 디자인과 색깔을 가진 차를 나란히 타고 있다.

- 두 사람이 푸른 언덕을 따라 소형 레이싱 카를 운전하고 있다.

- 레이싱 유니폼을 입은 두 사람이 차를 타고 있다.

두 번째 예제를 보자.

앞의 그림은 다음과 같은 요소를 보여준다.

- 검정 후드 티에 청바지를 입은 남자가 스케이트보드를 타고 난간 아래로 내려오고 있다.

- 한 남자가 스케이트보드를 타고 계단 옆 가파른 난간을 내려온다.

- 한 사람이 스노우보드를 타고 벽돌 난간을 미끄러져 내려오고 있다.

- 한 사람이 계단 옆 벽돌 난간을 걸어 내려온다.

- 스노우보드 선수가 눈이 없는 난간을 타고 내려온다.

보다시피 한 이미지에 대해서도 다양한 캡션이 있을 수 있다. 캡션 내용을 보면 이미지에 캡션을 다는 작업이 얼마나 어려운지 알 수 있다.

단어를 임베딩으로 전환

영단어는 캡션 생성을 위해 임베딩으로 전환돼야 한다. 임베딩이란 단어나 이미지를 벡터 또는 숫자로 표현한 것뿐이다. 단어가 벡터 형식으로 전환된다면 벡터를 사용해 연산할 수 있어서 유용하다.

그러한 임베딩은 다음 그림처럼 두 가지 방식으로 학습될 수 있다.

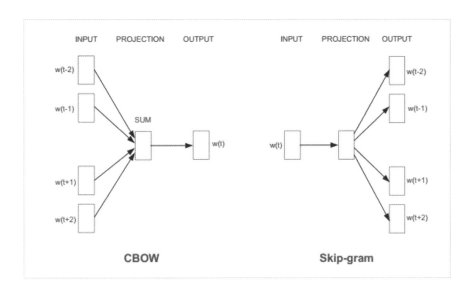

CBOW 방식은 주변에 있는 단어들을 보고 단어를 예측함으로써 임베딩을 학습한다. Skip-gram 방식은 CBOW 방식의 역으로 해당 단어의 주변 단어들을 예측한다. 과거 데이터를 바탕으로 다음 그림과 같이 목표 단어를 학습할 수 있다.

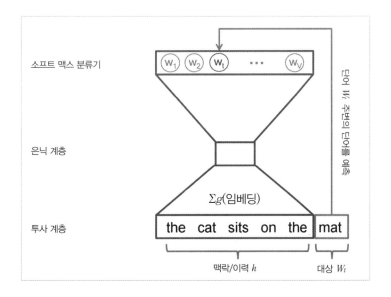

일단 학습이 끝나면 임베딩은 다음과 같이 시각화될 수 있다.

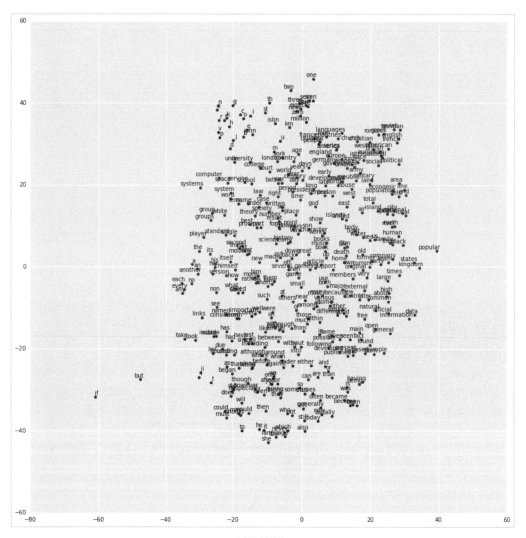

단어 시각화

이런 유형의 임베딩은 단어를 벡터 연산할 때 사용될 수 있다. 단어 임베딩에 대한 이 개념은 이번 장을 학습하는 데 도움될 것이다.

이미지 캡션을 생성하는 방법

이미지 캡션을 생성하는 데는 여러 방법이 있다. 문장을 구성하기 위해 사용됐던 초기 방법들은 이미지에 보이는 객체와 특성을 기반으로 한다. 나중에 문장을 생성하기 위해 순환 신경망(RNN, recurrent neural networks)을 사용한다. 가장 정확한 방법은 어텐션 메커니즘(attention mechanism)을 사용한다. 이번 절에서 이 기법과 결과를 자세히 살펴보자.

조건부 랜덤 필드

처음에는 이미지에서 탐지된 객체와 특성으로 문장을 구성하는 조건부 랜덤 필드(CRF, conditional random field)를 사용해봤다. 이 절차를 이루는 단계는 다음과 같다.

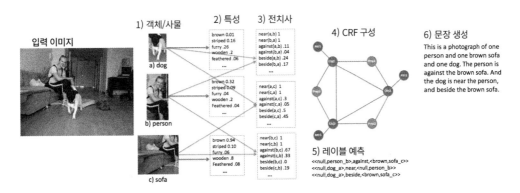

예제 이미지로 본 시스템 흐름[2]

CRF로는 일관된 문장을 만드는 데 한계가 있다. 생성된 문장의 품질은 다음 그림에서 보는 것처럼 그리 훌륭하지 않다.

---

2 출차: http://www.tamaraberg.com/papers/generation_cvpr11.pdf

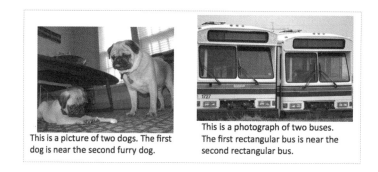

여기서 보여주는 문장은 사물과 특성을 정확하게 표현하지만 너무 구조화돼 있다.

 "Baby Talk: Understanding and Generating Image Descriptions"라는 논문[3]에서 Kulkarni는 이미지에서 사물과 특성을 발견하고 이를 이용해 CRF(conditional random field)로 텍스트를 생성하는 방법을 제안했다.

컨볼루션 신경망과 순환 신경망의 결합

순환 신경망은 새로운 문장을 만들기 위해 컨볼루션 신경망 기능과 결합될 수 있다. 이로써 모델을 처음부터 끝까지 훈련시킬 수 있다. 다음은 그 모델의 아키텍처를 보여준다.

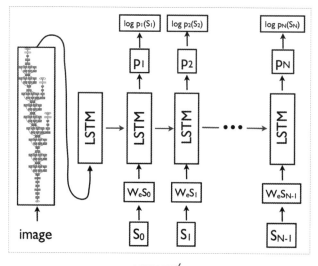

LSTM 모델[4]

---

3 http://www.tamaraberg.com/papers/generation_cvpr11.pdf

4 출처: https://arxiv.org/pdf/1411.4555.pdf

이 모델에서는 원하는 결과를 생성하기 위해 여러 LSTM 계층을 거친다. 이 모델이 생성한 결과 중 일부를 다음 그림에서 볼 수 있다[5].

이 결과가 CRF로 만든 결과보다 낫다. 여기서 문장을 생성하는 LSTM의 능력을 확인할 수 있다.

 참고: "Show and Tell: A Neural Image Caption Generator" 논문[2]에서 Vinyals는 이미지 캡션을 만들기 위해 CNN과 RNN을 교차로 두어 처음부터 끝까지 훈련할 수 있는 딥러닝을 제안했다.

캡션 순위 정하기

캡션 순위를 정한다는 것(caption ranking)은 여러 캡션 중 하나를 고르는 흥미로운 방법이다. 우선 다음 스크린샷에서 볼 수 있듯이 이미지는 그 특징에 따라 순위가 정해지고 거기에 해당하는 캡션이 선택된다[6].

5 출처: https://arxiv.org/pdf/1411.4555.pdf

6 출처: http://papers.nips.cc/paper/4470-im2text-describing-images-using-1-million-captioned-photographs.pdf

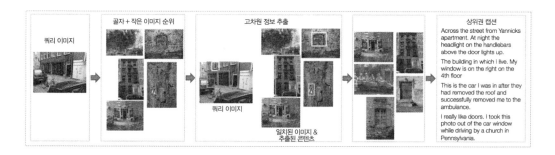

위의 이미지들은 다양한 특성을 사용해 순위가 다시 정해질 수 있다. 더 많은 이미지를 얻을수록 다음 스크린샷에서 보는 것처럼 품질은 훨씬 좋아진다[7].

데이터셋에 포함된 이미지가 많을수록 결과가 좋아진다.

 캡션 순위 정하는 것에 대해 더 자세히 알고 싶다면 "Im2Text: Describing Images Using 1 Million Captioned Photographs" 논문[8]을 참고하라.

조밀한 캡션 생성

조밀한 캡션을 생성하는 것은(dense captioning) 하나의 이미지에 여러 캡션을 만드는 문제를 말한다. 다음은 이 문제의 아키텍처를 보여준다[9].

---

7 출처: http://papers.nips.cc/paper/4470-im2text-describing-images-using-1-million-captioned-photographs.pdf

8 http://papers.nips.cc/paper/4470-im2text-describing-images-using-1-million-captioned-photographs.pdf

9 출처: https://www.cv-foundation.org/openaccess/content_cvpr_2016/papers/Johnson_DenseCap_Fully_Convolutional_CVPR_2016_paper.pdf

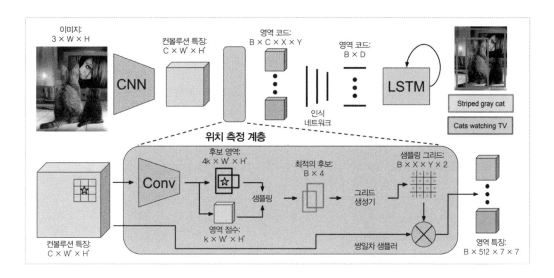

이 아키텍처가 만들어낸 결과는 훌륭하다.

 더 자세한 내용을 이해하고 싶으면 "DenseCap: Fully Convolutional Localization Networks for Dense Captioning" 논문[4]에서 Johnson이 제안한 조밀한 캡션을 생성하는 방법을 참고하라.

RNN 캡션 생성

시각적 특징을 시퀀스 학습과 함께 사용해 출력을 구성할 수 있다.

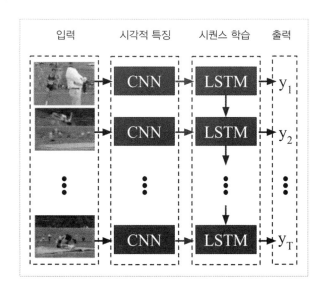

앞 그림은 캡션을 생성하는 아키텍처다.

 자세한 내용은 Donahue가 이미지 캡션을 생성하는 작업을 위해 LRCN(Long-term recurrent convolutional architectures)을 제안한 https://arxiv.org/pdf/1411.4389.pdf 논문을 참고하라.

멀티 모드 캡션 생성

캡션을 생성하기 위해 이미지와 텍스트 모두 동일한 임베딩 공간에 매핑될 수 있다.

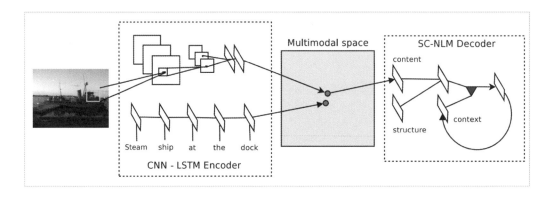

캡션을 생성하려면 디코더가 필요하다.

어텐션 기반의 캡션 생성

자세한 내용은 쉬(Xu)가 어텐션(attention) 메커니즘을 사용해 이미지 캡션을 생성하는 방법을 제안한 논문[10]을 참고한다.

어텐션을 기반으로 한 캡션 생성 방식이 정확도가 더 높아서 최근에 많이 사용되고 있다.

---

10 https://arxiv.org/pdf/1502.03044.pdf

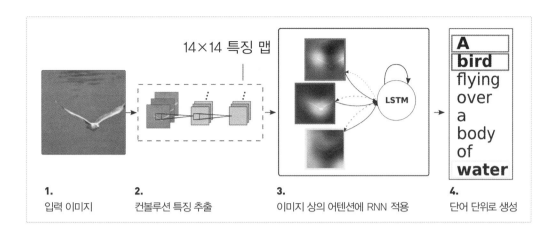

이 방법은 캡션 시퀀스에 어텐션 모델을 훈련시켜서 더 나은 결과를 만들어낸다.

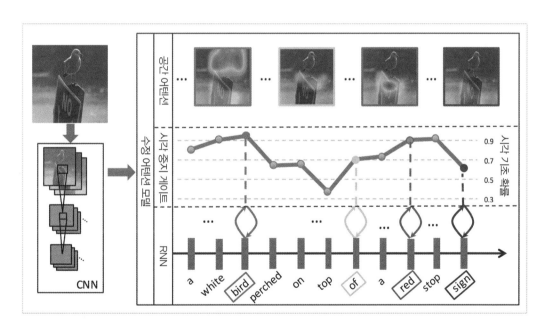

다음은 어텐션을 생성하는 캡션에 활용된 LSTM 다이어그램이다.

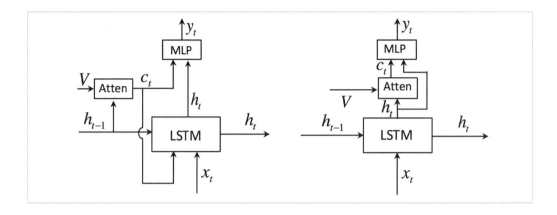

다음은 객체를 시계열 방식으로 풀어내서 탁월하게 시각화한 몇 가지 예제를 보여준다.

시계열 방식으로 객체를 풀어내기

결과는 매우 훌륭하다!

캡션 생성 모델 구현

먼저 데이터셋을 읽어서 우리가 필요한 방식으로 변환하자. 다음 코드에서처럼 os 라이브러리를 임포트하고 데이터셋이 있는 디렉터리를 선언한다.

```
import os
annotation_dir = 'Flickr8k_text'
```

다음으로 파일을 열어 파일의 행을 리스트로 반환하는 함수를 정의한다.

```
def read_file(file_name):
    with open(os.path.join(annotation_dir, file_name), 'rb') as file_handle:
        file_lines = file_handle.read().splitlines()
    return file_lines
```

훈련/테스트 데이터셋의 이미지 경로와 캡션 파일을 차례로 읽어 들인다.

```
train_image_paths = read_file('Flickr_8k.trainImages.txt')
test_image_paths = read_file('Flickr_8k.testImages.txt')
captions = read_file('Flickr8k.token.txt')

print(len(train_image_paths))
print(len(test_image_paths))
print(len(captions))
```

이 코드는 다음 같은 내용을 출력한다.

```
6000
1000
40460
```

다음으로 이미지 – 캡션 매핑을 생성해야 한다. 이 매핑은 훈련할 때 캡션을 쉽게 찾을 수 있게 해주므로 유용하다. 또한 캡션 데이터셋에 등장하는 고유 단어는 사전을 생성할 때 유용하다.

```
def get_vocab():
    image_caption_map = {}
```

```
unique_words = set()
max_words = 0
for caption in captions:
    caption = caption.decode("utf-8")
    image_name = caption.split('#')[0]


    image_caption = caption.split('#')[1].split('\t')[1]
    if image_name not in image_caption_map.keys():
        image_caption_map[image_name] = [image_caption]
    else:
        image_caption_map[image_name].append(image_caption)
    caption_words = image_caption.split()
    max_words = max(max_words, len(caption_words))
    [unique_words.add(caption_word) for caption_word in caption_words]
```

이제 두 개의 매핑을 구성해야 한다. 하나는 단어에서 인덱스로의 매핑이고 다른 하나는 인덱스에서 단어로의 매핑이다.

```
unique_words = list(unique_words)
word_to_index_map = {}
index_to_word_map = {}
for index, unique_word in enumerate(unique_words):
    word_to_index_map[unique_word] = index
    index_to_word_map[index] = unique_word
print(max_words)
```

캡션에 있는 단어의 최대 개수는 38이고 이 개수를 알면 아키텍처를 정의할 때 도움이 된다. 다음으로 필요한 라이브러리를 임포트한다.

```
from data_preparation import train_image_paths, test_image_paths
from keras.applications.vgg16 import VGG16
from keras.preprocessing import image
from keras.applications.vgg16 import preprocess_input
import numpy as np
from keras.models import Model
import pickle
import os
```

이제 가중치를 부여해서 VGG 모델을 로딩하는 ImageModel 클래스를 생성한다.

```
class ImageModel:
    def __init__(self):
        vgg_model = VGG16(weights='imagenet', include_top=True)
        self.model = Model(input=vgg_model.input, output=vgg_model.get_layer('fc2').output)
```

가중치를 내려받아 저장한다. 처음 이 작업을 할 때는 시간이 다소 걸릴 수 있다. 다음으로 두 번째 전결합 계층(fully-connected layer)을 예측하도록 별도 모델을 생성한다. 다음은 경로에서 이미지를 읽어 들여 전처리하는 메서드다.

```
@staticmethod
def load_preprocess_image(image_path):
    image_array = image.load_img(image_path, target_size=(224, 224))
    image_array = image.img_to_array(image_array)
    image_array = np.expand_dims(image_array, axis=0)
    image_array = preprocess_input(image_array)
    return image_array
```

다음으로 이미지를 로딩해서 예측하는 메서드를 정의한다. 예측된 두 번째 전결합 계층의 형상을 4096으로 조정한다.

```
def extract_feature_from_imagfe_path(self, image_path):
    image_array = self.load_preprocess_image(image_path)
    features = self.model.predict(image_array)
    return features.reshape((4096, 1))
```

이미지 경로를 포함한 리스트를 따라가며 특징 리스트를 생성한다.

```
def extract_feature_from_image_paths(self, work_dir, image_names):
    features = []
    for image_name in image_names:
        image_path = os.path.join(work_dir, image_name)
        feature = self.extract_feature_from_image_path(image_path)
        features.append(feature)
    return features
```

다음으로 추출한 특징을 pickle 파일로 저장한다.

```python
def extract_features_and_save(self, work_dir, image_names, file_name):
    features = self.extract_feature_from_image_paths(work_dir, image_names)
    with open(file_name, 'wb') as p:
        pickle.dump(features, p)
```

다음으로 클래스를 초기화하고 훈련용/테스트용 이미지 특징을 모두 추출한다.

```python
I = ImageModel()
I.extract_features_and_save(b'Flicker8k_Dataset',train_image_paths, 'train_image_features.p')
I.extract_features_and_save(b'Flicker8k_Dataset',test_image_paths, 'test_image_features.p')
```

모델을 구성하기 위해 필요한 계층들을 임포트한다.

```python
from data_preparation import get_vocab
from keras.models import Sequential
from keras.layers import LSTM, Embedding, TimeDistributed, Dense, RepeatVector, Merge, Activation, Flatten
from keras.preprocessing import image, sequence
```

필요한 사전을 가져온다.

```python
image_caption_map, max_words, unique_words, word_to_index_map, index_to_word_map = get_vocab()
vocabulary_size = len(unique_words)
```

최종 캡션 생성 모델을 만든다.

```python
image_model = Sequential()
image_model.add(Dense(128, input_dim=4096, activation='relu'))
image_model.add(RepeatVector(max_words))
```

언어를 위한 모델을 생성한다.

```
lang_model = Sequential()
lang_model.add(Embedding(vocabulary_size, 256, input_length=max_words))
lang_model.add(LSTM(256, return_sequences=True))
lang_model.add(TimeDistributed(Dense(128)))
```

최종 모델을 구성하기 위해 두 개의 다른 모델을 합친다.

```
model = Sequential()
model.add(Merge([image_model, lang_model], mode='concat'))
model.add(LSTM(1000, return_sequences=False))
model.add(Dense(vocabulary_size))
model.add(Activation('softmax'))
model.compile(loss='categorical_crossentropy', optimizer='rmsprop', metrics=['accuracy'])
batch_size = 32
epochs = 10
total_samples = 9
model.fit_generator(data_generator(batch_size=batch_size),
steps_per_epoch=total_samples / batch_size, epochs=epochs, verbose=2)
```

캡션을 생성하기 위해 이 모델을 훈련시키면 된다.

정리

이번 장에서는 이미지 캡션을 생성하는 방법을 배웠다. 먼저 단어 벡터의 임베딩 공간을 살펴봤다. 그런 다음 이미지 캡션을 생성하는 여러 방법을 배웠다. 그리고 이미지 캡션을 생성하는 모델을 구현해 봤다.

다음 장에서는 GAN(Generative Adversarial Networks, 대립쌍 구조를 사용한 생성 모델)을 살펴보겠다. GAN은 다양한 목적으로 이미지를 생성하는 데 아주 흥미롭고 유용한 방식이다.

04

조건부 이미지 생성을 위한 GAN 구축

페이스북 AI 부문장 얀 르쿤(Yann LeCun)은 최근에 "대립쌍 구조를 활용한 생성모델(GAN)이 머신 러닝 분야의 최근 10년 동안 가장 흥미로운 이론이다"라고 말했으며, 이는 GAN에 대한 학계의 관심이 높아지고 있다는 점에서 확인됐다. 딥러닝 분야의 최신 논문을 보면(링크드인이나 미디엄에 이 주제와 관련해 올라오는 글의 주요 트렌드를 보더라도) GAN을 변형한 다양한 모델이 봇물처럼 쏟아지고 있다.

얼마나 다양한 GAN 모델이 나오고 있는지 확인하고 싶다면 힌두 푸라비나쉬(Hindu Puravinash)가 만들어서 지속적으로 업데이트하고 있는 참고표[1]와 쳉 리우(Zheng Liu)가 관리하는 GAN 타임라인[2]을 확인하면 된다. GAN 타임라인을 보면 시간에 따라 GAN이 어떻게 발전했는지도 확인할 수 있다.

GAN은 연산 능력이 강할 뿐 아니라 AI의 창의력을 보여줄 수 있기 때문에 상상력을 일깨우는 힘을 가지고 있다. 이번 장에서는 다음 작업을 해볼 것이다.

---

1 https://github.com/hindupuravinash/the-gan-zoo/blob/master/gans.tsv

2 https://github.com/dongb5/GAN-Timeline

- GAN이 무엇인지, 현재 기준 GAN이 할 수 있는 일은 무엇인지, 어떻게 활용될 수 있는지 이해하기 위해 필요한 개념을 모두 알아봄으로써 GAN과 관련한 주제를 이해하기 쉽게 설명한다.

- 예제 이미지의 초기 분포가 있을 경우와 없을 경우(이 경우를 비지도 GAN이라고 한다) 모두를 기반으로 이미지를 생성하는 방법을 보여준다.

- GAN이 여러분이 바라는 유형의 결과 이미지를 생성하도록 조건을 거는 방법을 설명한다.

- 손으로 쓴 글자와 아이콘의 다양한 데이터셋을 가지고 작업할 수 있는 기초적이지만 완전한 프로젝트를 구성한다.

- 클라우드(특히 아마존 AWS)에서 GAN을 훈련시키는 방법에 대한 기초 사항을 제공한다.

GAN의 성공 여부는 여러분이 어떤 신경망 아키텍처를 사용하는지 외에 풀어야 할 문제가 무엇인지, 그리고 모델에 어떤 데이터를 제공하는지에 따라 많이 달라진다. 이번 장에서 사용할 데이터셋은 만족할 만한 결과를 제공할 것이다. 이번 장을 통해 여러분도 GAN의 창의력을 즐기고 많은 영감을 얻을 수 있으면 좋겠다.

GAN 소개

GAN은 AI와 딥러닝 분야에서 최근에 등장한 이론이므로 최근의 이력부터 소개하겠다.

모든 것은 몬트리올 대학 정보 운용과학과(*Departement d'informatique et de recherche opérationnelle*) 교수인 이안 굿펠로우(Ian Goodfellow)와 그의 동료들(요슈아 벤지오(Yoshua Bengio)를 포함해서)이 초기 예제를 기반으로 새로운 데이터를 생성할 수 있는 프레임워크인 GAN(Generative Adeversarial Nets)에 대한 논문을 출간한 2014년에 시작됐다.

GOODFELLOW, Ian, et al. (2014). "Generative Adversarial Nets.", *Advances in Neural Information Processing Systems 2014*, pp. 2672–2680. https://arxiv.org/abs/1406.2661

이 네트워크가 생성한 초기 이미지는 전혀 믿을 만하지 않은 마르코프 체인(Markov chain)을 사용해 생성하려 했던 이미지에 비교하면 놀랍다. 이 이미지에서 MNIST, 토론토 얼굴 데이터셋(TFD, Toronto Face Dataset) 비공개 데이터셋과 CIFAR-10 데이터셋에서 재생산된 예제를 보여주는 논문에서 제공된 예제의 일부를 볼 수 있다[3].

---

3 출처: GOODFELLOW, Ian, et al. (2014). "Generative Adversarial Nets.", *Advances in Neural Information Processing Systems 2014*, pp. 2672–2680.

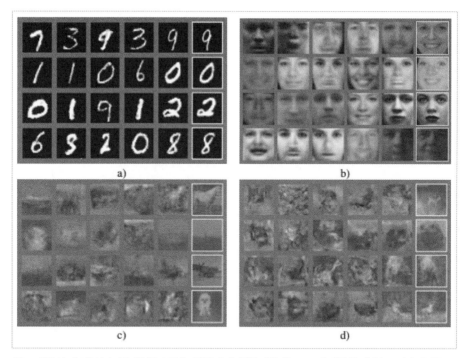

그림 4.1 학습이 새로운 이미지를 생성하기 위해 다양한 데이터셋을 사용하는 GAN에 대한 첫 번째 논문에서 가져온 표본:
a) MNIST, b) TFD, c)와 d) CIFAR-10

이 논문은 모델을 훈련시킬 때 보통 적용하는 역전파 이상의 것이 필요하지 않은 매우 스마트한 아키텍처에 심층 신경망과 게임 이론을 함께 적용하기 때문에 매우 혁신적인 접근법이다. GAN은 모델 분포를 익혔기 때문에(예를 들어 모델 분포를 학습했다) 데이터를 생성할 수 있는 생성 모델이다. 따라서 GAN이 무엇인가를 생성했다는 것은 그 분포에서 표본을 추출한 것과 같다.

핵심은 대립쌍 방식에 있다

GAN이 그렇게 성공적인 생성 모델이 될 수 있었던 이유를 이해하는 핵심은 '대립쌍'이라는 용어에 있다. 실제로 GAN 아키텍처는 개별 오차의 통합을 기반으로 최적화된 두 개의 개별 네트워크로 구성되며 이를 **대립쌍 프로세스(adversarial process)**라 한다.

다양한 종류의 이미지나 데이터를 포함한 실제 데이터셋(R이라 하자)으로 시작해보자(GAN을 주로 이미지에 적용하기는 하지만 이미지에만 적용할 수 있는 것은 아니다). 그런 다음 진짜 데이터처럼 보이는 가짜 데이터를 만드는 생성 네트워크 G와 G가 만든 데이터를 실제 데이터 R과 비교하는 분류기 D를 구성해서 어느 데이터가 진짜이고 어느 것이 가짜인지 알아낸다.

굿펠로우는 이 과정을 생성기는 위조범으로, 분류기는 위조범의 범행을 밝혀내야 할 탐정(또는 미술 평론가)으로 설정한 예술품 위조에 비유했다. 위조범은 위조를 들키지 않기 위해 기술을 연마해야 하는 반면 탐정은 위조품을 더 잘 밝혀내야 하기 때문에 이 둘은 서로 도전하는 관계다. 모든 것은 위조품이 원본과 완전히 비슷해질 때까지 위조범과 탐정 사이의 끝나지 않는 싸움으로 변한다. GAN이 과적합되면 실제로 생성 모델은 원본을 재생산할 뿐이다. 이는 실제로 경쟁 시장에 대한 설명처럼 보이며, 이 아이디어가 경쟁 게임 이론에서 비롯했기 때문에 실제로도 그렇다.

GAN에서 생성기는 분류기에서 진짜인지 가짜인지 구별해낼 수 없는 이미지를 만들어 내려고 한다. 생성기를 만드는 방법은 당연히 훈련 이미지 일부를 단순히 복사하거나 분류기가 진짜라고 판별할 것 같은 이미지를 생성하는 것이다. 한 가지 방법은 우리 프로젝트에 적용할 one-sided label smoothing 기법이다. 이 기법은 다음 논문에 잘 설명돼 있다.

SALIMANS, Tim, et al. (2016). "Improved techniques for training gans.", *Advances in Neural Information Processing Systems 2016*, pp. 2234-2242. https://arxiv.org/abs/1606.03498

실제로 어떻게 동작하는지 좀 더 알아보자. 처음에는 생성기 G에 힌트가 주어지지 않아 완전히 임의의 데이터를 생산하기(실제로 원본 데이터를 하나도 보지 못했다) 때문에 분류기 D가 벌을 준다(실제 데이터인지 가짜인지 알아내는 것은 쉽다). G는 완전히 비난받고 D로부터 더 나은 피드백을 받기 위해 다른 데이터를 만들기 시작한다. 생성기가 보는 유일한 데이터가 Z라는 임의의 입력이고 실제 데이터를 전혀 접하지 않기 때문에 이 과정은 완전히 무작위로 이뤄진다. 수많은 시도와 실패를 거쳐 분류기가 준 힌트를 따라 결국 생성기는 무엇을 해야 하는지 알게 되고 믿을 만한 결과를 만들어 내기 시작한다. 결국 충분한 시간이 지나면 생성기는 한 번도 본 적이 없는 원본 데이터를 전부 정확히 복제하게 된다.

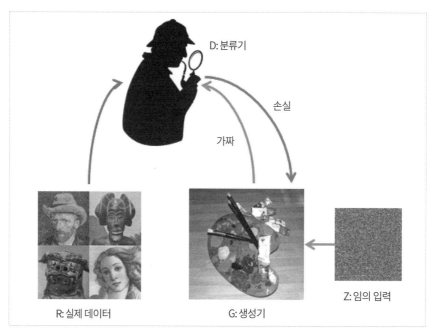

그림 4.2 기본 GAN 아키텍처 동작 방식의 예제

캄브리아기 폭발

앞에서 언급했듯이 매달 GAN에 대한 새로운 논문이 나오고 있다(이번 장을 시작하면서 언급한 힌두 푸라비나쉬가 만든 참고표에서 확인할 수 있듯이). 어쨌든 굿펠로우와 그의 동료가 쓴 초기 논문에서 설명한 가장 단순한 형태의 구현을 제외하면 DCGAN(deep convolutional generative adversarial networks)과 CGAN(conditional GAN)이 가장 주목받고 있다.

- DCGAN은 CNN 아키텍처를 기반으로 한 GAN이다(Alec Radford, Luke Metz, Soumith Chintala (2015). "Unsupervised representation learning with deep convolutional generative adversarial networks", *arXiv preprint arXiv:1511.06434*, `https://arxiv.org/abs/1511.06434`)

- CGAN은 입력 레이블에 따라 조건을 걸어 결과적으로 특정 원하는 특성을 갖는 이미지를 얻을 수 있는 DCGAN이다 (Mehdi Mirza, Simon Osindero (2014). "Conditional generative adversarial nets", *arXiv preprint arXiv:1411.1784*, `https://arxiv.org/abs/1411.1784`). 우리 프로젝트에서는 CGAN 클래스를 프로그래밍하고 그 기능을 개선하기 위해 다양한 데이터셋에 훈련시킬 것이다.

하지만 이 밖에도 이미지 생성 또는 개선과 관련한 문제를 실제적으로 해결해줄 수 있는 흥미로운 예제들(우리 프로젝트에서는 다루지 않지만)이 있다.

- CycleGAN은 이미지를 다른 이미지로 변환한다(전형적인 예로 말이 얼룩말로 변하는 것을 들 수 있다. ZHU, Jun-Yan, et al. (2017). "Unpaired image-to-image translation using cycle-consistent adversarial networks", *arXiv preprint arXiv:1703.10593*, https://arxiv.org/abs/1703.10593)

- StackGAN은 이미지를 묘사하는 텍스트로부터 실제 이미지를 생성한다(ZHANG, Han, et al. (2016). "Stackgan: Text to photo-realistic image synthesis with stacked generative adversarial networks", *arXiv preprint arXiv:1612.03242*, 2016, https://arxiv.org/abs/1612.03242).

- DiscoGAN(Discovery GAN)은 가방 같은 패션 아이템이 가진 질감과 장식을 신발 같은 패션 아이템에 옮기는 것처럼 하나의 이미지가 가진 스타일 요소를 다른 이미지로 옮긴다(KIM, Taeksoo, et al. (2017). "Learning to discover cross-domain relations with generative adversarial networks", *arXiv preprint arXiv:1703.05192*, https://arxiv.org/abs/1703.05192).

- SRGAN은 품질이 안 좋은 이미지를 고해상도 이미지로 변환할 수 있다(LEDIG, Christian, et al. (2016). "Photo-realistic single image super-resolution using a generative adversarial network", *arXiv preprint arXiv:1609.04802*, https://arxiv.org/abs/1609.04802).

DCGANs

DCGAN은 GAN 아키텍처를 처음으로 개선한 것이다. DCGAN은 훈련 단계를 언제나 성공적으로 완료하고 충분한 세대 수와 사례가 주어지면 만족할 만한 품질의 출력을 생성하는 편이다. 그렇기 때문에 DCGAN이 GAN의 기준점이 됐고 알려진 포켓몬을 새로 생성하거나[4], NVIDIA가 한 것처럼 **점진적 성장(progressive growing)**[5]이라는 새로운 훈련 방식을 사용해 실제로 존재하지 않지만 놀랍도록 현실적인(전혀 이상하지 않은) 유명인사의 얼굴을 만드는[6] 등 놀라운 발전을 이루는 데 기여했다. 이 예들은 딥러닝 지도학습 네트워크에서 이미지 분류에 사용된 것과 동일한 컨볼루션을 사용하는 데 뿌리를 두고 있고 다음 같은 몇 가지 영리한 기법을 사용한다.

- 두 네트워크에서 배치 정규화

- 은닉된 전결합 계층을 제거

- 풀링 계층 없이 바로 컨볼루션 계층으로 진입

- ReLU 활성화 함수

---

4 https://www.youtube.com/watch?v=rs3aI7bACGc

5 http://research.nvidia.com/sites/default/files/publications/karras2017gan-paper.pdf

6 https://youtu.be/XOxxPcy5Gr4

CGANs

조건부 GAN(conditional GAN, CGAN)은 특징 벡터를 추가해 출력을 제어하고 생성기가 할 일을
알아낼 수 있게 더 잘 안내한다. 이러한 특징 벡터는 이미지가 파생돼야 할 범주(즉 우리가 상상 속 배
우의 얼굴을 만들려고 한다면 여자나 남자의 이미지)나 이미지에서 우리가 기대하는 특정 특성들을(상
상 속 배우일 경우, 머리, 눈, 안색 같은 것이 될 수 있다) 인코딩할 수 있다. 이는 이러한 정보를 학습될
이미지와 입력 Z에 포함시키면 되고, 이렇게 하면 더 이상 완전히 임의의 방식은 아니게 된다. 판별기
는 가짜 데이터가 원본 데이터와 얼마나 닮았는지 뿐만 아니라 가짜 데이터 이미지가 입력 레이블(또는
특징)에 해당하는지 여부를 함께 놓고 평가한다.

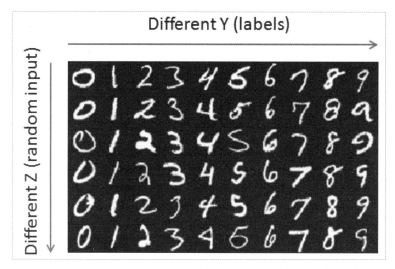

그림 4.3 Z 입력을 Y 입력(레이블이 달린 특징 벡터)과 결합하면 제어된 이미지를 생성할 수 있다.

프로젝트

먼저 필요한 라이브러리를 임포트하자. tensorflow 외에 연산에는 numpy와 math를 사용하고 이미지와
그래픽 처리에는 scipy와 matplotlib을, 특정 작업을 위해 warnings, random, disutils를 사용할 것이다.

```
import numpy as np
import tensorflow as tf
import math
import warnings
import matplotlib.pyplot as plt
from scipy.misc import imresize
from random import shuffle
from distutils.version import LooseVersion
```

Dataset 클래스

첫 번째 단계로 데이터를 제공해야 한다. 여기서는 이미 전처리 과정을 거친 데이터셋을 사용하겠지만 자신만의 GAN을 구현할 때는 다른 종류의 이미지를 사용해도 된다. 여기서 핵심은 나중에 만들 GAN 클래스에 정규화되고 형상이 바뀐 이미지 배치를 제공하는 Dataset 클래스를 별도로 유지하는 데 있다.

초기화할 때 우리는 이미지와 레이블(이미지 레이블이 있다면)까지 모두 다룰 것이다. 먼저 이미지 형상을 바꾼(이미지 형상이 클래스를 인스턴스화할 때 정의했던 형상과 다르다면) 다음 섞는다. 이미지를 섞으면 처음에 데이터셋이 특정 순서로(예를 들어 범주 순서대로) 정렬되어 있더라도 GAN이 효과적으로 학습할 수 있도록 도우며 실제로 이는 확률적 경사 하강법(stochastic gradient descent)[7]을 기반으로 하는 어떤 머신러닝 알고리즘에서도 마찬가지다. 레이블은 대신 원-핫 인코딩을 사용해 인코딩된다. 즉, 범주별로 하나의 이진 변수가 생성되는데, 이 변수는 레이블을 벡터로 표현하기 위해 1로 (나머지는 0으로) 설정된다.

 예를 들어 범주가 {dog:0, cat:1}이면 이를 표현하기 위해 다음처럼 원핫 인코딩된 두 개의 벡터 {dog:[1, 0], cat:[0, 1]}로 만든다.

이러한 방식으로 이 벡터를 이미지에 추가 채널로 쉽게 추가해서 GAN이 복제하게 될 시각적 특성을 그 안에 넣을 수 있다. 나아가 특별한 특성을 갖는 훨씬 더 복잡한 범주를 넣기 위해 벡터를 배열할 수 있다. 예를 들어, 우리가 생성하고 싶은 범주에 대한 코드를 지정할 수도 있고 그 범주의 특성 중 일부를 지정할 수도 있다.

---

7   BOTTOU, Léon (2012). "Stochastic gradient descent tricks. In: Neural networks" *Tricks of the trade. Springer*, Berlin, Heidelberg, 2012, pp. 421–436, https://www.microsoft.com/en-us/research/wp-content/uploads/2012/01/tricks-2012.pdf

```python
class Dataset(object):
    def __init__(self, data, labels=None, width=28, height=28, max_value=255, channels=3):
        # 이미지 사양 기록
        self.IMAGE_WIDTH = width
        self.IMAGE_HEIGHT = height
        self.IMAGE_MAX_VALUE = float(max_value)
        self.CHANNELS = channels
        self.shape = len(data), self.IMAGE_WIDTH, self.IMAGE_HEIGHT, self.CHANNELS
        if self.CHANNELS == 3:
            self.image_mode = 'RGB'
            self.cmap = None
        elif self.CHANNELS == 1:
            self.image_mode = 'L'
            self.cmap = 'gray'

        # 이미지 크기가 다르면 크기 조정
        if data.shape[1] != self.IMAGE_HEIGHT or data.shape[2] != self.IMAGE_WIDTH:
            data = self.image_resize(data, self.IMAGE_HEIGHT, self.IMAGE_WIDTH)
        # 섞인 데이터를 따로 저장
        index = list(range(len(data)))
        shuffle(index)
        self.data = data[index]

        if len(labels) > 0:
            # 섞인 레이블을 따로 저장
            self.labels = labels[index]
            # 고유한 범주값을 열거
            self.classes = np.unique(labels)
            # 각 범주에 대한 원-핫 인코딩을 self.classes에서의 위치를 기반으로 생성
            one_hot = dict()
            no_classes = len(self.classes)
            for j, i in enumerate(self.classes):
                one_hot[i] = np.zeros(no_classes)
                one_hot[i][j] = 1.0
            self.one_hot = one_hot
        else:
            # 레이블 변수들을 자리표시자로 유지
            self.labels = None
            self.classes = None
```

```
        self.one_hot = None

def image_resize(self, dataset, newHeight, newWidth):
    """ 필요한 경우 이미지 크기를 조정 """
    channels = dataset.shape[3]
    images_resized = np.zeros([0, newHeight, newWidth, channels], dtype=np.uint8)
    for image in range(dataset.shape[0]):
        if channels == 1:
            temp = imresize(dataset[image][:, :, 0], [newHeight, newWidth], 'nearest')
            temp = np.expand_dims(temp, axis=2)
        else:
            temp = imresize(dataset[image], [newHeight, newWidth], 'nearest')
        images_resized = np.append(images_resized, np.expand_dims(temp, axis=0), axis=0)
    return images_resized
```

get_batches 메서드는 데이터셋의 하위집합인 배치를 배포하고, 픽셀값을 최댓값(256)으로 나눈 다음 0.5를 빼서 데이터를 정규화하는 일을 한다. 결과 이미지는 [−0.5, +0.5] 구간 안의 부동 소수점 값을 갖게 된다.

```
def get_batches(self, batch_size):
    """"이미지와 레이블의 배치를 가져옴"""
    current_index = 0
    # 가져올 배치가 남아있는지 확인
    while current_index < self.shape[0]:
        if current_index + batch_size > self.shape[0]:
            batch_size = self.shape[0] - current_index
        data_batch = self.data[current_index:current_index + batch_size]
        if len(self.labels) > 0:
            y_batch = np.array([self.one_hot[k] for k in \
            self.labels[current_index:current_index + batch_size]])
        else:
            y_batch = np.array([])
        current_index += batch_size
        yield (data_batch / self.IMAGE_MAX_VALUE) - 0.5, y_batch
```

CGAN 클래스

CGAN 클래스는 CGAN 모델을 기반으로 조건부 GAN을 실행하는 데 필요한 모든 함수를 포함한다. 심층 컨볼루션 대립 생성망은 사진 같은 품질의 출력을 생성하는 데 성능이 좋다는 사실이 증명됐다. CGAN 에 대해서는 앞에서 소개했으니 기억을 되살리는 차원에서 다시 말하면 다음 논문을 참고한다.

 Alec Radford, Luke Metz, Soumith Chintala (2015). "Unsupervised representation learning with deep convolutional generative adversarial networks", *arXiv preprint arXiv:1511.06434*, https://arxiv.org/abs/1511.06434

우리 프로젝트에서 지도 학습처럼 레이블 정보를 사용하는 조건부 형태의 CGAN을 추가할 것이다. 레이블을 사용하고 이를 이미지와 통합시키면(이 부분이 비결이다) 훨씬 더 나은 이미지를 만들어내고 생성된 이미지의 특성들을 결정할 수 있다.

다음은 조건부 GAN을 다룬 참고 논문이다.

 Mehdi Mirza, Simon Osindero (2014). "Conditional Generative Adversarial Nets.", *arXiv preprint arXiv:1411.1784*, https://arxiv.org/abs/1411.1784

CGAN 클래스는 입력으로 데이터셋 클래스 객체, 세대(epoch) 수, 이미지 배치 크기(batch_size), 생성기에서 사용할 랜덤 입력의 차원(z_dim), GAN의 이름(저장 목적)을 받는다. 또한 이 클래스는 알파값(alpha)과 평활값(smooth)에 다양한 값을 가지고 초기화될 수 있다. 다음으로 이 두 매개변수가 GAN 네트워크에서 어떤 역할을 하는지 알아보겠다.

이 클래스를 인스턴스화하면 모든 내부 변수를 설정하고 시스템 성능을 확인해서 GPU가 없는 경우 경고 메시지를 낸다.

```
class CGan(object):
    def __init__(self, dataset, epochs=1, batch_size=32,
                 z_dim=96, generator_name='generator',
                 alpha=0.2, smooth=0.1,
                 learning_rate=0.001, beta1=0.35):

        # 첫 단계로, 시스템이 GAN을 수행할 수 있는지 확인
        self.check_system()
```

```python
    # 주요 매개변수 설정
    self.generator_name = generator_name
    self.dataset = dataset
    self.cmap = self.dataset.cmap
    self.image_mode = self.dataset.image_mode
    self.epochs = epochs
    self.batch_size = batch_size
    self.z_dim = z_dim
    self.alpha = alpha
    self.smooth = smooth
    self.learning_rate = learning_rate
    self.beta1 = beta1
    self.g_vars = list()
    self.trained = False


def check_system(self):
    """
    시스템이 프로젝트를 수행하기 적절한지 확인
    """
    # 텐서플로 버전이 1.2보다 높은지 확인
    version = tf.__version__
    print('TensorFlow Version: %s' % version)

    assert LooseVersion(version) >= LooseVersion('1.2'),\
    ('You are using %s, please use TensorFlow version 1.2 or newer.' % version)

    # GPU가 있는지 확인
    if not tf.test.gpu_device_name():
        warnings.warn('No GPU found installed on the system.\
                      It is advised to train your GAN using a GPU or on AWS')
    else:
        print('Default GPU Device: %s' % tf.test.gpu_device_name())
```

instantiate_inputs 함수는 실제값과 난수 입력을 위한 텐서플로 플레이스홀더(placeholder)를 생성한다. 또한 레이블(원본 이미지와 형상이 동일하지만 채널 깊이는 범주 개수와 동일한 이미지로 취급되는)과 훈련 과정의 학습 속도를 제공한다.

```python
def instantiate_inputs(self, image_width, image_height, image_channels, z_dim, classes):
    """
    입력 및 매개변수 플레이스홀더 인스턴스화:
    이미지 생성을 위한 실제 입력(inputs_real), z 입력(inputs_z),
    실제 입력 레이블(labels), 학습률(learning_rate)
    """
    inputs_real = tf.placeholder(tf.float32,
                    (None, image_width, image_height,
                     image_channels), name='input_real')
    inputs_z = tf.placeholder(tf.float32,
                    (None, z_dim + classes), name='input_z')
    labels = tf.placeholder(tf.float32,
                    (None, image_width, image_height, classes), name='labels')
    learning_rate = tf.placeholder(tf.float32, None)
    return inputs_real, inputs_z, labels, learning_rate
```

다음으로 leaky_ReLU_activation 함수(DCGAN을 다룬 논문에서 규정한 내용과 달리 생성기와 분류기에서 모두 사용하게 될) 같은 기본 함수를 정의해서 네트워크 아키텍처를 지정한다.

```python
def leaky_ReLU_activation(self, x, alpha=0.2):
    return tf.maximum(alpha * x, x)


def dropout(self, x, keep_prob=0.9):
    return tf.nn.dropout(x, keep_prob)
```

다음 함수는 분류기 계층에 해당한다. 이 함수는 Xavier 초기화를 사용해 컨볼루션을 생성하고 결과에 배치 정규화(batch normalization)를 수행하고 leaky_ReLU_activation을 설정한 다음 마지막으로 정규화(regularization)로 dropout을 적용한다[8].

```python
def d_conv(self, x, filters, kernel_size, strides,
           padding='same', alpha=0.2, keep_prob=0.5, train=True):
    """
    판별 계층 아키텍처
    컨볼루션 생성, 배치 정규화, leaky rely 활성화 함수, 드롭아웃 적용
```

---

8 (옮긴이) normalization, regularization 모두 정규화로 번역되지만 normalization은 실제 값 범위를 표준 값 범위로 변환하는 과정을 뜻하며, regularization은 모델이 과적합 되는 것을 제어해서 모델의 설명도는 유지하면서 모델 복잡도는 낮추는 것을 의미한다. 둘 사이의 명확한 구분이 필요한 경우에는 영어로 병기했다.

```
"""
x = tf.layers.conv2d(x, filters, kernel_size, strides, padding,
                     kernel_initializer=tf.contrib.layers.xavier_initializer())
x = tf.layers.batch_normalization(x, training=train)
x = self.leaky_ReLU_activation(x, alpha)
x = self.dropout(x, keep_prob)
return x
```

Xavier 초기화는 컨볼루션의 초기 가중치가 너무 작거나 너무 크지 않게 조절해서 초기 세대부터 네트워크를 통해 신호가 더 잘 전달되게 해준다.

Xavier 초기화는 평균이 0이고, 분산이 1.0을 한 계층에 넣는 뉴런의 수로 나눈 값인 가우스 분포를 제공한다. 딥러닝이 선행 학습된 기법에서 탈피할 수 있었던 것은 수많은 계층이 있어도 역전파를 전달할 수 있는 초기 가중치를 설정하기 위해 사용된 이러한 종류의 초기화 덕분이다. Xavier 초기화와 Glorot과 Bengio가 이 초기화를 변형한 기법에 대해서는 다음 글에서 자세히 읽을 수 있다.

http://andyljones.tumblr.com/post/110998971763/an-explanation-of-xavierinitialization

다음 논문에서 배치 정규화를 설명한다.

Sergey Ioffe, Christian Szegedy (2015), "Batch normalization: Accelerating deep network training by reducing internal covariate shift", *International Conference on Machine Learning. 2015.* pp. 448–456.

저자가 언급했듯이 정규화를 위한 배치 정규화 알고리즘은 공변량 이동[9], 즉 이전에 학습된 가중치가 더 이상 적절하게 동작할 수 없게 만들 수 있는 입력 분포를 변경하는 것을 처리한다. 실제로 분포가 첫 입력 계층에서 처음 학습되면 그 분포는 뒤따르는 모든 계층에 전파되고, 갑자기 입력 분포가 바뀌어서 (예를 들어, 초기에 개보다 고양이 사진을 더 많이 입력받았다면 지금은 그 반대가 되는 경우) 나중에 분포를 이동시키는 것은 학습 속도를 매우 낮게 설정하지 않는다면 매우 위험할 수 있다.

---

9 http://sifaka.cs.uiuc.edu/jiang4/domain_adaptation/survey/node8.html

배치 정규화는 배치 통계를 사용해 평균과 분산으로 각 배치를 정규화하기 때문에 입력에서 분포가 바뀌는 문제를 해결한다. 다음 논문을 참고한다.

Sergey Ioffe, Christian Szegedy (2015). "Batch normalization: Accelerating deep network training by reducing internal covariate shift", *International Conference on Machine Learning. 2015.* pp. 448–456, https://arxiv.org/abs/1502.03167

g_reshaping과 g_conv_transpose는 생성기를 이루는 두 함수다. 이 함수들은 입력이 1차원 계층이든 컨볼루션이든 상관없이 입력 형상을 변경함으로써 동작한다. 사실 이 함수들은 단지 컨볼루션에 의해 수행되는 작업을 역으로 수행해서 컨볼루션에서 유래된 특징을 원래의 특징으로 다시 복원한다.

```python
def g_reshaping(self, x, shape, alpha=0.2, keep_prob=0.5, train=True):
    """
    생성기 계층 아키텍처
    형상 변경 계층,
    배치 정규화, Leaky ReLU 활성화 함수, dropout 적용
    """
    x = tf.reshape(x, shape)
    x = tf.layers.batch_normalization(x, training=train)
    x = self.leaky_ReLU_activation(x, alpha)
    x = self.dropout(x, keep_prob)
    return x

def g_conv_transpose(self, x, filters, kernel_size,
                     strides, padding='same', alpha=0.2, keep_prob=0.5, train=True):
    """
    생성기 계층 아키텍처
    컨볼루션을 새로운 크기로 전치,
    배치 정규화, Leaky ReLU 활성화 함수, dropout 적용
    """
    x = tf.layers.conv2d_transpose(x, filters, kernel_size, strides, padding)
    x = tf.layers.batch_normalization(x, training=train)
    x = self.leaky_ReLU_activation(x, alpha)
    x = self.dropout(x, keep_prob)
    return x
```

분류기 아키텍처는 이미지를 입력으로 받아 결과가 평면화되어 로짓과 확률로 바뀔(시그모이드 함수를 사용) 때까지 다양한 컨볼루션을 사용해 이미지를 변환한다. 실제로 모든 것은 각 컨볼루션에서와 동일하다.

```python
def discriminator(self, images, labels, reuse=False):
    with tf.variable_scope('discriminator', reuse=reuse):
        # 입력 계층은 28x28x3 --> 입력을 연결
        x = tf.concat([images, labels], 3)

        # d_conv --> 결과 크기는 14x14x32
        x = self.d_conv(x, filters=32, kernel_size=5,
                        strides=2, padding='same',
                        alpha=0.2, keep_prob=0.5)

        # d_conv --> 결과 크기는 7x7x64
        x = self.d_conv(x, filters=64, kernel_size=5,
                        strides=2, padding='same',
                        alpha=0.2, keep_prob=0.5)

        # d_conv --> 결과 크기는 7x7x128
        x = self.d_conv(x, filters=128, kernel_size=5,
                        strides=1, padding='same',
                        alpha=0.2, keep_prob=0.5)

        # 한 계층으로 평면화 --> 예상 크기는 4096
        x = tf.reshape(x, (-1, 7 * 7 * 128))

        # 로짓과 시그모이드 계산
        logits = tf.layers.dense(x, 1)
        sigmoids = tf.sigmoid(logits)

        return sigmoids, logits
```

생성기 아키텍처는 분류기 아키텍처의 정반대다. 입력 벡터 z로 시작해서 제일 먼저 전결합 계층(조밀한 계층, dense layer라고도 함)을 만들고 다음으로 분류기의 컨볼루션을 정반대 순서로 마지막에 입력 이미지와 동일한 형상을 갖는 텐서가 나오도록 다시 구성한 다음 tanh 활성화 함수로 한 번 더 변환한다.

```python
def generator(self, z, out_channel_dim, is_train=True):
    with tf.variable_scope('generator', reuse=(not is_train)):
        # 첫 번째로 전결합 계층(fully connected layer)을 구성
        x = tf.layers.dense(z, 7 * 7 * 512)

        # 컨볼루션 스택을 시작하기 위해 전결합 계층의 형상을 바꿈
        x = self.g_reshaping(x, shape=(-1, 7, 7, 512),
                                alpha=0.2, keep_prob=0.5,
                                train=is_train)

        # g_conv_transpose --> 7x7x128
        x = self.g_conv_transpose(x, filters=256,
                                kernel_size=5,
                                strides=2, padding='same',
                                alpha=0.2, keep_prob=0.5,
                                train=is_train)

        # g_conv_transpose --> 14x14x64
        x = self.g_conv_transpose(x, filters=128,
                                kernel_size=5, strides=2,
                                padding='same', alpha=0.2,
                                keep_prob=0.5,
                                train=is_train)

        # 로짓과 출력 계층 계산 --> 28x28x5
        logits = tf.layers.conv2d_transpose(x,
                                filters=out_channel_dim,
                                kernel_size=5,
                                strides=1,
                                padding='same')

        output = tf.tanh(logits)
        return output
```

아키텍처는 CGAN을 소개한 논문에서 크기 100의 초기 벡터 입력에서 $64 \times 64 \times 3$ 크기의 이미지를 재구성하는 법을 설명할 때 보여준 아키텍처와 매우 유사하다.

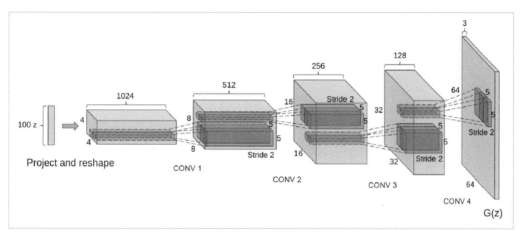

그림 4.4 생성기의 DCGAN 아키텍처[10]

아키텍처를 정의했다면 다음으로 정의할 중요한 요소는 손실 함수다. 손실 함수는 두 개의 출력을 사용하는데, 하나는 생성기에서 나온 출력으로 분류기에 연결돼 있으며, 다른 하나는 그 자체가 바로 분류기에 연결된 실제 이미지에서 비롯된 출력이다. 다음으로 이 두 출력에 대해 손실 정도(loss measure)를 계산한다. 여기에서 평활 매개변수를 사용하면 실제 이미지의 확률을 1.0이 아닌 다른 값으로 부드럽게 만들어서 GAN 네트워크가 확률적으로 학습하고 더 우수하게 만들기 때문에(전체 벌점을 적용하면 가짜 이미지가 실제 이미지와 대비될 기회를 얻기 훨씬 더 어려워질 것이다) 유용하다.

최종 분류기 손실은 가짜 이미지와 실제 이미지에서 계산된 손실의 합이다. 가짜 이미지에서의 손실은 추정된 로짓과 확률 0을 비교해 계산한다. 실제 이미지에서의 손실은 분류기가 실제 이미지를 기억하고 있어서 실제 이미지를 찾도록 학습하지 않고 과적합을 피하도록 추정된 로짓과 부드럽게 만든 확률 (여기에서는 0.9)을 비교해 계산한다. 생성기 손실은 가짜 이미지에 대해 분류기가 추정한 로짓을 확률 1.0과 비교해 계산한다. 이러한 방식으로 생성기는 분류기가 진짜에 가장 가깝다고(따라서 높은 확률로) 추정할 만한 가짜 이미지를 만들어낼 수 있게 된다. 따라서 손실은 단순히 피드백 루프에서 가짜 이미지에 대한 분류기 평가로부터 생성기로 전달된다.

---

10 출처: arXiv, 1511.06434,2015

```
    def loss(self, input_real, input_z, labels, out_channel_dim):
        # 출력 생성
        g_output = self.generator(input_z, out_channel_dim)
        # 실제 입력을 분류
        d_output_real, d_logits_real = self.discriminator(input_real, labels, reuse=False)
        # 생성된 출력을 분류
        d_output_fake, d_logits_fake = self.discriminator(g_output, labels, reuse=True)
        # 실제 입력 분류 결과의 손실 계산
        real_input_labels = tf.ones_like(d_output_real) * (1 - self.smooth)# 평활된 값
        d_loss_real = tf.reduce_mean(
            tf.nn.sigmoid_cross_entropy_with_logits(logits=d_logits_real,
labels=real_input_labels))
        # 생성된 출력 분류 결과의 손실 계산
        fake_input_labels = tf.zeros_like(d_output_fake) # just zeros
        d_loss_fake = tf.reduce_mean(
            tf.nn.sigmoid_cross_entropy_with_logits(logits=d_logits_fake,
labels=fake_input_labels))
        # 실제 입력 분류 손실과 생성된 출력 분류 손실을 합함
        d_loss = d_loss_real + d_loss_fake # 분류기에 대한 총 손실
        # 생성기의 손실 계산: 모든 생성된 이미지는 분류기에 의해 참으로 분류돼야 함
        target_fake_input_labels = tf.ones_like(d_output_fake) # 전부
        g_loss = tf.reduce_mean(
            tf.nn.sigmoid_cross_entropy_with_logits(logits=d_logits_fake,
labels=target_fake_input_labels))

        return d_loss, g_loss
```

GAN의 작업은 시각적이기 때문에 특정 이미지뿐 아니라 생성기가 현재 생성한 샘플을 시각화하기 위한 몇 가지 함수가 있다.

```
    def rescale_images(self, image_array):
        """
        이미지 척도를 범위 0-255에 맞춤
        """
        new_array = image_array.copy().astype(float)
        min_value = new_array.min()
        range_value = new_array.max() - min_value
        new_array = ((new_array - min_value) / range_value) * 255
```

```python
        return new_array.astype(np.uint8)

    def images_grid(self, images, n_cols):
        """
        플로팅에 적합한 그리드에 이미지 정렬
        """
        # 이미지 크기를 가져오고 그리드 모양을 정의
        n_images, height, width, depth = images.shape
        n_rows = n_images // n_cols
        projected_images = n_rows * n_cols
        # 이미지 척도 범위를 0-255에 맞춤
        images = self.rescale_images(images)
        # 투사된 이미지가 적으면 조정
        if projected_images < n_images:
            images = images[:projected_images]
        # 이미지를 정사각형 형태로 배열
        square_grid = images.reshape(n_rows, n_cols, height, width, depth)
        square_grid = square_grid.swapaxes(1, 2)
        # 그리드 이미지를 반환
        if depth >= 3:
            return square_grid.reshape(height * n_rows, width * n_cols, depth)
        else:
            return square_grid.reshape(height * n_rows, width * n_cols)


    def plotting_images_grid(self, n_images, samples):
        """
        그리드 내 이미지들을 표현
        """
        n_cols = math.floor(math.sqrt(n_images))
        images_grid = self.images_grid(samples, n_cols)
        plt.imshow(images_grid, cmap=self.cmap)
        plt.show()


    def show_generator_output(self, sess, n_images, input_z, labels, out_channel_dim, image_mode):
        """
        실제 생성기가 만든 샘플을 보여줌
        """
        # 예제를 위한 z 입력 생성
        z_dim = input_z.get_shape().as_list()[-1]
```

```python
        example_z = np.random.uniform(-1, 1, size=[n_images, z_dim - labels.shape[1]])
        example_z = np.concatenate((example_z, labels), axis=1)
        # 생성기 실행
        sample = sess.run(
            self.generator(input_z, out_channel_dim, False),
            feed_dict={input_z: example_z})
        # 샘플 그리기
        self.plotting_images_grid(n_images, sample)


def show_original_images(self, n_images):
    """
    원본 이미지 샘플 보여주기
    """
    # 사용할 수 있는 이미지에서 표본 추출
    index = np.random.randint(self.dataset.shape[0], size=(n_images))
    sample = self.dataset.data[index]
    # 샘플 그리기
    self.plotting_images_grid(n_images, sample)
```

Adam 최적화 모델을 사용하면 분류기 손실과 생성기 손실이 감소하는데, 먼저 분류기에서 시작해서 (생성기가 만든 이미지가 실제 이미지에 비해 얼마나 비슷한지 확인한 후) 다음으로 생성기가 만든 가짜 이미지가 분류기에 미치는 영향을 평가한 것을 기반으로 한 피드백이 생성기로 전파된다.

```python
    def optimization(self):
        """
        GAN 최적화 절차
        """
        # 입력, 매개변수 플레이스홀더 초기화
        cases, image_width, image_height, out_channel_dim = self.dataset.shape
        input_real, input_z, labels, learn_rate = \
                    self.instantiate_inputs(image_width,
                                            image_height,
                                            out_channel_dim,
                                            self.z_dim,
                                            len(self.dataset.classes))

        # 네트워크 정의 및 손실 계산
        d_loss, g_loss = self.loss(input_real, input_z, labels, out_channel_dim)
```

```
# trainable_variables 열거, G와 D 부분으로 나눔
d_vars = [v for v in tf.trainable_variables() \
                if v.name.startswith('discriminator')]
g_vars = [v for v in tf.trainable_variables() \
                if v.name.startswith('generator')]
self.g_vars = g_vars


# 먼저 분류기를 최적화한 다음 생성기 최적화
with tf.control_dependencies(tf.get_collection(tf.GraphKeys.UPDATE_OPS)):
    d_train_opt = tf.train.AdamOptimizer(self.learning_rate, self.beta1)
              .minimize(d_loss, var_list=d_vars)
    g_train_opt = tf.train.AdamOptimizer(self.learning_rate, self.beta1)
              .minimize(g_loss, var_list=g_vars)
    return input_real, input_z, labels, learn_rate,
          d_loss, g_loss, d_train_opt, g_train_opt
```

마지막으로 전체 훈련 단계가 남았다. 훈련 단계에는 주의가 필요한 두 부분이 있다.

- 최적화는 두 단계로 이뤄진다.

    1. 분류기 최적화

    2. 생성기 최적화

- 무작위 입력과 실제 이미지가, 이미지 레이블과 관련된 원핫 인코딩된 범주 정보를 포함하는 이미지 계층을 더 생성하는 방식으로 레이블과 뒤섞여 전처리된다.

이 방식으로 범주는 입/출력 이미지에 모두 포함되어 이 정보를 함께 고려하도록 훈련시키는데, 생성기가 실제 이미지, 즉 정확한 레이블이 붙은 이미지를 생성하지 않으면 벌점을 받기 때문이다. 생성기가 고양이 이미지를 생성했는데 레이블이 개라고 붙었다고 하자. 이 경우 분류기는 생성기에서 만든 고양이가 실제 고양이와 레이블이 다르다는 것을 알고 벌점을 준다.

```
def train(self, save_every_n=1000):
    losses = []
    step = 0
    epoch_count = self.epochs
    batch_size = self.batch_size
    z_dim = self.z_dim
```

```python
        learning_rate = self.learning_rate
        get_batches = self.dataset.get_batches
        classes = len(self.dataset.classes)
        data_image_mode = self.dataset.image_mode

        cases, image_width, image_height, out_channel_dim = self.dataset.shape
        input_real, input_z, labels, learn_rate, d_loss, g_loss, d_train_opt, g_train_opt = \
            self.optimization()

        # 훈련된 GAN 저장
        saver = tf.train.Saver(var_list=self.g_vars)

        # 진행 상황을 플로팅하기 위한 마스크 준비
        rows, cols = min(5, classes), 5
        target = np.array([self.dataset.one_hot[i] \
                for j in range(cols) for i in range(rows)])
        with tf.Session() as sess:
            sess.run(tf.global_variables_initializer())
            for epoch_i in range(epoch_count):
                for batch_images, batch_labels in get_batches(batch_size):
                    # 단계 세기
                    step += 1
                    # Z 정의
                    batch_z = np.random.uniform(-1, 1, size=(len(batch_images), z_dim))
                    batch_z = np.concatenate((batch_z, batch_labels), axis=1)
                    # 생성기를 위한 레이블 형상 조정
                    batch_labels = batch_labels.reshape(batch_size, 1, 1, classes)
                    batch_labels = batch_labels * np.ones((batch_size,
image_width, image_height, classes))
                    # G를 위한 임의 잡음 샘플링
                    batch_images = batch_images * 2
                    # 최적화 모델 실행
                    _ = sess.run(d_train_opt, feed_dict={input_real:
batch_images, input_z: batch_z, labels:
batch_labels, learn_rate: learning_rate})
                    _ = sess.run(g_train_opt, feed_dict={input_z: batch_z,
input_real: batch_images, labels:
batch_labels, learn_rate: learning_rate})
```

```
                   # 적합시킨 결과와 생성기 출력을 교차로 보고
                   if step % (save_every_n//10) == 0:
                       train_loss_d = sess.run(d_loss, {input_z: batch_z,
                                                        input_real: batch_images,
                                                        labels: batch_labels})
                       train_loss_g = g_loss.eval({input_z: batch_z, labels: batch_labels})
                       print("Epoch %i/%i step %i..." % (epoch_i + 1, epoch_count, step),
                                 "Discriminator Loss: %0.3f..." % train_loss_d,
                                 "Generator Loss: %0.3f" % train_loss_g)
                   if step % save_every_n == 0:
                       rows = min(5, classes)
                       cols = 5
                       target = np.array([self.dataset.one_hot[i] for j in range(cols)
for i in range(rows)])
                       self.show_generator_output(sess, rows * cols, input_z, target,
out_channel_dim, data_image_mode)
                       saver.save(sess, './'+self.generator_name+'/generator.ckpt')

               # 각 세대 마지막에 손실을 계산하고 출력
               try:
                   train_loss_d = sess.run(d_loss, {input_z: batch_z,
input_real: batch_images, labels: batch_labels})
                   train_loss_g = g_loss.eval({input_z: batch_z, labels: batch_labels})
                   print("Epoch %i/%i step %i..." % (epoch_i + 1, epoch_count, step),
                             "Discriminator Loss: %0.3f..." % train_loss_d,
                                 "Generator Loss: %0.3f" % train_loss_g)
               except:
                   train_loss_d, train_loss_g = -1, -1

               # 훈련이 끝난 다음 보고될 손실값 저장
               losses.append([train_loss_d, train_loss_g])

           # 최종 생성기 결과
           self.show_generator_output(sess, rows * cols, input_z, target, out_channel_dim,
data_image_mode)
           saver.save(sess, './' + self.generator_name + '/generator.ckpt')

       return np.array(losses)
```

훈련하는 동안 네트워크는 꾸준히 디스크에 저장된다. 새로운 이미지를 생성할 필요가 있을 때 다시 훈련시킬 필요 없이 네트워크를 업로드해서 GAN에서 생성하고자 하는 이미지의 레이블을 지정하기만 하면 된다.

```python
    def generate_new(self, target_class=-1, rows=5, cols=5, plot=True):
        """
        새로운 샘플 생성
        """
        # 최소 행과 열의 값을 고정
        rows, cols = max(1, rows), max(1, cols)
        n_images = rows * cols
        # 텐서플로 그래프를 이미 가지고 있는지 확인
        if not self.trained:
            # 텐서플로 그래프를 완전히 복원
            tf.reset_default_graph()
            self._session = tf.Session()
            self._classes = len(self.dataset.classes)
            self._input_z = tf.placeholder(tf.float32, (None, self.z_dim +
self._classes), name='input_z')
            out_channel_dim = self.dataset.shape[3]
            # 생성기 그래프 복원
            self._generator = self.generator(self._input_z, out_channel_dim)
            g_vars = [v for v in tf.trainable_variables() if v.name.startswith('generator')]
            saver = tf.train.Saver(var_list=g_vars)
            print('Restoring generator graph')
            saver.restore(self._session, tf.train.latest_checkpoint(self.generator_name))
            # trained 플래그를 True로 설정
            self.trained = True
        # 세션을 계속 진행
        sess = self._session
        # 예제 배열 구성
        target = np.zeros((n_images, self._classes))
        for j in range(cols):
            for i in range(rows):
                if target_class == -1:
                    target[j * cols + i, j] = 1.0
                else:
                    target[j * cols + i] = self.dataset.one_hot[target_class].tolist()
```

```
# 임의의 입력 생성
z_dim = self._input_z.get_shape().as_list()[-1]
example_z = np.random.uniform(-1, 1, size=[n_images, z_dim - target.shape[1]])
example_z = np.concatenate((example_z, target), axis=1)
# 이미지 생성
sample = sess.run(
    self._generator,
    feed_dict={self._input_z: example_z})
# 그래프 생성
if plot:
    if rows * cols==1:
        if sample.shape[3] <= 1:
            images_grid = sample[0,:,:,0]
        else:
            images_grid = sample[0]
    else:
        images_grid = self.images_grid(sample, cols)
    plt.imshow(images_grid, cmap=self.cmap)
    plt.show()
# 나중에 사용할 수 있도록 샘플 반환
# (그리고 세션을 열어둠)
return sample
```

이 클래스는 fit 메서드에 의해 완성된다. 이 메서드는 학습 속도 매개변수와 beta1(Adam optimizer 매개변수로 평균 1차 모멘트, 즉 평균을 기반으로 학습 속도 매개변수를 조정한 것)을 받아서 훈련이 완료된 다음 분류기와 생성기의 손실을 그래프로 그린다.

```
def fit(self, learning_rate=0.0002, beta1=0.35):
    """
    Fit 절차, 훈련으로 시작해서 결과 저장
    """
    # 훈련 모수 설정
    self.learning_rate = learning_rate
    self.beta1 = beta1
    # 생성기와 분류기 훈련
    with tf.Graph().as_default():
        train_loss = self.train()
```

```
# 훈련 적합도 플로팅
plt.plot(train_loss[:, 0], label='Discriminator')
plt.plot(train_loss[:, 1], label='Generator')
plt.title("Training fitting")
plt.legend()
```

일부 예제에 CGAN 활용하기

CGAN 클래스가 마무리됐으니 이 프로젝트를 어떻게 활용할 수 있을지 힌트를 얻기 위해 몇 가지 예제를 살펴보자. 우선 필요한 데이터를 내려받아 GAN을 훈련시켜야 한다. 먼저 일상적으로 필요한 라이브 러리를 임포트하자.

```
import numpy as np
import urllib.request
import tarfile
import os
import zipfile
import gzip
import os
from glob import glob
from tqdm import tqdm
```

다음으로 이전에 준비한 데이터셋과 CGAN 클래스를 로딩한다.

```
from cGAN import Dataset, CGAN
```

클래스 TqdmUpTo는 다운로드 진행 상황을 보여주는 tqdm 래퍼 클래스다. 이 클래스는 프로젝트 페이지[11] 에서 바로 받을 수 있다.

```
class TqdmUpTo(tqdm):
    """
    `tqdm.update(delta_n)`을 사용하는 `update_to(n)` 제공.
    https://github.com/pypa/twine/pull/242와
```

---
11 https://github.com/tqdm/tqdm

```
https://github.com/pypa/twine/commit/42e55e06에서 착안
"""

def update_to(self, b=1, bsize=1, tsize=None):
    """
    전체 크기(tqdm 단위로)
    [default: None]이면 변하지 않는다.
    """
    if tsize is not None:
        self.total = tsize
    # self.n = b * bsize로 설정
    self.update(b * bsize - self.n)
```

마지막으로 주피터(Jupyter) 노트북을 사용한다면(이 프로젝트에서는 유용할 것이다) 이미지를 인라인에 그릴 수 있게 만들어야 한다.

```
%matplotlib inline
```

이제 첫 번째 예제를 다룰 준비가 끝났다.

MNIST

손으로 쓴 숫자로 구성된 MNIST 데이터베이스는 얀 르쿤(Yann LeCun)이 뉴욕 대학 쿠란트 연구소(Courant Institute, NYU)에 있을 때, 코리나 코르테스(Corinna Cortes, 구글랩)과 크리스토퍼 J. C. 버지스(Christopher J. C. Burges, 마이크로소프트 연구소)와 함께 제공한 것이다. 이 데이터베이스는 이미지 전처리와 포맷 맞추는 일에 들이는 노력을 최소화하고 실제 이미지 데이터를 가지고 학습하기에 좋은 표준이다. 데이터베이스는 손으로 쓴 숫자로 구성돼 있고 6만 개의 사례로 된 훈련 데이터셋과 1만 개의 테스트 데이터셋을 제공한다. 이것은 실제로 NIST에서 제공하는 데이터셋의 일부다. 모든 숫자는 크기를 정규화했고 고정된 크기의 이미지 중앙에 위치해 있다.

```
http://yann.lecun.com/exdb/mnist/
```

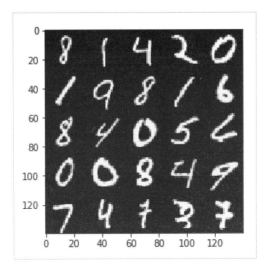

그림 4.5 원본 MNIST 샘플은 CGAN에서 재생성한 이미지의 품질을 이해하는 데 유용하다.

첫 번째 단계로 인터넷에서 데이터셋을 내려받아 로컬 시스템에 저장한다.

```
labels_filename = 'train-labels-idx1-ubyte.gz'
images_filename = 'train-images-idx3-ubyte.gz'

url = "http://yann.lecun.com/exdb/mnist/"
with TqdmUpTo() as t: # 모두 선택적 키워드 인자
    urllib.request.urlretrieve(url+images_filename,
                               'MNIST_'+images_filename,
                               reporthook=t.update_to, data=None)
with TqdmUpTo() as t: # 모두 선택적 키워드 인수(kwargs)
    urllib.request.urlretrieve(url+labels_filename,
                               'MNIST_'+labels_filename,
                               reporthook=t.update_to, data=None)
```

이 손으로 쓴 숫자 데이터셋을 학습하기 위해 훈련시킬 때 배치 크기는 32개의 이미지, 학습 속도는 0.0002, beta1은 0.35, z_dim은 96, 세대 수는 16을 적용했다.

```
labels_path = './MNIST_train-labels-idx1-ubyte.gz'
images_path = './MNIST_train-images-idx3-ubyte.gz'

with gzip.open(labels_path, 'rb') as lbpath:
        labels = np.frombuffer(lbpath.read(), dtype=np.uint8, offset=8)
```

```
with gzip.open(images_path, 'rb') as imgpath:
        images = np.frombuffer(imgpath.read(), dtype=np.uint8,
        offset=16).reshape(len(labels), 28, 28, 1)
batch_size = 32
z_dim = 96
epochs = 16

dataset = Dataset(images, labels, channels=1)
gan = CGAN(dataset, epochs, batch_size, z_dim, generator_name='mnist')

gan.show_original_images(25)
gan.fit(learning_rate = 0.0002, beta1 = 0.35)
```

다음 이미지는 세대별 GAN에 의해 생성된 숫자 샘플을 보여준다.

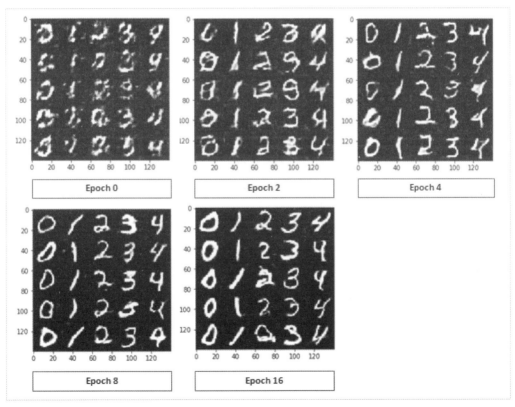

그림 4.6 세대별 GAN 결과

16세대가 지나면 생성된 숫자는 모양이 잘 갖춰져 있고 사용할 만한 수준을 갖추게 된다. 다음으로 행으로 정렬된 모든 범주의 표본을 추출한다.

GAN의 성능을 평가하는 일은 여전히 주로 사람이 그 결과 중 일부를 눈으로 검사해서 전반적으로 혹은 세부적인 부분을 꼭 집어내어 이미지가 가짜인지 알아내는 (분류기처럼) 방식으로 이뤄진다. GAN은 이미지를 평가하고 비교하는 데 도움될 만한 목적 함수(objective function)가 없지만 로그 가능도(*log-likelihood*)처럼 지표로 사용될 수 있는 계산 기법이 있다(Lucas Theis, Aäron van den Oord, Matthias Bethge (2015), "A note on the evaluation of generative models", *arXiv preprint arXiv:1511.01844*, https://arxiv.org/abs/1511.01844 참고).

우리는 간단하면서도 실증적인 평가 방식을 운영할 것이므로 네트워크의 성능을 평가하기 위해 훈련된 GAN에서 생성된 이미지 샘플을 사용하고 특정 추이를 그리기 위해 생성기와 분류기 모두에서 훈련 손실을 검사하겠다.

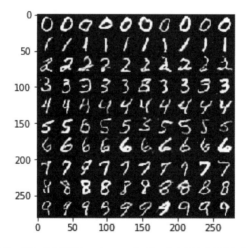

그림 4.7 MNIST에서 훈련시킨 최종 결과 샘플을 보면 GAN 네트워크에서 충분히 수행할 수 있는 작업임을 알 수 있다.

다음 그림에서 보여주는 훈련 적합 차트를 보면 생성기가 훈련이 끝났을 때 어떻게 가장 낮은 오차에 도달하는지 알 수 있다. 이전 정점 다음에 분류기는 이전 성능값으로 돌아가려고 열심히 노력해서 생성기가 어디까지 발전할 수 있는지 가리킨다. 우리는 훈련 세대 수가 훨씬 더 많을수록 이 GAN 네트워크의 성능이 개선될 것이라고 예상할 수 있지만 출력 품질이 좋아질수록 소요 시간이 기하급수적으로 증가할 수 있다. 일반적으로 GAN의 수렴에 대한 좋은 지표가 분류기와 생성기 모두에서 하향 추세를 가지고 있는데, 두 손실 벡터 모두에 선형 회귀선을 맞춰보면 알 수 있다.

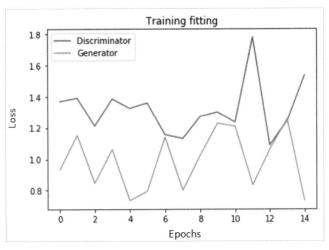

그림 4.8 16세대에 따른 훈련 적합

GAN 네트워크를 훈련시키는 것은 시간이 매우 오래 걸리고 연산을 위한 자원이 많이 소모된다. 최근 뉴욕 타임즈에 실린 기사[12]를 읽어보면 엔비디아(NVIDIA) 차트를 통해 유명인사 사진에서 점진적인 GAN 학습 모델을 훈련시켰을 때 시간에 따른 진행 경과를 보여준다. 적절한 수준의 결과를 얻으려면 며칠이 걸리지만 아주 훌륭한 결과를 얻고 싶다면 최소 2주는 필요할 것이다. 이와 마찬가지로 우리가 가진 사례만으로도 훈련 세대 수를 늘리면 더 나은 결과를 얻을 수 있다.

Zalando MNIST

패션 MNIST는 잘란도(Zalando) 잡지 이미지의 데이터셋으로 6만 개의 훈련 데이터셋과 1만 개의 테스트 데이터셋으로 구성돼 있다. MNIST를 사용할 때와 마찬가지로 각 예제는 10개의 범주 레이블과 연결된 28x28 크기의 흑백 이미지다. 이 데이터셋은 학습하기 더 어렵고 실제 현장에서의 딥러닝을 훨씬 잘 대표하기 때문에[13] 머신러닝 알고리즘에 더 나은 기준선을 제공하기 위해 원본 MNIST 데이터셋을 대신하도록 잘란도 연구소의 작가들[14]에 의해 만들어졌다.

```
https://github.com/zalandoresearch/fashion-mnist
```

---

12 https://www.nytimes.com/interactive/2018/01/02/technology/ai-generated-photos.html

13 https://twitter.com/fchollet/status/852594987527045120

14 https://github.com/zalandoresearch/fashion-mnist/graphs/contributors

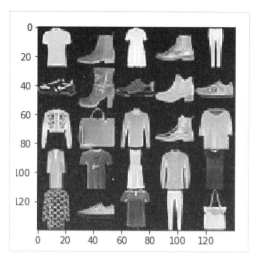

그림 4.9 원본 잘란도 데이터셋 샘플

이미지와 레이블을 따로 내려받는다.

```
url = "http://fashion-mnist.s3-website.eu-central-1.amazonaws.com/train-images-idx3-ubyte.gz"
filename = "train-images-idx3-ubyte.gz"
with TqdmUpTo() as t: # 모두 선택적 키워드 인수(kwargs)
    urllib.request.urlretrieve(url, filename, reporthook=t.update_to, data=None)
url = "http://fashion-mnist.s3-website.eu-central-1.amazonaws.com/train-labels-idx1-ubyte.gz"
filename = "train-labels-idx1-ubyte.gz"
_ = urllib.request.urlretrieve(url, filename)
```

이 이미지 데이터셋을 학습하기 위해 배치 크기는 32개의 이미지로, 학습 속도는 0.0002, beta1은 0.35, z_dim은 96, 세대 수는 64로 적용해서 훈련시킨다.

```
labels_path = './train-labels-idx1-ubyte.gz'
images_path = './train-images-idx3-ubyte.gz'
label_names = ['t_shirt_top', 'trouser', 'pullover',
               'dress', 'coat', 'sandal', 'shirt',
               'sneaker', 'bag', 'ankle_boots']


with gzip.open(labels_path, 'rb') as lbpath:
        labels = np.frombuffer(lbpath.read(), dtype=np.uint8, offset=8)
```

```
with gzip.open(images_path, 'rb') as imgpath:
        images = np.frombuffer(imgpath.read(), dtype=np.uint8,
        offset=16).reshape(len(labels), 28, 28, 1)

batch_size = 32
z_dim = 96
epochs = 64

dataset = Dataset(images, labels, channels=1)
gan = CGAN(dataset, epochs, batch_size, z_dim, generator_name='zalando')

gan.show_original_images(25)
gan.fit(learning_rate = 0.0002, beta1 = 0.35)
```

훈련시킬 때 전 세대를 모두 지나기까지 시간이 많이 걸리지만 품질은 곧 안정화된다. 물론 일부 문제가 사라지기까지는 더 많은 세대가 필요하지만 말이다(예: 셔츠 구멍).

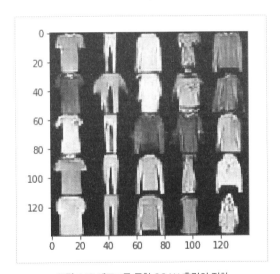

그림 4.10 에포크를 통한 CGAN 훈련의 진화

64세대를 지난 뒤 결과는 다음과 같다.

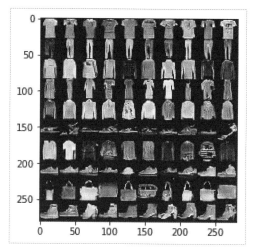

그림 4.11 잘란도 데이터셋에서 64세대가 지난 뒤 얻은 결과

결과는 특히 의류와 남자 신발에서 완전히 만족스럽다. 하지만 여자 신발은 다른 이미지보다 더 작고 섬세하기 때문에 학습하기가 더 어려워 보인다.

EMNIST

EMNIST 데이터셋은 NIST Special Database에서 가져온 손으로 쓴 문자와 숫자 집합이며 28 × 28 픽셀 이미지 형식으로 전환되어 MNIST 데이터셋에 직접 매칭되는 데이터셋 구조를 가지고 있다. 우리는 범주별로 동일한 개수의 샘플을 갖도록 균형 잡힌 47개의 범주에 131,600개의 문자로 구성된 문자 집합인 EMNIST Balanced 데이터셋을 사용할 것이다. 이 데이터셋 관련 참고자료는 다음에서 모두 찾아볼 수 있다.

 Cohen, G., Afshar, S., Tapson, J., & van Schaik, A. (2017). "EMNIST: an extension of MNIST to handwritten letters", http://arxiv.org/abs/1702.05373

또한 EMNIST에 대한 모든 정보는 이 데이터셋의 공식 페이지[15]에서 확인할 수 있다. 다음은 EMNIST Balanced에서 찾아볼 수 있는 문자를 추출해서 보여준다.

---

15 https://www.nist.gov/itl/iad/image-group/emnist-dataset

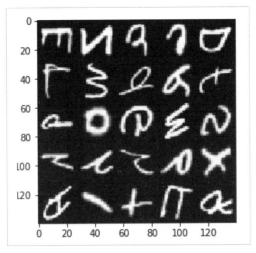

그림 4.12 원본 EMNIST 데이터셋 샘플

```
url = "http://biometrics.nist.gov/cs_links/EMNIST/gzip.zip"
filename = "gzip.zip"
with TqdmUpTo() as t: # 모두 선택적 키워드 인수(kwargs)
    urllib.request.urlretrieve(url, filename,
                                    reporthook=t.update_to,
                                    data=None)
```

NIST 웹사이트에서 패키지를 내려받은 다음, 압축을 푼다.

```
zip_ref = zipfile.ZipFile(filename, 'r')
zip_ref.extractall('.')
zip_ref.close()
```

압축을 성공적으로 풀었는지 확인한 다음 사용하지 않는 zip 파일은 제거한다.

```
if os.path.isfile(filename):
    os.remove(filename)
```

이렇게 얻은 손으로 쓴 숫자 데이터셋을 학습하기 위해 배치 사이즈는 32개의 이미지, 학습 속도는 0.0002, beta1은 0.35, z_dim은 96, 세대 수는 15로 적용해서 훈련시킨다.

```
labels_path = './gzip/emnist-balanced-train-labels-idx1-ubyte.gz'
images_path = './gzip/emnist-balanced-train-images-idx3-ubyte.gz'
label_names = []

with gzip.open(labels_path, 'rb') as lbpath:
        labels = np.frombuffer(lbpath.read(), dtype=np.uint8, offset=8)

with gzip.open(images_path, 'rb') as imgpath:
        images = np.frombuffer(imgpath.read(), dtype=np.uint8,
                    offset=16).reshape(len(labels), 28, 28, 1)

batch_size = 32
z_dim = 96
epochs = 15

dataset = Dataset(images, labels, channels=1)
gan = CGAN(dataset, epochs, batch_size, z_dim, generator_name='emnist')

gan.show_original_images(25)
gan.fit(learning_rate = 0.0002, beta1 = 0.35)
```

다음은 15세대를 지난 후 훈련이 끝났을 때 얻은 손으로 쓴 글자 표본 일부다.

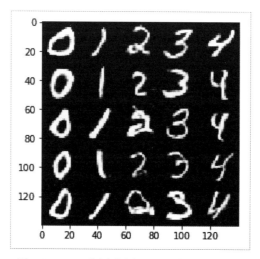

그림 4.13 EMNIST 데이터셋에서 CGAN을 훈련시켜 얻은 결과

MNIST의 경우, GAN은 손글씨 글자를 정확하고 신뢰할 만한 방식으로 복제하기 위해 합리적인 수준의 시간 내에 학습할 수 있다.

훈련된 CGAN을 재사용하기

CGAN을 훈련시킨 후에는 다른 응용 프로그램에서 생성된 이미지를 사용하는 것이 유용할 수 있다. generate_new 메서드를 사용해 일련의 이미지뿐 아니라 단일 이미지(특정 이미지 범주의 결과 품질을 확인하기 위해)도 추출할 수 있다. 이 메서드는 앞서 훈련된 CGan 클래스에서 동작하기 때문에 피클(pickle)을 사용해 먼저 이 클래스를 저장한 다음 필요할 때 불러오면 된다.

훈련이 끝나면 다음 명령어처럼 피클을 사용해 CGan 범주를 저장할 수 있다.

```
import pickle
pickle.dump(gan, open('mnist.pkl', 'wb'))
```

이 경우에는 MNIST 데이터셋에서 훈련된 CGAN을 저장했다.

파이썬 세션을 다시 시작해서 메모리의 모든 변수가 지워졌다면 모든 클래스를 다시 임포트하고 피클로 저장한 CGan을 불러오기만 하면 된다.

```
from CGan import Dataset, CGan
import pickle
gan = pickle.load(open('mnist.pkl', 'rb'))
```

여기까지 완료했으면 CGan으로 생성하고 싶은 대상 범주를 설정하고(이 예제에서는 숫자 8을 출력할 것을 요청함) 한 개의 사례나, 5×5 그리드의 사례, 혹은 그보다 큰 10×10 그리드를 요청할 수 있다.

```
nclass = 8
_ = gan.generate_new(target_class=nclass, rows=1, cols=1, plot=True)
_ = gan.generate_new(target_class=nclass, rows=5, cols=5, plot=True)
images = gan.generate_new(target_class=nclass, rows=10, cols=10, plot=True)
print(images.shape)
```

 모든 범주에 대한 개요를 확인하고 싶다면 target_class 매개변수를 −1로 설정하면 된다.

표현할 대상 범주를 설정했다면 generate_new 메서드를 세 번 호출하고 마지막 호출에서 반환된 값을 font 변수에 저장하는데, 그 크기는 (100, 28, 28, 1)이며 목적에 따라 재사용될 수 있는 생성된 이미지의 넘파이 배열을 담고 있다. 이 메서드를 호출할 때마다 결과 그리드는 다음과 같이 그려진다.

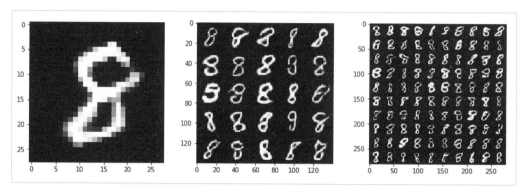

그림 4.13 그리드는 생성된 이미지로 구성된다. 왼쪽부터 오른쪽 순서로 1x1, 5x5, 10x10 결과 그리드를 요청해서 받은 그림이다. 실제 이미지는 이 메서드에서 반환되며, 재사용 가능하다.

결과를 그리기 위해 generate_new 메서드를 사용할 필요가 없다면 plot 매개변수를 False로 설정한다.

```
images = gan.generate_new(target_class=nclass, rows=10, cols=10, plot=False)
```

아마존 웹 서비스 사용하기

미리 말했듯이 이번 장에서 제안한 예제를 훈련시키기 위해서는 GPU를 사용하는 것이 좋다. CPU만 사용해서는 합리적인 시간 안에 결과를 얻는 일이 실제로 불가능하며, GPU를 사용하더라도 컴퓨터로 훈련을 완료하기까지 꽤 오랜 시간을 기다려야 할 것이다. 해법으로 비용이 발생하지만 **아마존 웹 서비스(Amazon Web Services, AWS)**의 일부인 아마존 EC2(Amazon Elastic Compute Cloud)[16]를 사용할 수 있다. EC2에서는 각자 컴퓨터에서 인터넷 연결을 사용해 제어할 수 있는 가상 서버를 실행할 수 있다. EC2에 막강한 GPU를 갖춘 서버를 요청할 수 있어서 텐서플로 프로젝트를 훨씬 더 쉽게 수행할 수 있다.

---

16 https://aws.amazon.com/it/ec2/

아마존 EC2가 유일한 클라우드 서비스는 아니다. 다만 이 책에서 코드를 테스트하기 위해 사용한 서비스이기 때문에 추천했을 뿐이다. 실제로 구글 클라우드 컴퓨팅(Google Cloud Compute, cloud.google.com), 마이크로소프트 애저(Microsoft Azure, azure.microsoft.com) 등 다양한 클라우드 서비스가 있다.

EC2에서 이번 장의 코드를 실행하려면 AWS 계정을 가지고 있어야 한다. 계정이 없다면 우선 aws.amazon.com에 등록하고 필요한 양식을 채운 다음 무료 기본 지원 플랜으로 시작하면 된다.

AWS 등록을 마쳤으면 로그인하고 EC2 페이지(https://aws.amazon.com/ec2)에 들어가서 다음 절차를 수행한다.

1. EU(아일랜드), 아시아 태평양(서울), 미국 동부(버지니아), 미국 서부(오레곤) 중에서 우리가 필요로 하는 유형의 GPU 인스턴스를 저렴하게 제공하는 가까운 지역을 선택한다.

2. https://console.aws.amazon.com/ec2/v2/home?#Limits에서 EC2 서비스 한도를 업그레이드한다. 여러분은 p3.2xlarge 인스턴스에 접근해야 한다. 따라서 실제 한도가 0이라면 한도 증설 요청(Request Limit Increase) 양식을 사용해 최소 1로 올려야 한다(이 작업은 24시간까지 걸릴 수 있지만 완료되기 전에는 이 인스턴스에 접근할 수 없다).

3. AWS 크레딧을 받는다(예: 신용카드 정보 제공).

지역을 설정하고 한도 증설 요청을 끝내고 충분한 크레딧을 확보했다면 필요한 모든 소프트웨어를 이미 포함하고 있는 OS가 탑재된(아마존에서 제공하는 이미지, AMI 덕분에) p3.2xlarge 서버(딥러닝 응용 프로그램을 위한 GPU 연산 서버)를 시작할 수 있다.

1. EC2 관리 콘솔로 가서 Launch Instance 버튼을 클릭한다.

2. AWS Marketplace를 클릭하고 Deep Learning AMI with Source Code v2.0 (ami-bcce6ac4) AMI를 검색한다. 이 AMI에는 CUDA, cuDNN[17], 텐서플로가 모두 미리 설치돼 있다.

3. GPU compute p3.2xlarge instance를 선택한다. 이 인스턴스에는 성능이 막강한 엔비디아 테슬라(NVIDIA Tesla) V100 GPU가 탑재돼 있다.

4. 어디서나 접근할 수 있도록 TCP 프로토콜을 port 8888로 지정하고 Custom TCP Rule을 추가해서 보안 그룹(Jupyter 라고 하자)을 구성한다. 이렇게 하면 시스템에서 Jupyter 서버를 실행할 수 있고 인터넷에 연결된 컴퓨터라면 어디서나 인터페이스를 볼 수 있다.

---

17 https://developer.nvidia.com/cudnn

5. Authentication Key Pair를 생성한다. 예를 들어, 이 키 쌍을 deeplearning_jupyter.pem이라 명명할 수 있다. 각자 컴퓨터에서 여러분이 쉽게 접근할 수 있는 디렉터리에 저장한다.

6. 인스턴스를 시작한다. 이때부터는 AWS 메뉴에서 이 인스턴스를 중단(stop)하지 않으면 비용을 지불하게 된다는 점을 기억하자. 적은 비용이기는 하지만 일정 비용을 지불해야 모든 데이터와 함께 인스턴스를 사용할 수 있다. 그렇지 않으면 인스턴스를 종료(terminate)하고 더 이상 돈을 지불하지 않으면 된다.

모든 것이 시작됐으면 각자 컴퓨터에서 ssh를 사용해 서버에 접근할 수 있다.

- 시스템 IP를 기록해둔다. 예로 xx.xx.xxx.xxx라고 하자.

- 셸에 다음과 같이 입력해서 .pem 파일이 있는 디렉터리를 가리킨다.

  ```
  ssh -i deeplearning_jupyter.pem ubuntu@xx.xx.xxx.xxx
  ```

- 서버에 접근할 때 다음 명령어들을 입력해서 Jupyter 서버를 구성한다.

  ```
  jupyter notebook --generate-config
  sed -ie "s/#c.NotebookApp.ip = 'localhost'/#c.NotebookApp.ip =
  '*'/g" ~/.jupyter/jupyter_notebook_config.py
  ```

- 코드를 복사하고(예를 들어 코드 저장소를 깃 명령어로 복제한다거나) 필요로 하는 라이브러리를 설치해서 서버에서 동작시킨다. 예를 들어, 이 특정 프로젝트를 위해 다음 패키지를 설치하면 된다.

  ```
  sudo pip3 install tqdm
  sudo pip3 install conda
  ```

- 다음 명령어를 실행해 Jupyter 서버를 시작한다.

  ```
  jupyter notebook --ip=0.0.0.0 --no-browser
  ```

- 이 시점에서 서버가 실행되고 각자 ssh 셸은 Jupyter 서버의 로그를 보여줄 것이다. 로그 중에 토큰(일련의 숫자와 문자로 구성된 것)을 기록해 둔다.

- 브라우저를 열어 주소창에 다음 주소를 입력한다.

  ```
  http://xx.xx.xxx.xxx:8888/
  ```

필요한 경우 토큰을 입력하면 로컬 컴퓨터에서 동작하는 것처럼 보이지만 실제로는 서버에서 동작하는 주피터 노트북(Jupyter notebook)을 사용할 수 있다. 이제 GAN으로 해볼 만한 모든 실험을 실행할 수 있는 GPU를 갖춘 강력한 서버가 생겼다.

감사의 말

이번 장을 마무리하면서 이 프로젝트의 훌륭한 시작점이자 기준점이 된 DCGAN 튜토리얼을 MIT 라이선스[18]로 제공한 유다시티(Udacity)와 맷 레오나드(Mat Leonard)에게 감사드린다.

정리

이번 장에서는 대립쌍 생성망이 어떻게 동작하고, 다양한 목적에 따라 어떻게 훈련시키고 사용할 수 있는지에 대해 자세히 알아봤다. 프로젝트로는 입력에 따라 다양한 유형의 이미지를 만들 수 있는 조건부 GAN을 만들었으며, 필요에 따라 새로운 이미지를 만들 수 있는 선택 가능한 범주를 가질 수 있도록 일부 예제 데이터셋을 처리하고 이를 훈련시키는 방법을 배웠다.

---

18 https://github.com/udacity/deep-learning/blob/master/LICENSE

05

LSTM을 이용한
주가 예측

이번 장에서는 실제 값으로 구성된 시계열을 예측하는 방법을 소개한다. 특히 뉴욕 증권 거래소에 올라와 있는 대기업 주가를 과거 실적 기반으로 예측할 것이다.

이번 장에서는 다음 내용을 살펴본다.

- 과거 주가 정보를 수집하는 방법

- 시계열 예측 작업을 위한 데이터셋 형식을 구성하는 방법

- 회귀 모델을 사용해 미래 주가를 예측하는 방법

- 장단기 메모리(Long short-term memory, LSTM) 기초

- LSTM으로 예측 성능을 높이는 방법

- 텐서보드(Tensorboard)에 성능을 시각화하는 방법

각 항목에 대해 이번 장의 각 절에서 다룬다. 또한 이번 장의 내용을 시각적이면서 직관적으로 더 쉽게 이해할 수 있도록 먼저 간단한 코사인(cosine) 신호에 각 기법을 적용해 볼 것이다. 코사인은 주가보다 더 결정적이어서 알고리즘을 이해하고 가능성을 알아보는 데 도움될 것이다.

 주의: 이 프로젝트가 우리가 가지고 있는 간단한 데이터로 실험하는 것뿐이라는 점을 짚고 넘어가고 싶다. 실제 시나리오에서는 이 코드나 동일한 모델을 사용하면 동일한 수준의 성능을 내지 못할 수 있으니, 그대로 사용하지 않도록 하자. 기억하자. 여러분의 자본은 위험한 상태에 놓여있고 항상 더 많이 얻는다는 보장은 없다.

입력 데이터셋 – 코사인과 주가

앞서 안내했듯이 우리 실험에 쓰일 시계열 데이터로 두 개의 일차원 신호를 사용할 것이다. 첫 번째는 균일한 잡음이 추가된 코사인파다.

다음은 점의 개수, 신호 주기, 균일한 잡음 생성기의 절대 강도가 매개변수로 주어졌을 때 코사인 신호를 생성하는 함수다. 또한 함수 본문에서 랜덤 시드(random seed)를 설정해 실험을 복제할 수 있게 한다.

```
def fetch_cosine_values(seq_len, frequency=0.01, noise=0.1):
    np.random.seed(101)
    x = np.arange(0.0, seq_len, 1.0)
    return np.cos(2 * np.pi * frequency * x) + np.random.uniform(low=noise, high=noise, size=seq_len)
```

10개의 점, 0.1 크기의 잡음이 추가된 코사인의 전체 진동(따라서 주기가 0.1)을 한 번 출력하려면 다음 명령어를 실행하면 된다.

```
print(fetch_cosine_values(10, frequency=0.1))
```

결과는 다음과 같다.

```
[ 1.00327973 0.82315051 0.21471184 -0.37471266 -0.7719616 -0.93322063
 -0.84762375 -0.23029438 0.35332577 0.74700479]
```

우리가 분석할 때는 이를 주가로 가정하며, 여기서 시계열의 각 점은 해당 날짜의 주가를 표현하는 일차원 특징이 된다.

대신 두 번째 신호는 실제 금융권에서 가져온다. 금융 데이터는 비싸고 추출하기 어렵기 때문에 이 실험에서는 이러한 정보를 얻기 위해 파이썬 라이브러리인 quandl을 사용한다. 이 라이브러리는 사용하기 쉽고 가격이 저렴하기(일별 100개 미만의 쿼리는 무료) 때문에 주식의 종가만 예측하려는 우리 실험에 적합하다. 만약 주식 자동 거래를 한다면 이 라이브러리의 프리미엄 버전에서 더 많은 정보를 구하거나 다른 라이브러리 혹은 데이터 소스를 찾아야 한다.

Quandl은 API이며, 파이썬 라이브러리는 이 API를 감싼 것이다. Quandl이 무엇을 반환하는지 보려면 프롬프트에서 다음 명령어를 실행하면 된다.

```
$> curl "https://www.quandl.com/api/v3/datasets/WIKI/FB/data.csv"
Date,Open,High,Low,Close,Volume,Ex-Dividend,Split Ratio,Adj. Open,Adj. High,Adj. Low,Adj.
Close,Adj. Volume
2017-08-18,166.84,168.67,166.21,167.41,14933261.0,0.0,1.0,166.84,168.67,166.21,167.41,14933261.0
2017-08-17,169.34,169.86,166.85,166.91,16791591.0,0.0,1.0,169.34,169.86,166.85,166.91,16791591.0
2017-08-16,171.25,171.38,169.24,170.0,15580549.0,0.0,1.0,171.25,171.38,169.24,170.0,15580549.0
2017-08-15,171.49,171.5,170.01,171.0,8621787.0,0.0,1.0,171.49,171.5,170.01,171.0,8621787.0
...
```

데이터 형식은 CSV이고 각 행에는 날짜, 시가, 고가, 저가, 종가, 조정가, 몇 가지 거래량이 포함돼 있다. 이 행들은 최근 것부터 과거로 거슬러 올라가며 저장된다. 이 가운데 우리가 관심 있는 열은 조정 마감가(Close.Adj)다.

 조정 마감가는 현금 배당, 주식 배당 및 주식 분할을 포함하도록 수정된 후의 종가다.

여러 온라인 서비스에서는 조정되지 않은 가격 또는 시가를 보여주기 때문에 숫자가 일치하지 않을 수 있다는 사실을 명심하자.

이제 파이썬 API를 사용해 조정가를 추출하는 파이썬 함수를 만들자. 이 API에 대한 문서는 모두 https://docs.quandl.com/v1.0/docs에서 확인할 수 있지만 여기서는 quandl.get 함수만 사용하겠다. 기본 정렬은 오름차순으로 가장 오래된 가격부터 최근 가격으로 정렬된다.

우리가 만들 함수는 해당 종목 기호에 대한 과거 데이터를 가져오기 위해 호출 결과를 캐시에 저장하고 가져올 데이터의 시작과 끝의 타임스탬프를 지정할 수 있어야 한다.

다음은 그 코드를 보여준다.

```
def date_obj_to_str(date_obj):
    return date_obj.strftime('%Y-%m-%d')

def save_pickle(something, path):
    if not os.path.exists(os.path.dirname(path)):
        os.makedirs(os.path.dirname(path))
    with open(path, 'wb') as fh:
        pickle.dump(something, fh, pickle.DEFAULT_PROTOCOL)
```

```
def load_pickle(path):
    with open(path, 'rb') as fh:
    return pickle.load(fh)


def fetch_stock_price(symbol,
                      from_date,
                      to_date,
                      cache_path="./tmp/prices/"):
    assert(from_date <= to_date)
    filename = "{}_{}_{}.pk".format(symbol, str(from_date), str(to_date))
    price_filepath = os.path.join(cache_path, filename)
    try:
        prices = load_pickle(price_filepath)
        print("loaded from", price_filepath)
    except IOError:
        historic = quandl.get("WIKI/" + symbol,
        start_date=date_obj_to_str(from_date),
        end_date=date_obj_to_str(to_date))
        prices = historic["Adj. Close"].tolist()
        save_pickle(prices, price_filepath)
        print("saved into", price_filepath)
    return prices
```

fetch_stock_price 함수에서 반환한 객체는 일차원 배열로 요청한 종목 기호에 대한 주가를 포함하고 있으며, from_date에서 to_date로 정렬돼 있다. 캐싱은 함수 내에서 이뤄지며, 이는 데이터가 캐시에서 발견되지 않으면 quandle API가 호출됨을 뜻한다. date_obj_to_str 함수는 datetime.date를 API에서 필요로 하는 적합한 문자열 형식으로 변환하는 헬퍼 함수다.

2017년 1월 구글 주가(종목 기호는 GOOG)의 조정가를 출력해보자.

```
import datetime
print(fetch_stock_price("GOOG",
      datetime.date(2017, 1, 1),
      datetime.date(2017, 1, 31)))
```

결과는 다음과 같다.

```
[786.14, 786.9, 794.02, 806.15, 806.65, 804.79, 807.91, 806.36, 807.88, 804.61, 806.07, 802.175,
805.02, 819.31, 823.87, 835.67, 832.15, 823.31, 802.32, 796.79]
```

앞에서 설명한 모든 함수를 어떤 스크립트에서나 사용할 수 있게 하려면 함수들을 모두 하나의 파이썬 파일에 넣는 것이 좋다. 예를 들면, 이 책에 포함된 코드에서는 tools.py 파일에 그 함수들을 모두 모아 뒀다.

데이터셋 포맷 구성

전형적인 머신러닝 알고리즘은 여러 관측값을 공급받는데, 각 관측값의 크기(즉, 특징 크기)는 미리 정해져 있다. 하지만 시계열 데이터로 작업할 때는 미리 정의된 길이가 없다. 우리는 과거 추적 기간을 10일로 잡든 3년으로 잡든 그와 상관없이 동작하는 무언가를 만들고자 한다. 어떻게 하면 될까?

방법은 매우 간단하다. 특징 개수에 변화를 주는 대신 관측값의 개수를 바꿔서 특징 크기를 고정시킬 것이다. 각 관측값은 시계열의 시간 윈도우를 나타내며, 윈도우를 오른쪽으로 한 위치씩 밀어서 다른 관측을 만든다. 코드로 보면 다음과 같다.

```python
def format_dataset(values, temporal_features):
    feat_splits = [values[i:i + temporal_features] for i in range(len(values) - temporal_features)]
    feats = np.vstack(feat_splits)
    labels = np.array(values[temporal_features:])
    return feats, labels
```

시계열 데이터와 특징 크기가 주어지면 함수는 시계열 데이터를 훑어 내려가는 슬라이딩 윈도우를 생성하고 특징과 레이블(즉, 반복할 때마다 슬라이딩 윈도우 끝에 따라오는 값)을 만든다. 마지막으로 모든 관측값은 레이블과 함께 세로로 연결된다. 결과는 정해진 개수의 열을 갖는 관측값과 레이블 벡터다.

이 함수를 나중에도 접근할 수 있도록 tools.py 파일에 넣어두는 것이 좋다.

다음은 이 작업 결과를 그래프로 표현한다. 먼저 다른 파이썬 스크립트(이 예제에서 1_visualization_data.py)에서 코사인 신호의 두 차례 진동을 그려보자.

```
import datetime
import matplotlib.pyplot as plt
import numpy as np
import seaborn
from tools import fetch_cosine_values, fetch_stock_price, format_dataset
np.set_printoptions(precision=2)

cos_values = fetch_cosine_values(20, frequency=0.1)
seaborn.tsplot(cos_values)
plt.xlabel("Days since start of the experiment")
plt.ylabel("Value of the cosine function")
plt.title("Cosine time series over time")
plt.show()
```

코드는 매우 간단하다. 몇 가지 라이브러리를 임포트한 뒤, 주기 10(빈도 0.01)에 20개의 점을 갖는 코사인 시계열을 그린다.

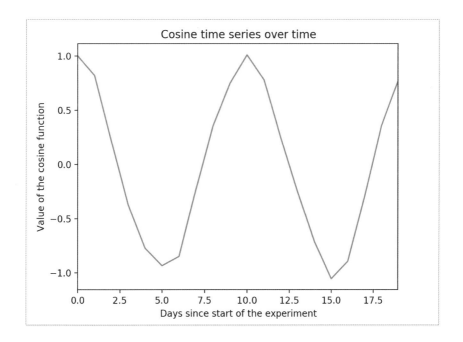

이제 이 시계열 데이터를 머신러닝 알고리즘에서 받아들일 수 있는 형식으로 바꿔서 5개의 열을 갖는 관측 행렬을 만들자.

```
features_size = 5
minibatch_cos_X, minibatch_cos_y = format_dataset(cos_values, features_size)
print("minibatch_cos_X.shape=", minibatch_cos_X.shape)
print("minibatch_cos_y.shape=", minibatch_cos_y.shape)
```

20개의 점을 갖는 시계열에서 시작해 결과는 15개의 요소를 갖는 레이블 벡터와 15x5 크기의 관측값 행렬이 된다. 물론 특징 크기를 바꾸면 행의 개수도 바뀔 것이다.

이제 이 작업을 이해하기 쉽게 시각화해 보자. 예를 들어, 관측 행렬의 첫 다섯 개의 관측값을 그려 보자. 또한 각 특징의 레이블을 출력하자(× 표시).

```
samples_to_plot = 5
f, axarr = plt.subplots(samples_to_plot, sharex=True)
for i in range(samples_to_plot):
    feats = minibatch_cos_X[i, :]
    label = minibatch_cos_y[i]
    print("Observation {}: X={} y={}".format(i, feats, label))
    plt.subplot(samples_to_plot, 1, i+1)
    axarr[i].plot(range(i, features_size + i), feats, '--o')
    axarr[i].plot([features_size + i], label, 'rx')
    axarr[i].set_ylim([-1.1, 1.1])
plt.xlabel("Days since start of the experiment")
axarr[2].set_ylabel("Value of the cosine function")
axarr[0].set_title("Visualization of some observations: Features (blue) and Labels (red)")
plt.show()
```

다음은 결과 그림이다.

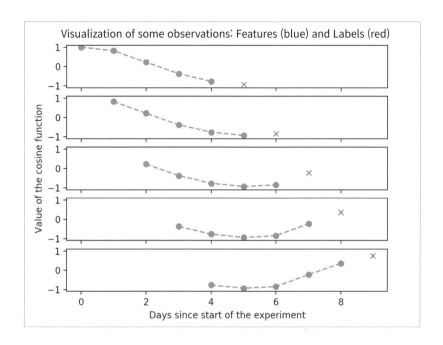

여기서 시계열이 관측 벡터가 되고 각 벡터의 크기는 5임을 알 수 있다.

지금까지는 주가가 어떻게 생겼는지 보지 않았으니 이제 시계열로 이를 출력해보자. 우리는 미국에서 가장 유명한 몇몇 회사를 선택했으며 각자 자유롭게 선호하는 기업을 추가해서 지난해 추이를 볼 수 있다. 이 그림에서 우리는 2015, 2016년 2년치 데이터로 한정했다. 또한 이번 장에서는 동일한 데이터를 사용하기 때문에 다음 번에 실행할 때는 이 시계열 데이터를 캐시에서 찾을 수 있을 것이다.

```
symbols = ["MSFT", "KO", "AAL", "MMM", "AXP", "GE", "GM", "JPM", "UPS"]
ax = plt.subplot(1,1,1)
for sym in symbols:
    prices = fetch_stock_price(sym, datetime.date(2015, 1, 1), datetime.date(2016, 12, 31))
    ax.plot(range(len(prices)), prices, label=sym)

handles, labels = ax.get_legend_handles_labels()
ax.legend(handles, labels)
plt.xlabel("Trading days since 2015-1-1")
plt.ylabel("Stock price [$]")
plt.title("Prices of some American stocks in trading days of 2015 and 2016")
plt.show()
```

다음은 주가를 그린 것이다.

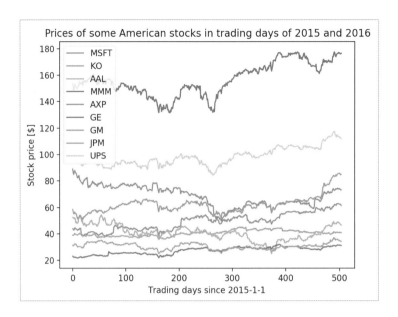

각 선은 코사인 신호를 그렸을 때처럼 시계열 데이터에 해당하며 이번 장에서 이 시계열 데이터는 관측 행렬로 변환된다(format_dataset 함수를 이용).

흥미진진한가? 데이터는 준비됐으니 이제 프로젝트에서 흥미로운 부분인 데이터 과학으로 넘어가자.

회귀 모델을 이용한 미래 주가 예측

관측 행렬과 실제 값 레이블이 주어지면 처음에는 이 문제를 회귀 문제로 풀고 싶기 마련이다. 이 경우 회귀는 매우 간단하다. 우리는 수치 벡터에서 수치 값을 예측하고자 한다. 이 방식은 이상적이지 않다. 문제를 회귀 문제로 다루게 되면 알고리즘은 각 특징이 독립적이라고 간주해야 한다. 그러나 이 예제에서 각 특징은 동일한 시계열의 슬라이딩 윈도우이므로 서로 상관돼 있다. 어쨌든 이 단순한 가정(각 특징이 독립적이다)에서 시작해 보자. 다음 장에서는 시간적 상관 관계를 활용해 성능을 향상시키는 방법을 보여줄 것이다.

모델을 평가하기 위해 이제 관측 행렬, 실제 레이블, 예측 레이블이 주어졌을 때 예측에 대한 지표로 **평균 제곱 오차**(mean square error, MSE)와 **평균 절대 오차**(mean absolute error, MAE)를 출력하는 함수를 만든다. 그리고 성능을 시각적으로 확인할 수 있게 훈련, 테스트, 예측 시계열을 서로 겹쳐서 그래프를 그린다. 또한 결과 비교를 위해 어떤 모델도 사용하지 않고 현재 날짜의 값을 다음 날 값으로 그대로 가져가 예측할 경우의 지표를 포함한다(주식 시장에서 내일 주가가 오늘 주가와 같을 것으로 예측한다는 뜻이다).

그 전에 행렬을 일차원 배열로 변환하는 헬퍼 함수가 필요하다. 이 함수도 여러 스크립트에서 사용하게 될 것이므로 tools.py 파일에 넣어 둔다.

```
def matrix_to_array(m):
    return np.asarray(m).reshape(-1)
```

이제 평가 함수를 만들자. 우리는 이 함수를 다른 여러 스크립트에서도 접근할 수 있게 evaluate_ts.py 파일에 넣어두기로 했다.

```
import numpy as np
from matplotlib import pylab as plt
from tools import matrix_to_array

def evaluate_ts(features, y_true, y_pred):
    print("Evaluation of the predictions:")
    print("MSE:", np.mean(np.square(y_true - y_pred)))
    print("mae:", np.mean(np.abs(y_true - y_pred)))

    print("Benchmark: if prediction == last feature")
    print("MSE:", np.mean(np.square(features[:, -1] - y_true)))
    print("mae:", np.mean(np.abs(features[:, -1] - y_true)))

    plt.plot(matrix_to_array(y_true), 'b')
    plt.plot(matrix_to_array(y_pred), 'r--')
    plt.xlabel("Days")
    plt.ylabel("Predicted and true values")
    plt.title("Predicted (Red) VS Real (Blue)")
    plt.show()

    error = np.abs(matrix_to_array(y_pred) - matrix_to_array(y_true))
    plt.plot(error, 'r')
    fit = np.polyfit(range(len(error)), error, deg=1)
    plt.plot(fit[0] * range(len(error)) + fit[1], '--')
```

```
plt.xlabel("Days")
plt.ylabel("Prediction error L1 norm")
plt.title("Prediction error (absolute) and trendline")
plt.show()
```

이제 모델링 단계로 넘어가자.

이전과 마찬가지로 먼저 코사인 신호에 대해 작업하고 주가 예측으로 넘어가겠다.

또한 다음 코드를 다른 파일, 예를 들어 2_regression_cosine.py 파일에 넣어 두는 것이 좋다(이 코드는 부록 코드에서 찾을 수 있다).

먼저 몇 가지 라이브러리를 임포트하고 numpy와 tensorflow를 위한 시드 값을 설정하는 것으로 시작해 보자.

```
import matplotlib.pyplot as plt
import numpy as np
import tensorflow as tf
from evaluate_ts import evaluate_ts
from tensorflow.contrib import rnn
from tools import fetch_cosine_values, format_dataset

tf.reset_default_graph()
tf.set_random_seed(101)
```

다음으로 코사인 신호를 생성하고 그 신호를 관측 행렬로 변환하자. 이 예제에서는 특징 크기로 대략 한 달의 영업일수에 해당하는 20을 사용한다. 회귀 문제는 이제 과거 코사인의 값이 20개가 주어졌을 때 다음날의 값을 예측하는 문제로 바뀌었다.

우리는 훈련과 테스트에 각각 1년치 데이터에 해당하는(1년은 영업일 기준 250일 미만임) 250개의 관측값을 담고 있는 데이터셋을 사용할 것이다. 이 예제에서는 딱 하나의 코사인 신호를 생성한 다음 이를 둘로 나눌 것이다. 그중 첫 번째 부분은 훈련 데이터이고, 두 번째 부분은 테스트 데이터다. 어떻게 나눌지는 자유롭게 변경할 수 있으며, 이 매개변수가 바뀔 때 성능이 어떻게 변하는지 관측해보는 것이 좋다.

```
feat_dimension = 20
train_size = 250
test_size = 250
```

1. 이제 스크립트의 이 부분에서 텐서플로에 대한 몇 가지 매개변수를 정의할 것이다. 특히 학습 속도, 사용할 최적화 알고리즘, 세대 수(즉, 훈련시킬 때 훈련 데이터셋이 학습 모델에 얼마나 많이 들어가는지)를 정의한다. 이러한 값들은 최적이 아니므로 더 나은 결과를 예측하기 위해 자유롭게 변경할 수 있다.

```
learning_rate = 0.01
optimizer = tf.train.AdamOptimizer
n_epochs = 10
```

2. 마지막으로 모델 훈련과 테스트를 위해 관측 행렬을 준비한다. 텐서플로 분석 속도를 높이기 위해 분석에 float32(4바이트)를 사용할 것이라는 점을 기억하자.

```
cos_values = fetch_cosine_values(train_size + test_size + feat_dimension)
minibatch_cos_X, minibatch_cos_y = format_dataset(cos_values, feat_dimension)
train_X = minibatch_cos_X[:train_size, :].astype(np.float32)
train_y = minibatch_cos_y[:train_size].reshape((-1, 1)).astype(np.float32)
test_X = minibatch_cos_X[train_size:, :].astype(np.float32)
test_y = minibatch_cos_y[train_size:].reshape((-1, 1)).astype(np.float32)
```

데이터셋이 주어지면 이제 관측 행렬과 레이블을 위한 플레이스홀더를 정의하자. 우리는 어디서나 사용할 수 있는 스크립트를 만드는 중이므로 관측값 개수가 아니라 특징 개수만 설정한다.

```
X_tf = tf.placeholder("float", shape=(None, feat_dimension), name="X")
y_tf = tf.placeholder("float", shape=(None, 1), name="y")
```

다음은 프로젝트의 핵심인 텐서플로에 구현된 회귀 알고리즘이다.

1. 우리는 회귀 알고리즘을 구현하는 가장 전통적인 방식 즉, 관측 행렬을 가중치 배열과 곱해서 편향값을 더하는 방식을 선택했다. 결과(이 함수의 반환값)는 x에 포함된 모든 관측값에 대한 예측값을 포함한 배열이다.

```
def regression_ANN(x, weights, biases):
    return tf.add(biases, tf.matmul(x, weights))
```

2. 이제 tensorflow 변수인 회귀 모델의 훈련 가능한 매개변수를 정의하자. 가중치는 특징 크기에 해당하는 개수의 변수를 갖는 벡터인 반면 편향값은 스칼라다.

여기서는 절단 정규 분포(truncated normal distribution)를 사용해 값들이 0에 가깝지만 극단적이지 않도록 가중치를 초기화했으며(평범한 정규 분포가 나올 수 있게), 그 대신 편향값은 0으로 설정했다.

다시 말하지만 성능에 어떤 변화를 주는지 보기 위해 초기화 값을 자유롭게 바꿀 수 있다.

```
weights = tf.Variable(tf.truncated_normal([feat_dimension, 1], mean=0.0,
                                           stddev=1.0), name="weights")
biases = tf.Variable(tf.zeros([1, 1]), name="bias")
```

3. 텐서플로 그래프에서 정의해야 할 마지막 항목은 예측값(우리의 경우, 단순히 모델을 정의한 함수의 결과)과 비용(이 예제에서는 MSE를 사용함)이 계산되는 방식과 훈련 방식(앞에서 정의한 학습 속도로 최적화 알고리즘을 사용해 MSE를 최소화하고자 함)이다.

```
y_pred = regression_ANN(X_tf, weights, biases)
cost = tf.reduce_mean(tf.square(y_tf - y_pred))
train_op = optimizer(learning_rate).minimize(cost)
```

이제 텐서플로 세션을 열고 모델을 훈련시킬 준비가 끝났다.

4. 먼저 변수를 초기화한 다음, 루프에서 텐서플로(tensorflow) 그래프에 (플레이스홀더를 사용해) 훈련(training) 데이터셋을 제공할 것이다. 반복할 때마다 훈련 MSE를 출력할 것이다.

```
with tf.Session() as sess:
    sess.run(tf.global_variables_initializer())
    # 한 세대마다 전체 훈련 데이터셋이 텐서플로 그래프에 공급됨

    for i in range(n_epochs):
        train_cost, _ = sess.run([cost, train_op], feed_dict={X_tf: train_X, y_tf: train_y})
        print("Training iteration", i, "MSE", train_cost)

    # 훈련시킨 다음 테스트 데이터셋에 대해 성능을 확인하자.
    test_cost, y_pr = sess.run([cost, y_pred], feed_dict={X_tf: test_X, y_tf: test_y})
    print("Test dataset:", test_cost)

    # 결과 평가
    evaluate_ts(test_X, test_y, y_pr)

    # 예측값이 어떻게 보이는지 확인
    plt.plot(range(len(cos_values)), cos_values, 'b')
```

```
plt.plot(range(len(cos_values)-test_size, len(cos_values)), y_pr, 'r--')
plt.xlabel("Days")
plt.ylabel("Predicted and true values")
plt.title("Predicted (Red) VS Real (Blue)")
plt.show()
```

훈련이 끝나면 테스트 데이터셋으로 MSE를 평가하고 마지막으로 모델 성능을 출력하고 그래프로 그린다.

스크립트에서 우리가 제공했던 기본값을 사용한 성능은 모델링하지 않은 성능보다 나쁘다. 몇 가지 값을 조정하면 결과가 개선된다. 예를 들어 학습 속도를 0.1, 훈련 세대 수를 1000으로 설정하면 스크립트 결과는 다음과 비슷할 것이다.

```
Training iteration 0 MSE 4.39424
Training iteration 1 MSE 1.34261
Training iteration 2 MSE 1.28591
Training iteration 3 MSE 1.84253
Training iteration 4 MSE 1.66169
Training iteration 5 MSE 0.993168
...
...
Training iteration 998 MSE 0.00363447
Training iteration 999 MSE 0.00363426
Test dataset: 0.00454513
Evaluation of the predictions:
MSE: 0.00454513
mae: 0.0568501
Benchmark: if prediction == last feature
MSE: 0.964302
mae: 0.793475
```

훈련 성능과 테스트 성능이 매우 비슷하고(따라서 모델이 과적합되지 않는다) MSE와 MAE 모두 모델링하지 않았을 때의 예측보다 낫다.

이것이 각 시점별로 오차가 나타나는 방식이다. 오차는 +/−0.15 사이에 놓이고 시간에 따라 특별한 추세를 보이지 않는 것 같다. 우리가 코사인을 사용해 인위적으로 도입한 잡음의 크기는 +/− 0.1 사이의 균일한 분포를 갖는다.

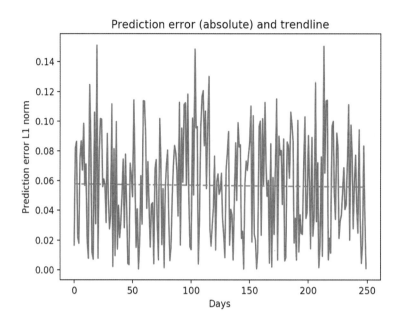

마지막 그래프는 훈련에 사용한 시계열 데이터를 예측된 시계열 데이터와 겹쳐서 보여준다. 간단한 선형 회귀로도 그리 나쁘지 않은 결과를 얻을 수 있다. 그렇지 않은가?

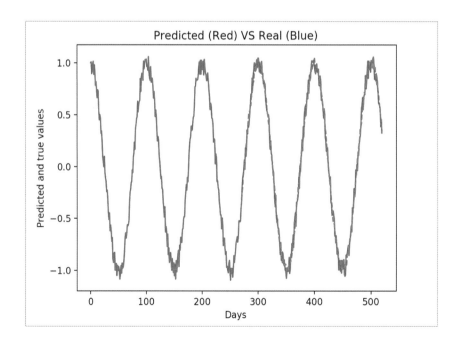

이제 동일한 모델을 주가에 적용하자. 현재 파일의 내용을 새 파일, 3_regression_stock_price.py에 복사하는 것이 좋다. 여기서는 데이터를 가져오는 부분만 바꾸고 나머지는 그대로 둔다.

이 예제에서는 종목 코드가 'MSFT'인 마이크로소프트사 주가를 사용하자. 이 종목 코드의 2015, 2016년 주가를 로딩해서 관측 행렬로 바꾸는 것은 간단하다. 다음은 그 코드로서 여기에는 float32로 캐스팅하고 훈련 데이터셋과 테스트 데이터셋으로 분할하는 작업도 포함돼 있다. 이 예제에서 2016년 전체 주가를 예측하기 위해 1년치 훈련 데이터(2015)를 사용한다.

```
symbol = "MSFT"
feat_dimension = 20
train_size = 252
test_size = 252 - feat_dimension

# 텐서플로 설정
learning_rate = 0.05
optimizer = tf.train.AdamOptimizer
n_epochs = 1000

# 주가를 가져와 훈련 데이터와 테스트 데이터를 분할
stock_values = fetch_stock_price(symbol, datetime.date(2015, 1, 1), datetime.date(2016, 12, 31))
minibatch_cos_X, minibatch_cos_y = format_dataset(stock_values, feat_dimension)
train_X = minibatch_cos_X[:train_size, :].astype(np.float32)
train_y = minibatch_cos_y[:train_size].reshape((-1, 1)).astype(np.float32)
test_X = minibatch_cos_X[train_size:, :].astype(np.float32)
test_y = minibatch_cos_y[train_size:].reshape((-1, 1)).astype(np.float32)
```

이 스크립트에서는 다음과 같이 설정해서 최고의 성능을 얻을 수 있다.

```
learning_rate = 0.5
n_epochs = 20000
optimizer = tf.train.AdamOptimizer
```

이 스크립트의 결과는 다음과 같다.

```
Training iteration 0 MSE 15136.7
Training iteration 1 MSE 106385.0
Training iteration 2 MSE 14307.3
```

```
Training iteration 3 MSE 15565.6
...
...
Training iteration 19998 MSE 0.577189
Training iteration 19999 MSE 0.57704
Test dataset: 0.539493
Evaluation of the predictions:
MSE: 0.539493
mae: 0.518984
Benchmark: if prediction == last feature
MSE: 33.7714
mae: 4.6968
```

이 경우에도 우리는 과적합시키지 않고 간단한 회귀 모델이라도 아무 모델도 사용하지 않는 것보다는 더 나은 성능을 보여준다(장담할 수 있다). 처음에는 비용이 상당히 높지만 거듭 반복할 때마다 0에 가까워진다. 또한 이 경우 mae 점수는 달러라서 해석하기 쉽다! 학습 모델이 있다면 다음날 실제 주가에 평균 0.5달러 가깝게 예측하겠지만 학습 모델이 없다면 그 차이는 9배 이상으로 벌어진다.

이제 모델 성능을 시각적으로 평가해보자. 인상적이지 않은가?

다음은 예측된 값이다.

다음은 추세선(점선)을 갖춘 절대 오차다.

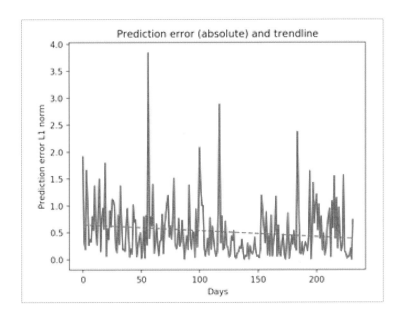

그리고 마지막으로 훈련 데이터셋에서의 실제값과 예측값이다.

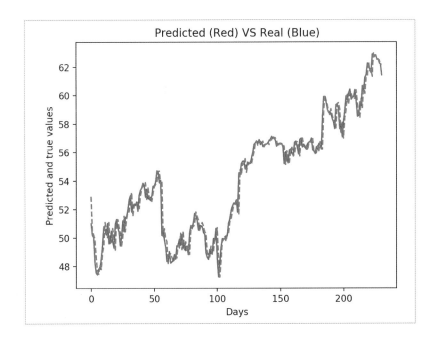

이 결과는 특징 사이의 시간적 상관 관계를 활용하지 않은 간단한 회귀 알고리즘의 성능이라는 점을 기억하자. 어떻게 이 상관 관계를 이용해서 성능을 개선할 수 있을까?

장단기 메모리 - LSTM 기초

장단기 메모리(Long short-term memory, LSTM) 모델은 순환 신경망(Recurrent Neural Networks, RNN)의 특수한 형태다. 이 모델을 자세하게 설명하는 것은 이 책의 범위 밖이며 이번 절에서는 모델의 핵심만 설명할 것이다.

팩트에서 출간한 다음 책을 참고하라.
https://www.packtpub.com/big-data-and-business-intelligence/neural-network-programming-tensorflow

또한 다음 책을 참고하라.
https://www.packtpub.com/big-data-and-business-intelligence/neural-networks-r

간단하게 말하면 RNN은 시퀀스에 동작한다. 입력으로 다차원 신호를 받아 다차원 출력 신호를 생성한다. 다음 그림은 다섯 개 시간 단계의 시계열을 다룰 수 있는(각 시간 단계마다 하나의 입력을 가짐) RNN 예제를 보여준다. RNN의 입력은 아랫부분에, 출력은 윗부분에 있다. 각 입력/출력은 N-차원 특징이라는 사실을 기억하자.

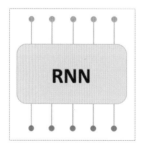

RNN 내부에는 여러 단계가 있고 각 단계는 해당 단계의 입출력과 이전 단계의 출력에 연결돼 있다. 이 구성 덕분에 각 단계의 출력은 해당 단계의 입력으로 된 함수일 뿐 아니라 이전 단계의 출력에도 영향을 받는다(다시 말하지만 이것은 입력과 이전 단계의 출력으로 이뤄진 함수다). 이 구성은 각 단계의 입력이 그 뒤에 나오게 될 모든 출력에 영향을 주며 다른 한편으로 출력은 이전의 모든 단계와 현재 단계의 입력으로 이뤄진 함수다.

언제나 모든 출력이 사용되는 것은 아니다. 감성 분석의 경우를 생각해보면 문장이 주어졌을 때(시계열 입력 신호), 우리는 하나의 범주(긍정/부정)만 얻고자 하기 때문에 최종 결과만 결과로 간주하고 그 밖의 다른 결과들은 존재하지만 사용하지 않는다. 우리는 그 문장 전체를 가시적으로 표현한 유일한 결과인 최종 결과만 사용한다는 점을 기억하자.

LSTM 모델은 RNN이 진화한 형태다. RNN을 길게 이으면 훈련 단계는 네트워크를 통해 역전파되는 경사도를 매우 작거나 크게 만들어서 가중치를 0이나 무한대로 만들 수 있다. 이를 일반적으로 경사 소실(vanishing gradient)/경사 발산(exploding gradient) 문제라고 한다. 이 문제를 완화하기 위해 LSTM에서는 각 단계에 두 개의 출력을 둔다. 하나는 모델의 실제 출력이고 다른 하나는 해당 단계의 내부 상태로 메모리라고 한다.

두 출력은 모두 다음 단계에 공급되어 경사가 소실되거나 발산할 가능성을 낮춘다. 물론 여기에는 비용이 따른다. 복잡도(조정을 위한 가중치 개수)와 모델에 필요한 메모리 공간이 더 커진다. 이 때문에 RNN을 훈련시킬 때 GPU를 사용할 것을 강력하게 추천하는데, GPU를 사용하면 시간 측면에서 속도 향상이 매우 인상적이다!

회귀 모델과 달리 RNN은 입력으로 3차원 신호가 필요하다. 텐서플로는 다음 항목으로 형식을 지정한다.

- 샘플(Samples) 수

- 시간 단계(Time steps) 수

- 특징(Features) 수

이전 예제인 감성 분석에서 훈련 텐서의 x축에는 문장, y축에는 문장을 구성하는 단어, z축에는 사전을 갖춘 단어 주머니(Bag of Words, BoW)가 있다. 예를 들어 영어에서 문장 길이가 최대 50단어까지 되는 백만 개의 말뭉치를 약 20,000개의 다른 단어를 사용해 분류하려면 텐서 차원은 100만 x 50 x 20,000이 된다.

LSTM으로 주가 예측하기

LSTM 덕분에 우리의 신호에 포함된 시간적 중복을 활용할 수 있다. 이전 절에서 관측 행렬이 3개의 축을 갖는 3차원 텐서로 형식이 변환돼야 한다는 것을 배웠다.

1. 첫 번째 축은 샘플을 포함한다.

2. 두 번째 축은 시계열 데이터를 포함한다.

3. 세 번째 축은 입력 특징을 포함한다.

우리는 1차원 신호만 처리하기 때문에 LSTM의 입력 텐서의 크기는 (None, time_dimension, 1)이며, 여기서 time_dimension은 시간 윈도우의 길이다. 이제 코사인 신호부터 코딩하자. 파일 이름은 4_rnn_cosine.py로 하자.

1. 먼저 라이브러리를 임포트한다.

```python
import matplotlib.pyplot as plt
import numpy as np
import tensorflow as tf
from evaluate_ts import evaluate_ts
from tensorflow.contrib import rnn
from tools import fetch_cosine_values, format_dataset

tf.reset_default_graph()
tf.set_random_seed(101)
```

2. 다음으로 윈도우 크기를 신호 양으로 설정한다. 이 작업은 관측 행렬을 생성하는 것과 비슷하다.

```python
time_dimension = 20
train_size = 250
test_size = 250
```

3. 그다음으로 텐서플로를 설정한다. 이 단계에서는 기본값으로 시작하자.

```python
learning_rate = 0.01
optimizer = tf.train.AdagradOptimizer
n_epochs = 100
n_embeddings = 64
```

4. 이제 잡음이 섞인 코사인을 가져와 3차원 텐서 형상(None, time_dimension, 1)으로 변환한다. 다음은 이 작업을 위한 코드다.

```
cos_values = fetch_cosine_values(train_size + test_size + time_dimension)
minibatch_cos_X, minibatch_cos_y = format_dataset(cos_values, time_dimension)

train_X = minibatch_cos_X[:train_size, :].astype(np.float32)
train_y = minibatch_cos_y[:train_size].reshape((-1, 1)).astype(np.float32)
test_X = minibatch_cos_X[train_size:, :].astype(np.float32)
test_y = minibatch_cos_y[train_size:].reshape((-1, 1)).astype(np.float32)

train_X_ts = train_X[:, :, np.newaxis]
test_X_ts = test_X[:, :, np.newaxis]
```

5. 정확히 이전 스크립트처럼 텐서플로를 위한 플레이스홀더를 정의하자.

```
X_tf = tf.placeholder("float", shape=(None, time_dimension, 1), name="X")
y_tf = tf.placeholder("float", shape=(None, 1), name="y")
```

6. 이제 모델을 정의하자. 우리는 다양한 개수의 임베딩 계층이 있는 LSTM을 사용할 것이다. 또한 이전 장에서 설명했듯이 셀의 마지막 출력 계층에만 선형 회귀(전결합 계층)를 적용해 예측을 얻는다.

```
def RNN(x, weights, biases):
    x_ = tf.unstack(x, time_dimension, 1)
    lstm_cell = rnn.BasicLSTMCell(n_embeddings)
    outputs, _ = rnn.static_rnn(lstm_cell, x_, dtype=tf.float32)
    return tf.add(biases, tf.matmul(outputs[-1], weights))
```

7. 이전처럼 훈련 가능한(trainable) 변수(weights), cost 함수, 훈련 연산자를 설정하자.

```
weights = tf.Variable(tf.truncated_normal([n_embeddings, 1], mean=0.0,
                                           stddev=1.0), name="weights")
biases = tf.Variable(tf.zeros([1]), name="bias")

y_pred = RNN(X_tf, weights, biases)
cost = tf.reduce_mean(tf.square(y_tf - y_pred))
train_op = optimizer(learning_rate).minimize(cost)

# 이전과 동일하게, 여기가 메인 루프
with tf.Session() as sess:
    sess.run(tf.global_variables_initializer())
```

```
# 각 세대마다 전체 훈련 데이터셋이 텐서플로 그래프에 공급됨
for i in range(n_epochs):
    train_cost, _ = sess.run([cost, train_op], feed_dict={X_tf: train_X_ts, y_tf: train_y})
    if i%100 == 0:
        print("Training iteration", i, "MSE", train_cost)

# 훈련시킨 다음, 테스트 데이터셋에 성능을 확인하자
test_cost, y_pr = sess.run([cost, y_pred], feed_dict={X_tf: test_X_ts, y_tf: test_y})
print("Test dataset:", test_cost)

# 결과 평가
evaluate_ts(test_X, test_y, y_pr)

# 예측 결과가 어때 보이는가?
plt.plot(range(len(cos_values)), cos_values, 'b')
plt.plot(range(len(cos_values)-test_size, len(cos_values)), y_pr, 'r--')
plt.xlabel("Days")
plt.ylabel("Predicted and true values")
plt.title("Predicted (Red) VS Real (Blue)")
plt.show()
```

초매개변수(hyper-parameter)를 최적화한 다음, 결과는 다음과 같다.

```
Training iteration 0 MSE 0.0603129
Training iteration 100 MSE 0.0054377
Training iteration 200 MSE 0.00502512
Training iteration 300 MSE 0.00483701
...
Training iteration 9700 MSE 0.0032881
Training iteration 9800 MSE 0.00327899
Training iteration 9900 MSE 0.00327195
Test dataset: 0.00416444
Evaluation of the predictions:
MSE: 0.00416444
mae: 0.0545878
```

성능은 우리가 간단한 선형 회귀로 얻었던 결과와 매우 비슷하다. 주가처럼 예측이 좀 더 어려운 신호를 사용해 더 나은 성능을 얻을 수 있는지 확인하자. 성능 비교를 위해 이전 장에서 사용했던 것과 동일한 시계열 데이터를 사용한다.

이전 프로그램을 수정해서 코사인 신호 대신 주가 시계열 데이터를 연결하자. 주가 데이터를 로딩하기 위해 코드 몇 줄을 수정해야 한다.

```
stock_values = fetch_stock_price(symbol, datetime.date(2015, 1, 1),datetime.date(2016, 12, 31))
minibatch_cos_X, minibatch_cos_y = format_dataset(stock_values, time_dimension)

train_X = minibatch_cos_X[:train_size, :].astype(np.float32)
train_y = minibatch_cos_y[:train_size].reshape((-1, 1)).astype(np.float32)
test_X = minibatch_cos_X[train_size:, :].astype(np.float32)
test_y = minibatch_cos_y[train_size:].reshape((-1, 1)).astype(np.float32)

train_X_ts = train_X[:, :, np.newaxis]
test_X_ts = test_X[:, :, np.newaxis]
```

이 신호 역학이 더 넓기 때문에 초기 가중치를 추출하기 위해 사용된 분포도 수정해야 한다. 다음과 같이 설정하는 것이 좋다.

```
weights = tf.Variable(tf.truncated_normal([n_embeddings, 1], mean=0.0, stddev=10.0), name="weights")
```

몇 번 테스트해보면 다음 매개변수를 사용했을 때 성능이 최대가 됨을 알 수 있다.

```
learning_rate = 0.1
n_epochs = 5000
n_embeddings = 256
```

이 매개변수를 사용한 결과는 다음과 같다.

```
Training iteration 200 MSE 2.39028
Training iteration 300 MSE 1.39495
Training iteration 400 MSE 1.00994
...
Training iteration 4800 MSE 0.593951
Training iteration 4900 MSE 0.593773
Test dataset: 0.497867
Evaluation of the predictions:
MSE: 0.497867
mae: 0.494975
```

이전 모델보다 8% 더 낫다(test MSE). 여기에는 비용이 따른다는 점을 기억하라! 훈련시켜야 할 매개변수가 많아진다는 것은 훈련시키는 데 이전 예제(노트북에서 GPU 사용 시 몇 분 소요)보다 더 많은 시간이 든다는 것을 뜻한다.

마지막으로 텐서보드를 보자. 로그를 기록하려면 다음 코드를 추가해야 한다.

1. 파일 시작 부분에서 라이브러리를 임포트한 다음.

```
import os
tf_logdir = "./logs/tf/stock_price_lstm"
os.makedirs(tf_logdir, exist_ok=1)
```

2. 또한 RNN 함수 본문 전체는 LSTM이라는 명명된 범위(named-scope)에 포함돼야 한다. 즉, 다음과 같이 구현해야 한다.

```
def RNN(x, weights, biases):
    with tf.name_scope("LSTM"):
        x_ = tf.unstack(x, time_dimension, 1)
        lstm_cell = rnn.BasicLSTMCell(n_embeddings)
        outputs, _ = rnn.static_rnn(lstm_cell, x_, dtype=tf.float32)
        return tf.add(biases, tf.matmul(outputs[-1], weights))
```

3. 이와 비슷하게 cost 함수는 텐서플로 범위에 감싸져 있어야 한다. 또한 tensorflow 그래프 안에 mae 계산을 추가할 것이다.

```
y_pred = RNN(X_tf, weights, biases)
with tf.name_scope("cost"):
    cost = tf.reduce_mean(tf.square(y_tf - y_pred))
    train_op = optimizer(learning_rate).minimize(cost)
    tf.summary.scalar("MSE", cost)

with tf.name_scope("mae"):
    mae_cost = tf.reduce_mean(tf.abs(y_tf - y_pred))
    tf.summary.scalar("mae", mae_cost)
```

4. 마지막으로 메인 함수는 다음과 같이 구현한다.

```
with tf.Session() as sess:
    writer = tf.summary.FileWriter(tf_logdir, sess.graph)
    merged = tf.summary.merge_all()
```

```
sess.run(tf.global_variables_initializer())

# 세대마다 전체 훈련 데이터셋이 텐서플로 그래프에 공급됨
for i in range(n_epochs):
    summary, train_cost, _ = sess.run([merged, cost, train_op], feed_dict={X_tf: train_X_ts,
y_tf: train_y})
    writer.add_summary(summary, i)
    if i%100 == 0:
        print("Training iteration", i, "MSE", train_cost)
    # 훈련시킨 다음 테스트 집합에 대해 성능 확인
test_cost, y_pr = sess.run([cost, y_pred], feed_dict={X_tf: test_X_ts, y_tf: test_y})
print("Test dataset:", test_cost)
```

이 방식으로 각 블록의 범위를 나누고 훈련된 변수에 대한 요약 보고서를 작성한다.

이제 tensorboard를 실행하자.

```
$> tensorboard --logdir=./logs/tf/stock_price_lstm
```

브라우저에서 localhost:6006을 열고 첫 번째 탭에서 MSE와 MAE의 변화를 관찰할 수 있다.

추세가 떨어지면서 안정기에 도달하는 것을 보니 상당히 좋아 보인다. 또한 tensorflow 그래프 (GRAPH 탭에서)를 확인하자. 여기서 모든 것이 서로 어떻게 연결돼 있는지, 연산자들이 서로에게 어떻게 영향을 주는지 볼 수 있다. LSTM이 텐서플로에서 정확히 어떻게 구현되는지 보기 위해 확대해 볼 수 있다.

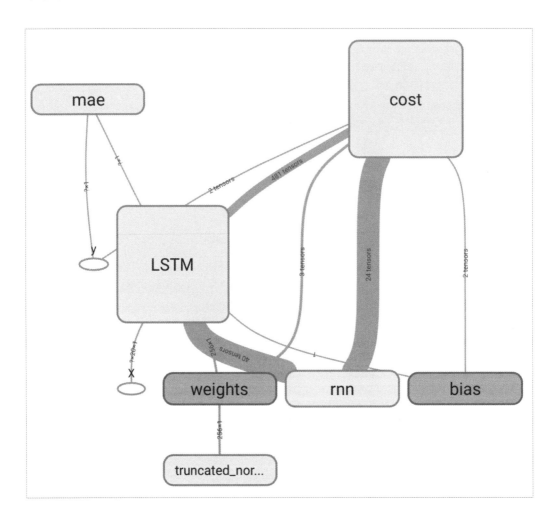

프로젝트는 여기까지가 끝이다.

다음으로 생각해 볼 질문들

- LSTM을 RNN으로 대체하고, 그다음으로 GRU(Gated Recurrent Unit)로 대체하라. 성능이 가장 좋은 것은 무엇인가?

- 종가를 예측하는 대신 다음 날 고가와 저가도 예측해보자. 이렇게 하려면 모델을 훈련시키는 동안 동일한 특징을 사용하면 된다(또는 입력으로 종가를 사용하면 된다).

- 다른 주식 종목에 대해서도 모델을 최적화하라. 모든 종목에 동작하는 일반적인 모델이 나올까? 아니면 각 종목에 특화된 모델이 나올까?

- 재훈련 방식을 조정하라. 이 예제에서 우리는 모델로 일년치를 예측했다. 모델을 월/주/일에 한 번씩 훈련시키면 눈에 띄는 개선을 얻을 수 있을까?

- 금융 투자 경험이 있다면 간단한 거래 시뮬레이터를 만들어서 예측치를 공급하자. 100달러에서 시뮬레이션을 시작해서 일년이 지난 뒤 수익을 얻을까, 아니면 잃을까?

정리

이번 장에서는 시계열 예측하는 방법을 보여줬다. 특히 주가를 사용해 RNN이 실제 데이터셋에서 얼마나 잘 동작하는지 알아봤다. 다음 장에서는 RNN의 또다른 응용 분야로 문장을 다른 언어로 번역하는 자동 기계 번역을 수행하는 법을 알아보겠다.

06

기계 번역 시스템 구축과
훈련

이 프로젝트는 인공 지능(artificial intelligence, AI) 모델이 두 언어 사이를 번역할 수 있도록 훈련시키는 것을 목표로 한다. 특히 독일어를 읽어서 영어 문장을 만드는 자동 번역기를 보겠지만, 이번 장에서 구현한 모델과 코드는 어떤 언어 쌍에도 동작할 만큼 일반적이다.

이번 장에서는 다음의 4가지 주요 사항들을 각 절을 통해 알아보겠다.

- 아키텍처 검토
- 말뭉치(corpora) 선처리
- 기계 번역기 훈련
- 테스트 및 번역

각각은 프로젝트의 핵심 구성요소를 하나씩 설명하며 마지막에는 전체 그림이 명확해질 것이다.

아키텍처 검토

기계 번역 시스템은 하나의 언어로 된 임의의 문자열을 입력받아 동일한 의미를 갖는 다른 언어로 된 문자열을 출력으로 생성한다. 그 예 중 하나로 구글 번역(Google Translate)을 들 수 있다(이 밖에도 많은 IT 기업에서 별도의 시스템을 갖고 있다). 구글 번역에서 사용자들은 100개 이상의 언어를 번역할 수 있다. 이 웹 페이지를 사용하는 방법은 쉽다. 페이지 왼편에 번역하고 싶은 문장을 넣고(예를 들어, Hello World) 그 문장을 구성한 언어가 무엇인지 선택하고(이 예에서는, 영어) 어떤 언어로 번역하고 싶은지 선택하면 된다.

다음 예는 Hello World 문장을 프랑스어로 번역한 것이다.

쉽지 않은가? 얼핏 보면, 간단히 사전을 대입하면 된다고 생각할 수 있다. 단어들은 말모듬으로 묶이고, 번역은 특정 영어-프랑스어 사전에서 검색되고, 각 단어는 해당 단어의 번역으로 대체된다. 아쉽게도 그런 방식으로 동작하지 않는다. 이 예제에서 영어 문장은 두 단어로 구성돼 있지만 프랑스어 문장은 세 개의 단어로 이뤄져 있다. 더 일반적으로 구동사(turn up, turn off, turn on, turn down), 소유격, 문법 성별, 시제, 조건문 등은 언제나 바로 번역되지 않으며, 올바른 번역은 문맥을 따라야 한다.

이것이 기계 번역을 위해 인공 지능 도구가 필요한 이유다. 특히 다른 **자연어 처리**(natural language processing, NLP) 작업처럼 **순환 신경망**(recurrent neural networks, RNN)을 사용할 것이다. 앞 장에서 RNN을 소개했는데 그 주요 특징은 연속 데이터에 동작한다는 것이다. RNN은 연속된 입력 데이터가 주어졌을 때 연속된 출력 데이터를 생성한다. 이번 장에서는 연속된 입력으로 문장을 받고 연속된 출력으로 번역된 문장을 내보내는 적합한 훈련 파이프라인을 만드는 것을 목표로 한다. 또한 **세상에 공짜는 없다**는 점을 기억하자. 이 프로세스를 만들기는 쉽지 않지만 동일한 결과로 더 많은 솔루션을 만들 수 있다. 이번 장에서 우리는 간단하지만 강력한 솔루션을 제안할 것이다.

우선 말뭉치부터 살펴보자. 말뭉치는 아마 구하기 가장 어려운 것일 텐데, 수많은 문장을 하나의 언어에서 다른 언어로 높은 충실도를 가지고 번역된 결과여야 하기 때문이다. 다행히도 NLP를 위한 유명한 파이썬 패키지인 NLTK에는 말뭉치 Comtrans를 포함하고 있다. Comtrans는 combination approach to machine translation(기계 번역에 대한 결합 접근법)의 약자로 독일어, 프랑스어, 영어의 세 가지 언어에 대해 정렬된 말뭉치를 포함하고 있다.

이 프로젝트에서는 다음과 같은 몇 가지 이유로 이 말뭉치를 사용할 것이다.

1. 파이썬에서 내려받고 임포트하기 쉽다.

2. 디스크나 인터넷에서 읽어 들이기 위해 선처리할 필요가 없다. NLTK에서 이 부분을 이미 처리했다.

3. 노트북에서 사용하기 충분할만큼 작다(수만 개의 문장).

4. 인터넷에서 무료로 받을 수 있다.

 Comtrans 프로젝트에 대한 더 많은 정보를 알고 싶다면 http://www.fask.uni-mainz.de/user/rapp/comtrans/를 방문하라.

구체적으로 우리는 독일어를 영어로 번역하는 기계 번역 시스템을 만들 것이다. Comtrans 말뭉치에서 사용할 수 있는 언어 중 임의로 이 두 언어를 선택한 것으로 자유롭게 두 언어를 서로 바꿀 수도 있고 대신 프랑스어 말뭉치를 사용할 수도 있다. 우리 프로젝트의 파이프라인은 어떤 조합도 처리할 만큼 일반적이다.

이제 몇 가지 명령어를 입력해서 말뭉치가 어떻게 구성돼 있는지 알아보자.

```
from nltk.corpus import comtrans
print(comtrans.aligned_sents('alignment-de-en.txt')[0])
```

결과는 다음과 같다.

```
<AlignedSent: 'Wiederaufnahme der S...' -> 'Resumption of the se...'>
```

aligned_sents 함수를 사용해 문장의 쌍을 확인할 수 있다. 파일명에는 출발 언어와 도착 언어가 포함돼 있다. 이 경우, 프로젝트 나머지 부분과 마찬가지로 독일어(de)를 영어(en)로 번역할 것이다. 반환된 객체는 nltk.translate.api.AlignedSent 클래스의 인스턴스다. 문서를 보면 첫 번째 언어는 words 특성(attribute)으로 접근할 수 있고 두 번째 언어는 mots 특성으로 접근 가능하다. 따라서 독일어 문장과 이를 영어로 번역한 문장을 개별로 추출하기 위해 다음 코드를 실행해야 한다.

```
print(comtrans.aligned_sents()[0].words)
print(comtrans.aligned_sents()[0].mots)
```

이 코드의 결과는 다음과 같다.

```
['Wiederaufnahme', 'der', 'Sitzungsperiode']
['Resumption', 'of', 'the', 'session']
```

멋지지 않은가? 문장은 이미 토큰화되어 시퀀스로 보인다. 실제로 이들은 우리 프로젝트에서 독일어에서 영어로 기계 번역 서비스를 제공할 RNN의 입력과 출력이 될 것이다.

더구나 언어 역학을 이해하고 싶다면 Comtrans는 번역에서 두 언어 사이의 단어가 어떻게 매치되는지 알려준다.

```
print(comtrans.aligned_sents()[0].alignment)
```

이전 코드의 결과는 다음과 같다.

```
0-0 1-1 1-2 2-3
```

독일어의 첫 번째 단어는 영어의 첫 번째 단어로 번역되고(Wiederaufnahme를 Resumption으로) 두 번째 단어는 두 번째 단어로(der를 of와 the로), 세 번째 단어(인덱스 2)는 네 번째 단어로(Sitzungsperiode를 session으로) 번역된다.

말뭉치 선처리

첫 번째 단계로 말뭉치를 검색한다. 우리는 이미 이를 수행하는 방법을 봤지만 이제 그 작업을 함수로 공식화하자. 이 함수들을 일반적으로 사용할 수 있도록 corpora_tools.py 파일에 포함시키자.

1. 나중에 사용할 라이브러리를 임포트하자.

```
import pickle
import re
from collections import Counter
from nltk.corpus import comtrans
```

2. 이제 말뭉치를 검색하는 함수를 만들자.

```
def retrieve_corpora(translated_sentences_l1_l2='alignment-de-en.txt'):
    print("Retrieving corpora: {}".format(translated_sentences_l1_l2))
    als = comtrans.aligned_sents(translated_sentences_l1_l2)
    sentences_l1 = [sent.words for sent in als]
    sentences_l2 = [sent.mots for sent in als]
    return sentences_l1, sentences_l2
```

이 함수는 하나의 인수만 받는데, NLTK Comtrans 말뭉치의 정렬된 문장을 포함한 파일이다. 이 함수는 두 개의 문장 리스트(실제로는 토큰 리스트)를 반환하는데, 하나는 원어(이 예제에서는 독일어) 다른 하나는 번역어(이 예제에서는 영어)다.

3. 별도의 파이썬 REPL에서 이 함수를 테스트할 수 있다.

```
sen_l1, sen_l2 = retrieve_corpora()
print("# A sentence in the two languages DE & EN")
print("DE:", sen_l1[0])
print("EN:", sen_l2[0])
print("# Corpora length (i.e. number of sentences)")
print(len(sen_l1))
assert len(sen_l1) == len(sen_l2)
```

4. 앞의 코드는 다음 결과를 생성한다.

```
Retrieving corpora: alignment-de-en.txt
# A sentence in the two languages DE & EN
DE: ['Wiederaufnahme', 'der', 'Sitzungsperiode']
EN: ['Resumption', 'of', 'the', 'session']
# Corpora length (i.e. number of sentences)
33334
```

또한 각 말뭉치에서의 문장 개수(33,000)를 출력해 원어와 번역어의 문장 개수가 동일함을 확인시켜 준다.

5. 다음 단계로 토큰을 정리해야 한다. 특히 구두점을 토큰화하고 토큰을 소문자로 변환해야 한다. 그러기 위해 corpora_tools.py에 새 함수를 생성하면 된다. 우리는 regex 모듈을 사용해 토큰을 더 나눌 것이다.

```
def clean_sentence(sentence):
    regex_splitter = re.compile("([!?.,:;$\"')( ])")
    clean_words = [re.split(regex_splitter, word.lower()) for word in sentence]
    return [w for words in clean_words for w in words if words if w]
```

6. 다시 한 번 REPL에서 함수를 테스트하자.

```
clean_sen_l1 = [clean_sentence(s) for s in sen_l1]
clean_sen_l2 = [clean_sentence(s) for s in sen_l2]
print("# Same sentence as before, but chunked and cleaned")
print("DE:", clean_sen_l1[0])
print("EN:", clean_sen_l2[0])
```

앞의 코드는 이전과 동일한 문장이지만 말모듬(chunk)으로 나뉘고 정리된 형태로 출력한다.

```
DE: ['wiederaufnahme', 'der', 'sitzungsperiode']
EN: ['resumption', 'of', 'the', 'session']
```

바라던 대로 결과가 출력됐다!

다음으로 처리하기에 너무 긴 문장을 필터링한다. 우리 목표는 로컬 컴퓨터에서 처리하는 것이기 때문에 문장을 최대 N개의 토큰으로 제한해야 한다. 이 경우 24시간 이내에 학습 모델을 훈련시킬 수 있도록 N=20으로 설정한다. 만약 컴퓨터 성능이 좋다면 한도를 높여도 된다. 함수를 일반적으로 사용할 수 있도록 하한값이 있으며 기본값은 토큰 집합이 비어 있는 경우를 뜻하는 0으로 설정돼 있다.

1. 함수 로직은 매우 쉽다. 문장 또는 그 번역문을 구성하는 토큰 개수가 N보다 크면 문장(두 언어의)이 삭제된다.

```
def filter_sentence_length(sentences_l1, sentences_l2, min_len=0, max_len=20):
    filtered_sentences_l1 = []
    filtered_sentences_l2 = []
    for i in range(len(sentences_l1)):
        if min_len <= len(sentences_l1[i]) <= max_len and \
                min_len <= len(sentences_l2[i]) <= max_len:
            filtered_sentences_l1.append(sentences_l1[i])
            filtered_sentences_l2.append(sentences_l2[i])
    return filtered_sentences_l1, filtered_sentences_l2
```

2. 다시 한 번 REPL에서 얼마나 많은 문장이 이 필터를 거쳐 살아남는지 확인하자. 처음에는 33,000개 이상의 문장이 있었다.

```
filt_clean_sen_l1, filt_clean_sen_l2 = filter_sentence_length(clean_sen_l1, clean_sen_l2)
print("# Filtered Corpora length (i.e. number of sentences)")
print(len(filt_clean_sen_l1))
assert len(filt_clean_sen_l1) == len(filt_clean_sen_l2)
```

앞의 코드는 다음 결과를 출력한다.

```
# Filtered Corpora length (i.e. number of sentences)
14788
```

말뭉치의 절반에 해당하는 약 15,000개의 문장이 살아남았다.

이제 마지막으로 텍스트에서 숫자(AI에서 주로 사용하는)로 옮긴다. 그러기 위해서는 각 언어별로 단어 사전을 만들어야 한다. 사전은 대부분의 단어를 포함할 수 있을 정도로 커야 하지만 해당 언어에서 별로 사용하지 않는 단어는 버릴 수 있다. 이것은 tf-idf(term frequency - inverse of the document frequency, 한 문서 내에서 사용되는 용어 빈도를 토큰이 얼마나 많은 문서에서 등장하는지를 뜻하는 문서 빈도의 역으로 곱하는 방식)에서도 통용되는 방식이다. 이 방식에서는 계산 속도를 높이기 위해 매우 드물게 사용되는 단어는 폐기함으로써 확장성을 높이고 일반화한다. 여기서는 두 사전에 모두 4개의 특별한 기호가 필요하다.

1. 패딩 기호(왜 필요한지 나중에 알아보겠다)

2. 두 문장을 나누는 기호

3. 문장 끝을 가리키는 기호

4. 알 수 없는 단어(매우 드물게 등장하는 단어처럼)를 가리키는 기호

그러기 위해 다음 코드가 포함된 새로운 data_utils.py 파일을 생성하자.

```python
_PAD = "_PAD"
_GO = "_GO"
_EOS = "_EOS"
_UNK = "_UNK"
_START_VOCAB = [_PAD, _GO, _EOS, _UNK]
PAD_ID = 0
GO_ID = 1
EOS_ID = 2
UNK_ID = 3
OP_DICT_IDS = [PAD_ID, GO_ID, EOS_ID, UNK_ID]
```

다음으로 corpora_tools.py 파일로 돌아가서 다음 함수를 추가하자.

```python
import data_utils

def create_indexed_dictionary(sentences, dict_size=10000, storage_path=None):
    count_words = Counter()
    dict_words = {}
    opt_dict_size = len(data_utils.OP_DICT_IDS)
    for sen in sentences:
        for word in sen:
            count_words[word] += 1

    dict_words[data_utils._PAD] = data_utils.PAD_ID
    dict_words[data_utils._GO] = data_utils.GO_ID
    dict_words[data_utils._EOS] = data_utils.EOS_ID
    dict_words[data_utils._UNK] = data_utils.UNK_ID

    for idx, item in enumerate(count_words.most_common(dict_size)):
        dict_words[item[0]] = idx + opt_dict_size

    if storage_path:
        pickle.dump(dict_words, open(storage_path, "wb"))
    return dict_words
```

이 함수는 사전의 항목 개수와 사전을 저장할 경로를 인수로 취한다. 사전은 알고리즘을 훈련하는 동안 생성된다는 점을 기억하자. 테스트 단계에서 사전이 로딩되고 연결 토큰/기호는 훈련에 사용된 것과 동일해야 한다. 고유 토큰의 개수가 값의 집합보다 크다면 가장 많이 사용된 토큰이 선택된다. 마지막으로 사전은 각 언어별로 토큰과 그 토큰의 ID를 연결한다.

사전을 구축한 다음 토큰을 찾아 토큰 ID로 대체해야 한다.

그러려면 다른 함수가 필요하다.

```python
def sentences_to_indexes(sentences, indexed_dictionary):
    indexed_sentences = []
    not_found_counter = 0
    for sent in sentences:
        idx_sent = []
```

```
        for word in sent:
            try:
                idx_sent.append(indexed_dictionary[word])
            except KeyError:
                idx_sent.append(data_utils.UNK_ID)
                not_found_counter += 1
        indexed_sentences.append(idx_sent)
    print('[sentences_to_indexes] Did not find {} words'.format(not_found_counter))
    return indexed_sentences
```

이 단계는 토큰을 ID로 대체만 하면 되므로 매우 단순하다. 토큰이 사전에 없다면 알 수 없는 토큰 ID 가 사용된다. REPL에서 우리 문장이 이 단계들을 어떻게 거쳐가는지 확인해 보자.

```
dict_l1 = create_indexed_dictionary(filt_clean_sen_l1, dict_size=15000,
                                    storage_path="/tmp/l1_dict.p")
dict_l2 = create_indexed_dictionary(filt_clean_sen_l2, dict_size=10000,
                                    storage_path="/tmp/l2_dict.p")

idx_sentences_l1 = sentences_to_indexes(filt_clean_sen_l1, dict_l1)
idx_sentences_l2 = sentences_to_indexes(filt_clean_sen_l2, dict_l2)

print("# Same sentences as before, with their dictionary ID")
print("DE:", list(zip(filt_clean_sen_l1[0], idx_sentences_l1[0])))
```

이 코드는 두 문장에 대한 토큰과 ID를 출력한다. RNN에서는 각 튜플의 두 번째 요소인 정수 ID만 사용된다.

```
# Same sentences as before, with their dictionary ID
DE: [('wiederaufnahme', 1616), ('der', 7), ('sitzungsperiode', 618)]
EN: [('resumption', 1779), ('of', 8), ('the', 5), ('session', 549)]
```

그리고 영어에서의 the와 of, 독일어에서의 der 같이 자주 나오는 토큰의 ID가 낮다. ID가 인기도에 따라 정렬되는 이유다(create_indexed_dictionary 함수 본문 참고).

문장의 최대 길이를 제한하기 위해 필터링했지만 최대 길이를 추출하기 위한 함수를 생성해야 한다. 성능이 매우 좋은 컴퓨터를 가지고 있다면 어떤 필터링도 하지 않으므로 RNN에서 가장 긴 문장의 길이를 알 수 있다. 그것은 단순히 함수다.

```
def extract_max_length(corpora):
    return max([len(sentence) for sentence in corpora])
```

우리 문장에 다음 코드를 적용하자.

```
max_length_l1 = extract_max_length(idx_sentences_l1)
max_length_l2 = extract_max_length(idx_sentences_l2)

print("# Max sentence sizes:")
print("DE:", max_length_l1)
print("EN:", max_length_l2)
```

예상한 것처럼 결과는 다음과 같다.

```
# Max sentence sizes:
DE: 20
EN: 20
```

전처리 마지막 단계는 패딩이다. 모든 시퀀스가 동일한 길이여야 하므로 길이가 짧은 시퀀스는 패딩 기호로 채워야 한다. 또한 RNN에 문자열이 어디에서 시작하고 어디에서 끝나는지 알려줄 수 있도록 적절한 토큰을 삽입해야 한다.

기본적으로 이 단계는 다음과 같은 일을 해야 한다.

- 입력 시퀀스를 전부 다 해서 20개의 기호로 채움

- 출력 시퀀스에 20개의 기호를 채움

- 번역문의 시작과 끝 위치를 지정하기 위해 출력 시퀀스의 시작 부분에 _GO를 추가하고 끝부분에 _EOS를 추가

이 작업은 다음 함수에서 수행된다(이 코드는 corpora_tools.py에 추가할 것).

```
def prepare_sentences(sentences_l1, sentences_l2, len_l1, len_l2):
    assert len(sentences_l1) == len(sentences_l2)
    data_set = []
    for i in range(len(sentences_l1)):
        padding_l1 = len_l1 - len(sentences_l1[i])
        pad_sentence_l1 = ([data_utils.PAD_ID]*padding_l1) + sentences_l1[i]
```

```
        padding_l2 = len_l2 - len(sentences_l2[i])
        pad_sentence_l2 = [data_utils.GO_ID] + sentences_l2[i] +
                            [data_utils.EOS_ID] + ([data_utils.PAD_ID] * padding_l2)
        data_set.append([pad_sentence_l1, pad_sentence_l2])


    return data_set
```

이 함수를 테스트하기 위해 데이터셋을 준비해서 첫 문장을 출력해보자.

```
data_set = prepare_sentences(idx_sentences_l1, idx_sentences_l2, max_length_l1, max_length_l2)

print("# Prepared minibatch with paddings and extra stuff")
print("DE:", data_set[0][0])
print("EN:", data_set[0][1])

print("# The sentence pass from X to Y tokens")
print("DE:", len(idx_sentences_l1[0]), "->", len(data_set[0][0]))
print("EN:", len(idx_sentences_l2[0]), "->", len(data_set[0][1]))
```

앞의 코드는 다음 결과를 출력한다.

```
# Prepared minibatch with paddings and extra stuff
DE: [0, 0, 0, 0, 0, 0, 0, 0, 0, 0, 0, 0, 0, 0, 0, 0, 0, 1616, 7, 618]
EN: [1, 1779, 8, 5, 549, 2, 0, 0, 0, 0, 0, 0, 0, 0, 0, 0, 0, 0, 0, 0, 0, 0]
# The sentence pass from X to Y tokens
DE: 3 -> 20
EN: 4 -> 22
```

보다시피 입력과 출력은 길이가 일정한 0으로 채워지고 (사전에서 _PAD에 해당, data_utils.py 참고) 출력에는 문장의 시작과 끝 전에 마커 1과 2가 포함돼 있다. 관련 문서에서 효과가 입증된 것처럼 입력 문장의 경우 시작 부분에 패딩 기호를 채우고, 출력 문장인 경우 끝부분에 패딩 기호를 채울 것이다. 이 작업이 끝나면 모든 입력 문장은 20개의 항목, 출력 문장은 22개 항목으로 이뤄진다.

기계 번역 모델 훈련시키기

지금까지 말뭉치를 전처리하는 단계를 살펴봤지만 아직 사용할 모델을 보지는 못했다. 이 모델은 실제로 텐서플로 Models 저장소에서 이미 제공하고 있으며 아래 링크에서 무료로 내려받을 수 있다.

https://github.com/petewarden/tensorflow_makefile/blob/master/tensorflow/models/rnn/translate/
seq2seq_model.py

코드 일부는 아파치 2.0 라이선스로 제공된다. 이런 **훌륭한** 모델을 오픈소스로 제공한 저자에게 진심으로 감사드린다.

이번 절에서는 모델을 사용하는 방법을 알아볼 것이다. 먼저 train_translator.py 파일을 새로 만들고 몇 가지 임포트문과 상수를 넣어두자. 사전을 모델, 체크포인트와 함께 /tmp/디렉터리에 저장할 것이다.

```
import time
import math
import sys
import pickle
import glob
import os
import tensorflow as tf
from seq2seq_model import Seq2SeqModel
from corpora_tools import *


path_l1_dict = "/tmp/l1_dict.p"
path_l2_dict = "/tmp/l2_dict.p"
model_dir = "/tmp/translate "
model_checkpoints = model_dir + "/translate.ckpt"
```

이제 이전 절에서 부울 플래그가 주어졌을 때 말뭉치를 반환하는 함수 내에 만들었던 도구를 모두 사용하자. 더 구체적으로 인수가 False라면 처음부터 사전을 구성해서 저장하고, 그렇지 않으면 해당 경로에 있는 사전을 사용한다.

```
def build_dataset(use_stored_dictionary=False):
    sen_l1, sen_l2 = retrieve_corpora()
    clean_sen_l1 = [clean_sentence(s) for s in sen_l1]
    clean_sen_l2 = [clean_sentence(s) for s in sen_l2]
    filt_clean_sen_l1, filt_clean_sen_l2 = filter_sentence_length(clean_sen_l1, clean_sen_l2)

    if not use_stored_dictionary:
        dict_l1 = create_indexed_dictionary(filt_clean_sen_l1,
dict_size=15000, storage_path=path_l1_dict)
        dict_l2 = create_indexed_dictionary(filt_clean_sen_l2,
dict_size=10000, storage_path=path_l2_dict)
    else:
        dict_l1 = pickle.load(open(path_l1_dict, "rb"))
        dict_l2 = pickle.load(open(path_l2_dict, "rb"))

    dict_l1_length = len(dict_l1)
    dict_l2_length = len(dict_l2)

    idx_sentences_l1 = sentences_to_indexes(filt_clean_sen_l1, dict_l1)
    idx_sentences_l2 = sentences_to_indexes(filt_clean_sen_l2, dict_l2)

    max_length_l1 = extract_max_length(idx_sentences_l1)
    max_length_l2 = extract_max_length(idx_sentences_l2)

    data_set = prepare_sentences(idx_sentences_l1, idx_sentences_l2, max_length_l1, max_length_l2)

    return (filt_clean_sen_l1, filt_clean_sen_l2), \
        data_set, \
        (max_length_l1, max_length_l2), \
        (dict_l1_length, dict_l2_length)
```

이 함수는 정리된 문장, 데이터셋, 문장의 최대 길이, 사전의 길이를 반환한다.

또한 모델을 정리하는 함수가 있어야 한다. 훈련 루틴을 실행할 때마다 모델 디렉터리를 정리해서 쓰레기 정보를 제공하지 않게 해야 한다. 이 작업은 매우 간단한 함수로 수행할 수 있다.

```
def cleanup_checkpoints(model_dir, model_checkpoints):
    for f in glob.glob(model_checkpoints + "*"):
        os.remove(f)
    try:
        os.mkdir(model_dir)
    except FileExistsError:
        pass
```

마지막으로 재사용 가능한 형태로 모델을 생성하자.

```
def get_seq2seq_model(session, forward_only, dict_lengths, max_sentence_lengths, model_dir):
    model = Seq2SeqModel(
                source_vocab_size=dict_lengths[0],
                target_vocab_size=dict_lengths[1],
                buckets=[max_sentence_lengths],
                size=256,
                num_layers=2,
                max_gradient_norm=5.0,
                batch_size=64,
                learning_rate=0.5,
                learning_rate_decay_factor=0.99,
                forward_only=forward_only,
                dtype=tf.float16)
    ckpt = tf.train.get_checkpoint_state(model_dir)
    if ckpt and tf.train.checkpoint_exists(ckpt.model_checkpoint_path):
        print("Reading model parameters from {}".format(ckpt.model_checkpoint_path))
        model.saver.restore(session, ckpt.model_checkpoint_path)
    else:
        print("Created model with fresh parameters.")
        session.run(tf.global_variables_initializer())
    return model
```

이 함수는 모델 생성자를 호출해서 다음 매개변수를 전달한다.

- 원어 어휘 크기(예제에서는 독일어)

- 번역어 어휘 크기(예제에서는 영어)

- 버킷(예제에서는 모든 시퀀스를 단일 크기에 맞춰 모두 채웠기 때문에 1이다)

- 장단기 메모리(long short-term memory, LSTM) 내부 유닛 크기

- 쌓인 LSTM 계층 개수

- 경사도 최대 노름(경사 제한, gradient clipping을 위해)

- 미니 배치 크기(각 훈련 단계마다 적용할 관측치 개수)

- 학습 속도

- 학습 속도 감소 계수

- 모델 방향

- 데이터 형식(예제에서는 2바이트를 사용하는 부동소수점 수인 flat16을 사용할 것이다)

훈련 속도를 높이고 성능 좋은 모델을 얻기 위해 이미 코드에 값을 설정해 뒀으니 자유롭게 그 값을 바꾸면서 성능이 어떻게 변하는지 확인하자.

함수 마지막의 if/else 문은 모델이 이미 존재한다면 체크포인트에서 모델을 검색한다. 실제로 이 함수는 디코더에서도 테스트 집합에서 모델을 가져오거나 구성하기 위해 사용된다.

마지막으로 기계 번역 모델을 훈련시키기 위한 함수를 작성한다. 그 함수는 다음과 같다.

```python
def train():
    with tf.Session() as sess:
        model = get_seq2seq_model(sess, False, dict_lengths, max_sentence_lengths, model_dir)
        # 여기부터 훈련 루프
        step_time, loss = 0.0, 0.0
        current_step = 0
        bucket = 0
        steps_per_checkpoint = 100
        max_steps = 20000

        while current_step < max_steps:
            start_time = time.time()
            encoder_inputs, decoder_inputs, target_weights = model.get_batch([data_set], bucket)
            _, step_loss, _ = model.step(sess, encoder_inputs,
decoder_inputs, target_weights, bucket, False)
            step_time += (time.time() - start_time) / steps_per_checkpoint
            loss += step_loss / steps_per_checkpoint
            current_step += 1
```

```
        if current_step % steps_per_checkpoint == 0:
            perplexity = math.exp(float(loss)) if loss < 300 else float("inf")
            print ("global step {} learning rate {} step-time {} perplexity {}".format(
                    model.global_step.eval(), model.learning_rate.eval(),
                    step_time, perplexity))
            sess.run(model.learning_rate_decay_op)

            model.saver.save(sess, model_checkpoints, global_step=model.global_step)
            step_time, loss = 0.0, 0.0

            encoder_inputs, decoder_inputs, target_weights =
model.get_batch([data_set], bucket)
            _, eval_loss, _ = model.step(sess, encoder_inputs,
decoder_inputs, target_weights, bucket, True)
            eval_ppx = math.exp(float(eval_loss)) if eval_loss < 300 else float("inf")
            print(" eval: perplexity {}".format(eval_ppx))
            sys.stdout.flush()
```

함수는 먼저 모델을 생성한다. 그런 다음 몇 단계마다 체크포인트를 저장할 것인지와 최대 몇 단계까지 훈련시킬 것인지를 상수로 지정한다. 이 코드에서는 100단계마다 모델을 저장하고 최대 20,000단계 까지만 수행한다. 그래도 여전히 시간이 너무 오래 걸린다면 프로그램을 중단하라. 체크포인트마다 훈련된 모델이 포함돼 있고 디코더는 가장 최근 모델을 사용할 것이다.

이 시점에서 while 루프로 들어간다. 각 단계마다 모델에 데이터 미니배치(이전에 설정된 대로 크기 64)를 가져올 것을 요청한다. get_batch 메서드는 입력(원어 시퀀스), 출력(번역어 시퀀스), 모델 가중 치를 반환한다. 여기서는 step 메서드를 사용해 훈련을 한 단계만 실행한다. 반환된 정보에는 현재 데이터 미니배치에 대한 손실이 포함돼 있다. 모델을 훈련시키는 것은 여기까지 다룬 내용이 전부다!

100단계마다 모델 성능을 보고하고 모델을 저장하기 위해 앞선 100단계의 평균 혼란도(perplexity, 낮을수록 모델 성능이 좋은 것이다)를 출력하고 해당 체크포인트를 저장한다. 혼란도는 예측 불확실성 과 관계된 지표다. 토큰에 대한 신뢰도가 높으면 출력 문장의 혼란도는 낮아진다. 그리고 카운터를 재설정하고, 테스트 데이터셋의 단일 미니배치에서 동일한 지표를 추출해서(이 경우, 임의의 데이터셋 미니배치) 그 성능과 함께 출력한다. 그리고 나면 훈련 프로세스가 다시 시작된다.

또한 개선 사항으로 100단계마다 학습 속도를 계수만큼 감소시킨다. 이 경우 학습 속도에 0.99를 곱한다. 이로써 훈련의 수렴성과 안정성을 확보할 수 있다.

이제 모든 함수를 서로 연결해야 한다. 명령줄에서 호출될 수도 있지만 다른 스크립트에서 함수를 임포트하기 위해 사용될 수도 있도록 스크립트를 생성하려면 다음과 같이 main을 생성하면 된다.

```
if __name__ == "__main__":
    _, data_set, max_sentence_lengths, dict_lengths = build_dataset(False)
    cleanup_checkpoints(model_dir, model_checkpoints)
    train()
```

이제 콘솔에서 매우 간단한 명령어로 기계 번역 시스템을 훈련시킬 수 있다.

```
$> python train_translator.py
```

NVIDIA GPU가 없는 일반 노트북에서 혼란도가 10(12 시간 이상) 이하에 도달하려면 하루 이상 걸린다. 다음은 그 결과다.

```
Retrieving corpora: alignment-de-en.txt
[sentences_to_indexes] Did not find 1097 words
[sentences_to_indexes] Did not find 0 words
Created model with fresh parameters.
global step 100 learning rate 0.5 step-time 4.3573073434829713 perplexity 526.6638556683066
eval: perplexity 159.2240770935855
[...]
global step 10500 learning rate 0.180419921875 step-time
4.35106209993362414 perplexity 2.0458043055629487
eval: perplexity 1.8646006006241982
[...]
```

테스트 및 번역

번역을 위한 코드는 test_translator.py 파일에 있다.

먼저 몇 가지 라이브러리를 임포트하고 미리 훈련된 모델의 위치를 지정한다.

```
import pickle
import sys
import numpy as np
import tensorflow as tf
import data_utils
from train_translator import (get_seq2seq_model, path_l1_dict, path_l2_dict, build_dataset)
model_dir = "/tmp/translate"
```

이제 RNN에서 생성된 출력 시퀀스를 디코딩하는 함수를 생성하자. 시퀀스가 다차원이고 각 차원은 해당 단어의 확률에 해당하므로 가장 가능성이 높은 단어를 선택한다. 역순 사전(reverse dictionary) 덕분에 실제로 그 단어가 무엇인지 알아낼 수 있다. 마지막으로 마킹(패딩, 문자열의 시작과 끝)을 제거하고 결과를 출력한다.

이 예제에서는 원시 말뭉치에서 시작해 훈련 집합의 처음 다섯 문장을 디코딩할 것이다. 하지만 새로운 문자열을 삽입하거나 다른 말뭉치를 자유롭게 사용할 수 있다.

```
def decode():
    with tf.Session() as sess:
        model = get_seq2seq_model(sess, True, dict_lengths, max_sentence_lengths, model_dir)
        model.batch_size = 1
        bucket = 0
        for idx in range(len(data_set))[:5]:
            print("-------------------")
            print("Source sentence: ", sentences[0][idx])
            print("Source tokens: ", data_set[idx][0])
            print("Ideal tokens out: ", data_set[idx][1])
            print("Ideal sentence out: ", sentences[1][idx])

            encoder_inputs, decoder_inputs, target_weights = model.get_batch(
                            {bucket: [(data_set[idx][0], [])]}, bucket)
            _, _, output_logits = model.step(sess, encoder_inputs, decoder_inputs,
            target_weights, bucket, True)
```

```
        outputs = [int(np.argmax(logit, axis=1)) for logit in output_logits]
        if data_utils.EOS_ID in outputs:
            outputs = outputs[1:outputs.index(data_utils.EOS_ID)]

        print("Model output: ", "
".join([tf.compat.as_str(inv_dict_l2[output]) for output in outputs]))
        sys.stdout.flush()
```

여기서도 다음과 같이 명령줄에서 수행할 수 있도록 main이 필요하다.

```
if __name__ == "__main__":
    dict_l2 = pickle.load(open(path_l2_dict, "rb"))
    inv_dict_l2 = {v: k for k, v in dict_l2.items()}

    build_dataset(True)
    sentences, data_set, max_sentence_lengths, dict_lengths = build_dataset(False)
    try:
        print("Reading from", model_dir)
        print("Dictionary lengths", dict_lengths)
        print("Bucket size", max_sentence_lengths)
    except NameError:
        print("One or more variables not in scope. Translation not possible")
        exit(-1)
    decode()
```

이 코드를 실행하면 다음과 같은 결과를 생성한다.

```
Reading model parameters from /tmp/translate/translate.ckpt-10500
-------------------
Source sentence: ['wiederaufnahme', 'der', 'sitzungsperiode']
Source tokens: [0, 0, 0, 0, 0, 0, 0, 0, 0, 0, 0, 0, 0, 0, 0, 0, 1616, 7, 618]
Ideal tokens out: [1, 1779, 8, 5, 549, 2, 0, 0, 0, 0, 0, 0, 0, 0, 0, 0, 0, 0, 0, 0, 0, 0]
Ideal sentence out: ['resumption', 'of', 'the', 'session']
Model output: resumption of the session
-------------------
Source sentence: ['ich', 'bitte', 'sie', ',', 'sich', 'zu', 'einer', 'schweigeminute', 'zu', 'erheben', '.']
Source tokens: [0, 0, 0, 0, 0, 0, 0, 0, 0, 13, 266, 22, 5, 29, 14, 78, 3931, 14, 2414, 4]
Ideal tokens out: [1, 651, 932, 6, 159, 6, 19, 11, 1440, 35, 51, 2639, 4, 2, 0, 0, 0, 0, 0, 0, 0, 0]
```

```
Ideal sentence out: ['please', 'rise', ',', 'then', ',', 'for', 'this', 'minute', "'", 's', 'silence', '.']
Model output: i ask you to move , on an approach an approach .
-------------------
Source sentence: ['(', 'das', 'parlament', 'erhebt', 'sich', 'zu', 'einer', 'schweigeminute', '.', ')']
Source tokens: [0, 0, 0, 0, 0, 0, 0, 0, 0, 0, 0, 52, 11, 58, 3267, 29, 14, 78, 3931, 4, 51]
Ideal tokens out: [1, 54, 5, 267, 3541, 14, 2095, 12, 1440, 35, 51, 2639, 53, 2, 0, 0, 0, 0, 0, 0, 0]
Ideal sentence out: ['(', 'the', 'house', 'rose', 'and', 'observed', 'a', 'minute', "'", 's', 'silence', ')']
Model output: ( the house ( observed and observed a speaker )
-------------------
Source sentence: ['frau', 'pr sidentin', ',', 'zur', 'gesch ftsordnung', '.']
Source tokens: [0, 0, 0, 0, 0, 0, 0, 0, 0, 0, 0, 0, 0, 0, 0, 79, 151, 5, 49, 488, 4]
Ideal tokens out: [1, 212, 44, 6, 22, 12, 91, 8, 218, 4, 2, 0, 0, 0, 0, 0, 0, 0, 0, 0, 0]
Ideal sentence out: ['madam', 'president', ',', 'on', 'a', 'point', 'of', 'order', '.']
Model output: madam president , on a point of order .
-------------------
Source sentence: ['wenn', 'das', 'haus', 'damit', 'einverstanden', 'ist', ',', 'werde', 'ich', 'dem',
'vorschlag', 'von', 'herrn', 'evans', 'folgen', '.']
Source tokens: [0, 0, 0, 0, 85, 11, 603, 113, 831, 9, 5, 243, 13, 39, 141, 18, 116, 1939, 417, 4]
Ideal tokens out: [1, 87, 5, 267, 2096, 6, 16, 213, 47, 29, 27, 1941, 25, 1441, 4, 2, 0, 0, 0, 0, 0]
Ideal sentence out: ['if', 'the', 'house', 'agrees', ',', 'i', 'shall', 'do', 'as', 'mr', 'evans', 'has',
'suggested', '.']
Model output: if the house gave this proposal , i would like to hear mr byrne
```

보다시피 결과는 대체로 정확하지만 토큰 중 몇 개는 문제가 있다. 문제를 완화하려면 더 복잡한 RNN, 더 긴 말뭉치 또는 더 다양한 말뭉치가 필요하다.

과제

이 모델은 동일한 데이터셋에서 훈련하고 테스트를 마쳤다. 이 방식은 데이터 과학에서는 이상적이지 않지만 제대로 동작하는 프로젝트를 만들기 위해 필요하다. 더 긴 말뭉치를 찾아 두 부분으로 나누어 하나는 훈련용으로 다른 하나는 테스트용으로 만들어보자.

- 모델 설정을 변경하라. 이것이 성능과 훈련 시간에 어떤 영향을 미치는가?

- seq2seq_model.py의 코드를 분석하라. 텐서보드에 손실 그래프를 어떻게 삽입할 수 있을까?

- NLTK에는 프랑스어 말뭉치도 포함돼 있다. 둘 다 함께 번역할 시스템을 만들 수 있는가?

정리

이번 장에서는 RNN을 기반으로 한 기계 번역 시스템을 만드는 법을 알아봤다. 말뭉치를 정리하고 이를 훈련시키고 테스트하는 방법을 살펴봤다. 다음 장에서는 RNN을 사용하는 또 다른 응용 프로그램인 챗봇을 알아보겠다.

사람처럼 의견을 나눌 수 있는
챗봇의 훈련과 구축

이번 장에서는 간단하고 일반적인 질문에 대답할 수 있는 자동 챗봇을 훈련시키는 방법과 API를 통해 대답을 제공하는 HTTP 끝점(endpoint)을 생성하는 방법을 알아보겠다. 구체적으로 다음 사항을 설명할 것이다.

- 말뭉치가 무엇인지와 말뭉치 선처리 방법

- 챗봇을 훈련시키고 테스트하는 방법

- API를 노출시키는 HTTP 끝점을 만드는 방법

프로젝트 소개

챗봇은 사용자에게 도움을 제공하는 하나의 방법으로 점점 더 많이 사용되고 있다. 은행, 모바일/통신 회사, 대형 전자 상거래 업체를 비롯해 많은 기업에서 고객 지원 및 사전 판매에서 사용자를 돕기 위해 챗봇을 사용한다. Q&A 페이지로는 더 이상 충분하지 않다. 요즘 고객은 Q&A 페이지에서 다루지 않거나 부분적으로만 다뤄진 자신의 질문에 대해 답변을 얻을 것으로 기대하고 있다. 또한 챗봇은 사소한 질문에 대해 추가적인 고객 서비스를 제공할 필요가 없는 회사에서는 훌륭한 도구다. 이것은 실제로 서로에게 이득이 되는 상황으로 보인다!

챗봇은 딥러닝이 인기를 얻게 되면서 함께 인기를 얻었다. 딥러닝 덕분에 개인화된 더 나은 질문을 제공하고, 마지막 구현에서는 사용자별 맥락을 유지할 수 있도록 봇을 훈련시킬 수 있게 됐다.

챗봇은 크게 두 종류로 나눌 수 있다. 첫 번째는 주제를 이해하고 같은 주제에 속하는 모든 질문에 항상 같은 대답을 제공하는 간단한 챗봇이다. 예를 들어, 열차 웹사이트에서 '도시 A에서 도시 B로 가는 기차 시간표는 어디에 있는가?'라는 질문과 '도시 A에서 출발하는 다음 열차는 무엇인가?'라는 질문에는 '안녕하세요, 저희 교통망의 시간표는 다음 페이지 〈link〉에서 확인할 수 있습니다' 같은 동일한 대답을 얻게 될 가능성이 높다.

기본적으로 이러한 종류의 챗봇의 뒷단에서는 주제(이 예제의 경우 두 질문은 시간표 주제에 대한 것이다)를 이해하기 위해 분류 알고리즘을 사용한다. 주제가 주어지면 챗봇은 언제나 같은 답을 제공한다. 일반적으로 이러한 챗봇에는 N개의 주제와 N개의 대답으로 이뤄진 목록이 있으며 분류된 주제의 확률이 낮으면(질문이 너무 모호하거나 목록에 포함되지 않은 주제에 대한 것이라면) 챗봇은 일반적으로 사용자에게 더 구체적으로 질문하거나 질문을 반복할 것을 요청하고 결국 질문할 다른 방법(이메일을 보내거나 고객 서비스 번호로 전화하는 등의)을 안내한다.

두 번째 유형의 챗봇은 더 진화되고 더 똑똑하지만 그만큼 더 복잡하다. 이러한 챗봇에서의 대답은 기계 번역에서 수행된 방식(이전 장 참조)과 마찬가지로 RNN을 사용해 구성된다. 이러한 챗봇은 더 개인화된 대답을 제공할 수 있고 더 구체적인 답변을 할 수 있다. 실제로 이 챗봇은 주제를 추측하는 것이 아니라, RNN 엔진을 사용해 사용자 질문을 더 이해하고 최선의 답변을 제공할 수 있다. 실제로 이러한 유형의 챗봇을 사용하면 두 가지 다른 질문에 동일한 응답을 얻을 가능성은 거의 없다.

이번 장에서는 이전 장의 기계 번역 시스템을 만들 때와 비슷하게 RNN을 사용해 두 번째 유형의 챗봇을 만들어볼 것이다. 또한 챗봇을 웹사이트에서, 더 간단하게는 명령줄에서 서비스로 사용하기 위해 챗봇을 HTTP 끝점 뒤에 넣는 방법을 보여줄 것이다.

입력 말뭉치

아쉽게도 우리는 고객이 직접 입력한 데이터로 구성된, 인터넷에서 무료로 사용할 수 있는 오픈소스 데이터셋을 찾지 못했다. 따라서 실제로 고객 서비스에 초점을 맞춰져 있지 않은 일반적인 데이터셋으로 챗봇을 훈련시킬 것이다. 특히 코넬 대학에서 만든 코넬 영화 대화 말뭉치(Cornell Movie Dialogs Corpus)를 사용할 것이다. 말뭉치에는 원시 영화 대본에서 추출된 대화가 포함돼 있어서 챗봇은 실제 질문보다는 허구의 질문에 더 많은 대답을 줄 수 있다. 코넬 말뭉치에는 617편의 영화에서 추출된 만 명이 넘는 영화 캐릭터들 간의 대화를 200,000개 넘게 포함하고 있다.

이 데이터셋은 아래 URL에서 얻을 수 있다.

https://www.cs.cornell.edu/~cristian/Cornell_Movie-Dialogs_Corpus.html

이 말뭉치를 배포한 저자들에게 감사드린다. 덕분에 실험, 재현 가능성, 지식 공유가 더욱 쉬워졌다.

데이터셋은 .zip 압축 파일로 받는다. 파일 압축을 풀어보면 그 안에 몇 가지 파일이 들어 있다.

- README.txt 파일에는 데이터셋의 설명, 말뭉치 파일 형식, 수집 절차의 세부 내역, 저자 연락처 정보가 담겨 있다.

- Chameleons.pdf는 말뭉치가 배포됐던 원본 논문이다. 논문이 정확히 챗봇에 대한 것은 아니지만 대화에서 사용된 언어를 연구한 내용으로 더 많은 정보를 얻을 수 있는 훌륭한 소스다.

- movie_conversations.txt에는 모든 대화식 구조가 담겨 있다. 각 대화에는 논의에 포함된 두 캐릭터의 ID, 영화 ID, 시간 순서대로 정렬된 문장 ID 리스트(더 정확하게는 발화)가 담겨 있다. 예를 들어 파일의 첫 번째 줄은 *u0 +++$+++ u2 +++$+++ m0 +++$+++ ['L194', 'L195', 'L196', 'L197']*이다.

  이는 영화 m0에서 사용자 u0가 사용자 u2와 대화했고 그 대화에는 4개의 발화 'L194', 'L195', 'L196', 'L197'가 있음을 뜻한다.

- movie_lines.txt에는 각 발화 ID의 실제 텍스트와 그 발화를 만든 사람이 포함돼 있다. 예를 들어, 발화 L195는 다음과 같이 리스트에 올라 있다.

  L195 +++$+++ u2 +++$+++ m0 +++$+++ CAMERON +++$+++ Well, I thought we'd start with pronunciation, if that's okay with you.

  여기서 보면 발화 L195의 텍스트는 'Well, I thought we'd start with pronunciation, if that's okay with you.'다. 그리고 이 발화는 영화 m0에서 CAMERON이라는 이름의 캐릭터 u2가 말한 것이다.

- movie_titles_metadata.txt에는 제목, 개봉 연도, IMDB 평점, IMDB의 투표 수, 장르를 포함한 영화 정보가 포함돼 있다. 예를 들어 영화 m0는 다음과 같이 묘사된다.

  m0 +++$+++ 10 things i hate about you +++$+++ 1999 +++$+++ 6.90 +++$+++ 62847 +++$+++ ['comedy', 'romance']

  이 정보에 따르면, ID가 m0인 영화는 1999년 방영된 로맨틱 코미디 장르인 '10 things i hate about you'로 IMDB에서 약 63,000개의 투표를 얻었으며 평점은 (10.0점 만점에) 6.9점을 받았다.

- movie_characters_metadata.txt에는 영화 캐릭터가 등장한 영화 제목, 성별(알려진 경우), 크레딧에서의 위치(알려진 경우)를 포함한 영화 캐릭터 정보가 포함돼 있다. 예를 들어, 캐릭터 'u2'는 이 파일에서 다음과 같이 등장한다.

u2 +++$+++ CAMERON +++$+++ m0 +++$+++ 10 things i hate about you +++$+++ m+++$+++ 3

캐릭터 u2의 이름은 CAMERON이고 영화 m0인 '10 things i hate about you'에 등장하며 성별은 남성이고 크레딧에 세 번째로 등장한다.

- raw_script_urls.txt에는 각 영화의 대화가 검색되는 소스 URL이 포함돼 있다. 예를 들어, 영화 m0의 경우에는 다음 과 같다.

m0 +++$+++ 10 things i hate about you +++$+++

http://www.dailyscript.com/scripts/10Things.html

여기서 볼 수 있듯이 대부분의 파일은 필드를 나누기 위해 *+++$+++* 토큰을 사용한다. 이를 제외하면 형식은 구문 분석 하기가 매우 단순하다. 파일을 구문 분석할 때 특별히 주의를 기울여야 하는데 이 형식은 UTF–8이 아니라 *ISO–8859–1*이 기 때문이다.

훈련 데이터셋 생성

이제 챗봇을 위한 훈련 데이터셋을 생성하자. 우리는 캐릭터 간 모든 대화가 정확한 순서대로 필요하 다. 다행히도 말뭉치는 우리가 실제 필요로 하는 것보다 더 많은 정보가 포함돼 있다. 데이터셋 생성을 위해 먼저 디스크에 데이터셋이 있지 않다면 zip 압축 파일을 내려받는다. 그런 다음 임시 폴더(윈도우 에서는 C:\Temp)에 압축을 풀고, 연속된 발화 데이터셋을 생성하는 데 실제로 필요한 movie_lines.txt와 movie_conversations.txt 파일만 읽을 것이다.

이제 단계별로 따라가면서 단계마다 함수 하나씩 corpora_downloader.py 파일에 생성해 보자. 첫 번째 로 필요한 함수는 파일이 디스크에 없으면 인터넷에서 가져오는 것이다.

```
def download_and_decompress(url, storage_path, storage_dir):
    import os.path

    directory = storage_path + "/" + storage_dir
    zip_file = directory + ".zip"
    a_file = directory + "/cornell movie-dialogs corpus/README.txt"

    if not os.path.isfile(a_file):
        import urllib.request
        import zipfile

        urllib.request.urlretrieve(url, zip_file)
```

```
        with zipfile.ZipFile(zip_file, "r") as zfh:
            zfh.extractall(directory)
    return
```

이 함수는 정확히 'README.txt' 파일이 로컬 컴퓨터에 있는지 확인하고 그렇지 않다면 파일을 내려받아 (urllib.request 모듈의 urlretrieve 함수를 통해) zip 파일의 압축을 푼다(zipfile 모듈 사용).

다음 단계로 대화 파일을 읽고 발화 ID 리스트를 추출한다. 기억하겠지만 그 형식은 *u0 +++$+++ u2 +++$+++ m0 +++$+++ ['L194', 'L195', 'L196', 'L197']*이며 따라서 우리가 찾는 것은 토큰 +++$+++을 기준으로 나눈 다음 리스트의 네 번째 요소다. 그리고 ID 리스트를 깔끔하게 얻기 위해서는 꺾쇠 괄호와 아포스트로피를 제거해야 한다. 그러기 위해 re 모듈을 임포트하고 다음과 같이 함수를 정의해야 한다.

```
import re
def read_conversations(storage_path, storage_dir):
    filename = storage_path + "/" + storage_dir + "/cornell movie-dialogs corpus/movie_conversations.txt"
    with open(filename, "r", encoding="ISO-8859-1") as fh:
        conversations_chunks = [line.split(" +++$+++ ") for line in fh]
    return [re.sub('[\[\]\']', '', el[3].strip()).split(", ") for el in conversations_chunks]
```

이전에 말했듯이 정확한 인코딩으로 파일을 읽어야 하며 그렇지 않으면 에러가 발생한다는 점을 기억하자. 이 함수의 결과는 리스트의 리스트로, 내부 리스트 각각은 캐릭터 사이에서 이뤄진 대화의 발화 ID로 구성된 시퀀스를 포함하고 있다. 다음 단계에서는 movie_lines.txt 파일을 읽어 구문 분석하고 실제 발화 텍스트를 추출한다. 파일은 다음처럼 보인다.

L195 +++$+++ u2 +++$+++ m0 +++$+++ CAMERON +++$+++ Well, I thought we'd start with pronunciation, if that's okay with you.

여기서 우리가 찾을 것은 처음과 마지막 말모듬이다.

```
def read_lines(storage_path, storage_dir):
    filename = storage_path + "/" + storage_dir + "/cornell movie-dialogs corpus/movie_lines.txt"
    with open(filename, "r", encoding="ISO-8859-1") as fh:
        lines_chunks = [line.split(" +++$+++ ") for line in fh]
    return {line[0]: line[-1].strip() for line in lines_chunks}
```

마지막으로 토큰화하고 정렬하는 일이 남았다. 관측치로 두 개의 순차적 발화를 가지고 있는 집합이 필요하다. 이런 방식으로 첫 번째 발화가 주어졌을 때 다음 발화를 제공하도록 챗봇을 훈련시킬 것이다. 이렇게 하면 여러 질문에 답변할 수 있는 똑똑한 챗봇을 얻을 수 있을 것이다. 다음은 이를 수행하는 함수다.

```
def get_tokenized_sequential_sentences(list_of_lines, line_text):
    for line in list_of_lines:
        for i in range(len(line) - 1):
            yield (line_text[line[i]].split(" "), line_text[line[i+1]].split(" "))
```

그 결과로 두 개의 발화로 구성된 튜플을 포함한 생성기(오른쪽 발화는 시간적으로 왼쪽 발화 다음에 온다)를 얻게 된다. 또한 발화는 간격 문자(space)를 기준으로 토큰화된다.

마지막으로 파일을 내려받아 압축을 풀고(캐시에 없다면), 대화와 행을 구문 분석해서 데이터셋을 생성기로 구성하는 이 모든 작업을 하나의 함수 안에 감싸면 된다. 기본 설정을 적용하면 파일을 /tmp 디렉터리에 저장할 것이다.

```
def retrieve_cornell_corpora(storage_path="/tmp", storage_dir="cornell_movie_dialogs_corpus"):
    download_and_decompress("http://www.cs.cornell.edu/~cristian/data/cornell_movie_dialogs_
corpus.zip", storage_path, storage_dir)

    conversations = read_conversations(storage_path, storage_dir)
    lines = read_lines(storage_path, storage_dir)

    return tuple(zip(*list(get_tokenized_sequential_sentences(conversations, lines))))
```

이 시점에서 보면 훈련 집합은 이전 장의 번역 프로젝트에서 사용된 훈련 집합과 매우 비슷하다. 실제로 비슷한 정도가 아니라 같은 목표를 갖는 동일한 형식이다. 따라서 이전 장에서 구현했던 코드 일부를 사용할 수 있다. 예를 들어, corpora_tools.py 파일은 여기서 아무것도 변경하지 않고 사용될 수 있다(data_utils.py도 필요하다).

이 파일을 가지고 챗봇 입력을 확인하는 스크립트를 사용해 말뭉치를 더 자세히 분석할 수 있다.

말뭉치를 조사하기 위해 우리는 이전 장에서 만들었던 corpora_tools.py와 앞에서 만들었던 파일을 사용할 수 있다. 코넬 영화 대화 말뭉치를 가져와 말뭉치 형식을 구성하고 예제와 그 길이를 출력하자.

```
from corpora_tools import *
from corpora_downloader import retrieve_cornell_corpora

sen_l1, sen_l2 = retrieve_cornell_corpora()
print("# Two consecutive sentences in a conversation")
print("Q:", sen_l1[0])
print("A:", sen_l2[0])
print("# Corpora length (i.e. number of sentences)")
print(len(sen_l1))
assert len(sen_l1) == len(sen_l2)
```

이 코드는 두 개의 토큰화된 순차적인 발화의 예제와 함께 데이터셋에 포함된 예제 수를 출력하는데, 그 수가 220,000개를 넘는다.

```
# Two consecutive sentences in a conversation
Q: ['Can', 'we', 'make', 'this', 'quick?', '', 'Roxanne', 'Korrine', 'and', 'Andrew', 'Barrett', 'are',
'having', 'an', 'incredibly', 'horrendous', 'public', 'break-', 'up', 'on', 'the', 'quad.', '', 'Again.']
A: ['Well,', 'I', 'thought', "we'd", 'start', 'with', 'pronunciation,', 'if', "that's", 'okay', 'with', 'you.']
# Corpora length (i.e. number of sentences)
221616
```

이제 문장에서 구두점을 제거하고 소문자로 변환하고 크기를 최대 20개의 단어로 제한하자(즉 문장이 하나라도 문장을 구성하는 단어가 20개를 넘는 예제는 버린다). 이 작업은 토큰을 표준화하기 위해 반드시 필요하다.

```
clean_sen_l1 = [clean_sentence(s) for s in sen_l1]
clean_sen_l2 = [clean_sentence(s) for s in sen_l2]
filt_clean_sen_l1, filt_clean_sen_l2 = filter_sentence_length(clean_sen_l1, clean_sen_l2)
print("# Filtered Corpora length (i.e. number of sentences)")
print(len(filt_clean_sen_l1))
assert len(filt_clean_sen_l1) == len(filt_clean_sen_l2)
```

이렇게 해서 140,000여 개의 예제를 얻을 수 있다.

```
# Filtered Corpora length (i.e. number of sentences)
140261
```

그런 다음 두 개의 문장 집합을 위한 사전을 만들자. 실제로 대화의 첫 문장과 마지막 문장(이들은 한 번만 등장함)으로 인한 변경 사항을 제외하면 이 둘은 똑같아 보인다(동일한 문장이 한 번은 왼편에 한 번은 오른편에 등장하기 때문에). 우리가 만든 말뭉치에서 최고의 결과를 만들기 위해 두 개의 단어 사전을 만든 다음, 그 사전 인덱스를 사용해 말뭉치에 나오는 모든 단어를 인코딩해보자.

```
dict_l1 = create_indexed_dictionary(filt_clean_sen_l1, dict_size=15000, storage_path="/tmp/l1_dict.p")
dict_l2 = create_indexed_dictionary(filt_clean_sen_l2, dict_size=15000, storage_path="/tmp/l2_dict.p")
idx_sentences_l1 = sentences_to_indexes(filt_clean_sen_l1, dict_l1)
idx_sentences_l2 = sentences_to_indexes(filt_clean_sen_l2, dict_l2)
print("# Same sentences as before, with their dictionary ID")
print("Q:", list(zip(filt_clean_sen_l1[0], idx_sentences_l1[0])))
print("A:", list(zip(filt_clean_sen_l2[0], idx_sentences_l2[0])))
```

이 코드는 다음 결과를 출력한다. 또한 15,000개의 항목으로 구성된 사전은 모든 단어를 포함하고 있지 않으며 그중 16,000개 이상의 단어(보편적으로 사용되지 않는)는 이 사전에서 찾을 수 없다.

```
[sentences_to_indexes] Did not find 16823 words
[sentences_to_indexes] Did not find 16649 words
# Same sentences as before, with their dictionary ID
Q: [('well', 68), (',', 8), ('i', 9), ('thought', 141), ('we', 23), ("'", 5), ('d', 83), ('start',
370), ('with', 46), ('pronunciation', 3), (',', 8), ('if', 78), ('that', 18), ("'", 5), ('s', 12),
('okay', 92), ('with', 46), ('you', 7), ('.', 4)]
A: [('not', 31), ('the', 10), ('hacking', 7309), ('and', 23), ('gagging', 8761), ('and', 23),
('spitting', 6354), ('part', 437), ('.', 4), ('please', 145), ('.', 4)]
```

마지막 단계로 문장에 패딩과 마킹을 추가하자.

```
data_set = prepare_sentences(idx_sentences_l1, idx_sentences_l2, max_length_l1, max_length_l2)
print("# Prepared minibatch with paddings and extra stuff")
print("Q:", data_set[0][0])
print("A:", data_set[0][1])
print("# The sentence pass from X to Y tokens")
print("Q:", len(idx_sentences_l1[0]), "->", len(data_set[0][0]))
print("A:", len(idx_sentences_l2[0]), "->", len(data_set[0][1]))
```

예상했다시피 다음과 같은 내용을 출력한다.

```
# Prepared minibatch with paddings and extra stuff
Q: [0, 68, 8, 9, 141, 23, 5, 83, 370, 46, 3, 8, 78, 18, 5, 12, 92, 46, 7, 4]
A: [1, 31, 10, 7309, 23, 8761, 23, 6354, 437, 4, 145, 4, 2, 0, 0, 0, 0, 0, 0, 0, 0]
# The sentence pass from X to Y tokens
Q: 19 -> 20
A: 11 -> 22
```

챗봇 훈련

말뭉치를 정리하는 작업이 끝났다면 모델을 만들자. 이 프로젝트도 시퀀스를 입력받아 시퀀스를 출력하는 모델이 필요하기 때문에 RNN을 사용하면 된다. 게다가 이전 프로젝트 코드의 일부분을 재사용할 수 있다. 데이터셋 구성 방법과 모델 매개변수만 바꾸면 된다. 다음으로 이전 장에서 만든 훈련 스크립트를 복사해서 build_dataset 함수를 코넬 데이터셋을 사용하도록 수정하면 된다.

이번 장에서 사용한 데이터셋은 이전에 사용했던 것보다 더 크기 때문에 말뭉치를 수만 개의 행으로 제한해야 할 수도 있다는 점을 주의하자. 우리는 8GB RAM이 장착된 4년 된 노트북에서 첫 3만 개 행만 선택해야 했는데 그렇게 하지 않으면 프로그램에서 메모리가 부족해 계속 메모리 스와핑을 해야 했기 때문이다. 예제 수를 줄이면 그만큼 사전 크기도 작아져서 각 사전이 만 개 이하의 단어로 구성된다.

```
def build_dataset(use_stored_dictionary=False):
    sen_l1, sen_l2 = retrieve_cornell_corpora()
    clean_sen_l1 = [clean_sentence(s) for s in sen_l1][:30000] ### 반드시 수행할 것, 그렇지 않으면
노트북에서 실행 불가
    clean_sen_l2 = [clean_sentence(s) for s in sen_l2][:30000] ### 반드시 수행할 것, 그렇지 않으면
노트북에서 실행 불가
    filt_clean_sen_l1, filt_clean_sen_l2 =
filter_sentence_length(clean_sen_l1, clean_sen_l2, max_len=10)

    if not use_stored_dictionary:
        dict_l1 = create_indexed_dictionary(filt_clean_sen_l1,
dict_size=10000, storage_path=path_l1_dict)
    dict_l2 = create_indexed_dictionary(filt_clean_sen_l2,
dict_size=10000, storage_path=path_l2_dict)
    else:
        dict_l1 = pickle.load(open(path_l1_dict, "rb"))
        dict_l2 = pickle.load(open(path_l2_dict, "rb"))
```

```
dict_l1_length = len(dict_l1)
dict_l2_length = len(dict_l2)

idx_sentences_l1 = sentences_to_indexes(filt_clean_sen_l1, dict_l1)
idx_sentences_l2 = sentences_to_indexes(filt_clean_sen_l2, dict_l2)

max_length_l1 = extract_max_length(idx_sentences_l1)
max_length_l2 = extract_max_length(idx_sentences_l2)
data_set = prepare_sentences(idx_sentences_l1, idx_sentences_l2, max_length_l1, max_length_l2)

return (filt_clean_sen_l1, filt_clean_sen_l2), \
        data_set, \
        (max_length_l1, max_length_l2), \
        (dict_l1_length, dict_l2_length)
```

이 함수를 이전 장의 train_translator.py 파일에 삽입하고 train_chatbot.py로 파일명을 바꿔서 챗봇을 훈련시키면 된다.

몇 번 반복한 뒤 프로그램을 종료하면 되며, 다음과 유사한 결과를 보게 될 것이다.

```
[sentences_to_indexes] Did not find 0 words
[sentences_to_indexes] Did not find 0 words
global step 100 learning rate 1.0 step-time 7.708967611789704 perplexity 444.90090078460474
eval: perplexity 57.442316329639176
global step 200 learning rate 0.990234375 step-time 7.700247814655302 perplexity 48.8545568311572
eval: perplexity 42.190180314697045
global step 300 learning rate 0.98046875 step-time 7.69800933599472 perplexity 41.620538109894945
eval: perplexity 31.291903031786116
...
...
...
global step 2400 learning rate 0.79833984375 step-time 7.686293318271639 perplexity 3.7086356605442767
eval: perplexity 2.8348589631663046
global step 2500 learning rate 0.79052734375 step-time 7.689657487869262 perplexity 3.211876894960698
eval: perplexity 2.973809378544393
global step 2600 learning rate 0.78271484375 step-time 7.690396382808681 perplexity 2.878854805600354
eval: perplexity 2.563583924617356
```

다시 말하지만 설정을 바꾸면 혼란도가 달라질 수 있다. 우리는 이 결과를 얻기 위해 RNN 크기를 256으로, 계층의 개수는 2로, 배치 크기는 128 샘플로, 학습 속도는 1.0으로 설정했다.

이제 챗봇을 테스트할 준비는 끝났다. 이전 장의 test_translator.py에서와 동일한 코드로도 챗봇을 훈련시킬 수 있지만 여기서는 API를 사용해 챗봇을 서비스로 노출시키는 좀 더 정교한 방식을 사용할 것이다.

Chatbox API

우선 API를 노출하기 위해 웹 프레임워크가 필요하다. 이 프로젝트에서는 사용이 매우 간편한 경량 프레임워크인 Bottle을 선택했다.

패키지를 설치하려면 명령줄에서 `pip install bottle`을 실행하면 된다. 이 프레임워크에 대한 더 자세한 정보를 알고 싶거나 코드를 자세히 분석하고 싶다면 프로젝트 웹페이지인 https://bottlepy.org를 확인하자.

이제 사용자가 인수로 제공하는 임의의 문장을 구문 분석하는 함수를 만들자. 다음에 나올 코드는 모두 test_chatbot_aas.py 파일에 있어야 한다. 필요한 라이브러리를 임포트하고, 문장을 정리해서 토큰화한 다음, 사전을 사용해서 문장을 준비하자.

```python
import pickle
import sys
import numpy as np
import tensorflow as tf
import data_utils
from corpora_tools import clean_sentence, sentences_to_indexes, prepare_sentences
from train_chatbot import get_seq2seq_model, path_l1_dict, path_l2_dict


model_dir = "/home/abc/chat/chatbot_model"


def prepare_sentence(sentence, dict_l1, max_length):
    sents = [sentence.split(" ")]
    clean_sen_l1 = [clean_sentence(s) for s in sents]
    idx_sentences_l1 = sentences_to_indexes(clean_sen_l1, dict_l1)
    data_set = prepare_sentences(idx_sentences_l1, [[]], max_length, max_length)
    sentences = (clean_sen_l1, [[]])
    return sentences, data_set
```

prepare_sentence 함수는 다음 작업을 한다.

- 입력 문장을 토큰화한다.

- 문장을 정리한다(구두점을 제거하고 소문자로 변환한다).

- 토큰을 사전 ID로 변환한다.

- 기본 길이에 맞게 마커와 패딩을 추가한다.

다음으로 예측된 숫자 시퀀스를 단어로 구성된 실제 문장으로 변환하는 함수가 필요하다. 이 작업은 입력 문장이 주어졌을 때 예측을 실행하고 소프트맥스(softmax)로 가장 가능성 있는 결과를 예측하는 decode 함수에서 이뤄진다. 마지막으로 이 함수는 패딩과 마커가 없는 문장을 반환한다(함수에 대한 모든 설명은 이전 장에서 확인할 수 있다).

```python
def decode(data_set):
  with tf.Session() as sess:
    model = get_seq2seq_model(sess, True, dict_lengths, max_sentence_lengths, model_dir)
    model.batch_size = 1
    bucket = 0

    encoder_inputs, decoder_inputs, target_weights = model.get_batch(
      {bucket: [(data_set[0][0], [])]}, bucket)
    _, _, output_logits = model.step(sess, encoder_inputs, decoder_inputs,
                                     target_weights, bucket, True)
    outputs = [int(np.argmax(logit, axis=1)) for logit in output_logits]
    if data_utils.EOS_ID in outputs:
        outputs = outputs[1:outputs.index(data_utils.EOS_ID)]
    tf.reset_default_graph()
    return " ".join([tf.compat.as_str(inv_dict_l2[output]) for output in outputs])
```

마지막으로 스크립트에서 실행할 함수인 메인 함수를 만든다.

```python
if __name__ == "__main__":
    dict_l1 = pickle.load(open(path_l1_dict, "rb"))
    dict_l1_length = len(dict_l1)

    dict_l2 = pickle.load(open(path_l2_dict, "rb"))
    dict_l2_length = len(dict_l2)
```

```
    inv_dict_l2 = {v: k for k, v in dict_l2.items()}


    max_lengths = 10
    dict_lengths = (dict_l1_length, dict_l2_length)
    max_sentence_lengths = (max_lengths, max_lengths)


    from bottle import route, run, request
    @route('/api')
    def api():
        in_sentence = request.query.sentence
        _, data_set = prepare_sentence(in_sentence, dict_l1, max_lengths)
        resp = [{"in": in_sentence, "out": decode(data_set)}]
        return dict(data=resp)


    run(host='127.0.0.1', port=8080, reloader=True, debug=True)
```

처음에 이 함수는 사전을 로딩하고 역순 사전을 준비한다. 그런 다음 Bottle API를 사용해 HTTP GET 끝점(/api URL 아래)을 생성한다. route 장식자는 HTTP GET을 통해 끝점에 도달했을 때 실행할 함수를 설정하고 보강한다. 이 경우 먼저 HTTP 매개변수로 전달된 문장을 읽은 다음 위에서 설명한 prepare_sentence 함수를 호출하고 마지막으로 디코딩 단계를 실행하는 api() 함수가 실행된다. 그 결과로 사용자가 제공한 입력 문장과 챗봇의 응답 모두를 포함한 사전이 반환된다.

마지막으로 포트 8080의 localhost에서 웹서버가 구동된다. Bottle을 사용해 챗봇을 서비스로 제공하기 쉽지 않은가?

이제 챗봇을 실행하고 결과를 확인하자. 챗봇을 실행하려면 명령줄에서 다음 명령을 실행하면 된다.

$> python3 - u test_chatbot_aas.py

그런 다음 먼저 몇 가지 일반 질문으로 챗봇에 질의하자. 그러기 위해서는 간단한 명령줄 CURL을 사용하면 된다. 또한 모든 브라우저에서 정상적으로 동작하지만 URL이 인코딩돼야 한다는 점을 기억하자. 예를 들어, 공백 문자는 인코딩 문자 %20으로 대체돼야 한다.

Curl에는 URL 요청을 인코딩하는 간단한 방법을 제공하기 때문에 일이 쉬워진다. 다음은 몇 가지 예를 보여준다.

```
$> curl -X GET -G http://127.0.0.1:8080/api --data-urlencode "sentence=how are you?"
{"data": [{"out": "i ' m here with you .", "in": "where are you?"}]}
$> curl -X GET -G http://127.0.0.1:8080/api --data-urlencode "sentence=are you here?"
{"data": [{"out": "yes .", "in": "are you here?"}]}
$> curl -X GET -G http://127.0.0.1:8080/api --data-urlencode "sentence=are you a chatbot?"
{"data": [{"out": "you ' for the stuff to be right .", "in": "are you a chatbot?"}]}
$> curl -X GET -G http://127.0.0.1:8080/api --data-urlencode "sentence=what is your name ?"
{"data": [{"out": "we don ' t know .", "in": "what is your name ?"}]}
$> curl -X GET -G http://127.0.0.1:8080/api --data-urlencode "sentence=how are you?"
{"data": [{"out": "that ' s okay .", "in": "how are you?"}]}
```

시스템이 브라우저에서 제대로 동작하지 않으면 다음과 같이 URL을 인코딩해보라.

```
$> curl -X GET
http://127.0.0.1:8080/api?sentence=how%20are%20you?
{"data": [{"out": "that ' s okay .", "in": "how are you?"}]}
```

응답은 꽤 재미있다. 우리가 영화 대본을 가지고 챗봇을 훈련시켰기 때문에 응답 유형도 그런 스타일을 따른다는 점을 기억하자.

웹 서버를 종료하려면 *Ctrl + C*를 사용하면 된다.

과제

다음 과제를 수행해 보자.

- 자바스크립트를 통해 챗봇에 질의하는 간단한 웹페이지를 만들 수 있는가?

- 다른 다양한 훈련 집합을 인터넷에서 받아볼 수 있으므로 모델 간 대답의 차이를 살펴보자. 어느 것이 고객 서비스용 챗봇으로 가장 좋을까?

- 이 모델을 서비스로, 즉 HTTP GET/POST를 통해 문장을 전달해서 훈련될 수 있도록 수정할 수 있는가?

정리

이번 장에서는 HTTP 끝점과 GET API를 통해 질문에 응답할 수 있는 챗봇을 구현했다. 챗봇은 RNN 을 적용할 수 있는 훌륭한 예제 중 하나다. 다음 장에서는 텐서플로를 사용해 중복 질문을 탐지하는 방법을 알아보겠다.

08

중복된 쿼라 질문
탐지하기

쿼라(Quora, www.quora.com)는 사용자가 익명으로 또는 공개적으로 질문하고 답변하는 커뮤니티 기반의 질의 응답 사이트다. 2017년 1월 쿼라는 최초로 중복 여부와 상관없이 질문 쌍으로 구성된 공개 데이터셋을 출시했다. 중복된 질문 쌍은 의미상 비슷하다. 즉 두 질문이 중복된다는 것은 이 둘이 정확히 동일한 의도를 표현하기 위해 다른 단어들을 사용하지만 같은 의미를 전달함을 뜻한다. 쿼라에서는 응답 저장소를 찾아보는 사용자에게 더 나은 서비스를 제공하기 위해 뚜렷하게 구별되는 고유 질문별로 하나의 질문 페이지를 갖게 해서 더 이상 다른 소스를 찾지 않아도 사용자가 자신이 알아야 할 모든 정보를 찾아낼 수 있게 만드는 것이 매우 중요하다. 쿼라 중재자(moderator)는 사이트에서 중복된 콘텐츠를 피하는 데 도움이 될 수 있지만 매일 답변되는 질문 수가 늘어나고 과거 데이터를 저장하는 저장소가 증가함에 따라 쉽게 확장되지 않는다. 이 경우 **자연어 처리**(Natural Language Processing, NLP)와 딥러닝을 기반으로 한 자동화 프로젝트가 이 작업을 위한 적절한 해결책이 될 수 있다.

이번 장에서는 쿼라 데이터셋을 사용해 문장 사이의 의미 유사도를 해석하는 텐서플로 기반의 프로젝트를 구성하는 방법을 다루겠다. 이번 장은 Keras 패키지를 기반으로 솔루션을 최초로 만들었던 아비셱 타쿠르(Abhishek Thakur)의 작업 결과[1]를 기반으로 한다. 여기서 보여주는 기법은 의미 유사도를 다루는 다른 문제에도 쉽게 적용될 수 있다. 이 프로젝트에서는 다음 내용을 다룰 것이다.

---

1 https://www.linkedin.com/pulse/duplicate-quora-question-abhishek-thakur/

- 텍스트 데이터에 대한 특징 공학(feature engineering)

- TF–IDF와 SVD

- Word2vec과 GloVe 기반의 특징

- 로지스틱 회귀와 xgboost를 이용한 경사도 증폭(gradient boosting) 같은 전통적인 머신러닝 모델

- LSTM, GRU, 1D–CNN을 포함한 딥러닝 모델

이번 장이 끝날 때면 비슷한 문제를 다루는 딥러닝 모델을 훈련시킬 수 있게 될 것이다. 먼저 쿼라 데이터셋을 간단하게 살펴보자.

데이터셋 설명

캐글(Kaggle) 대회[2]와 쿼라 블로그[3]에서 비상업적인 목적[4]으로 사용할 수 있는 이 데이터는 255,045개의 네거티브 샘플(중복되지 않는)과 149,306개의 포지티브 샘플(중복)로 이뤄진 404,351 쌍의 질문으로 구성된다. 포지티브 샘플이 약 40%를 차지하기 때문에 균형이 맞지는 않지만 특별히 수정할 필요까지는 없다. 실제로 쿼라 블로그에 보고됐듯이 본래 쿼라에서 사용하는 샘플링 전략을 적용하면 데이터셋 중 중복된 사례 수가 중복되지 않은 사례 수보다 훨씬 더 많다. 더 균형 잡힌 데이터셋을 구성하기 위해 네거티브 사례는 관련된 질문, 즉 동일한 주제를 다루는 실제로는 비슷하지 않은 질문의 쌍을 사용해서 더 많이 샘플링된다.

이 프로젝트에서 작업을 시작하기 전에, 간단하게 쿼라의 아마존 S3 저장소인 http://qim.ec.quoracdn.net/quora_duplicate_questions.tsv에서 우리 작업 디렉터리로 55MB 정도 되는 데이터를 직접 내려받을 수 있다.

데이터를 로딩한 다음, 예제 행 중 일부를 선택하고 검사해서 직접 데이터를 자세히 확인하자. 다음 그림은 데이터셋의 처음 몇 줄을 실제로 캡처한 내용을 보여준다.

---

2 https://www.kaggle.com/c/quora-question-pairs

3 https://data.quora.com/First-Quora-Dataset-Release-Question-Pairs

4 https://www.quora.com/about/tos

	id	qid1	qid2	question1	question2	is_duplicate
0	0	1	2	What is the step by step guide to invest in sh…	What is the step by step guide to invest in sh…	0
1	1	3	4	What is the story of Kohinoor (Koh-i-Noor) Dia…	What would happen if the Indian government sto…	0
2	2	5	6	How can I increase the speed of my internet co…	How can Internet speed be increased by hacking…	0
3	3	7	8	Why am I mentally very lonely? How can I solve…	Find the remainder when [math]23^{24}[/math] i…	0
4	4	9	10	Which one dissolve in water quikly sugar, salt…	Which fish would survive in salt water?	0

쿼라 데이터셋 첫 부분

데이터를 더 자세히 살펴보면 같은 의미를 갖는 질문의 쌍, 그러니까 중복을 보여주는 몇 가지 사례를 확인할 수 있다.

How does Quora quickly mark questions as needing improvement?	Why does Quora mark my questions as needing improvement/clarification before I have time to give it details? Literally within seconds…
Why did Trump win the Presidency?	How did Donald Trump win the 2016 Presidential Election?
What practical applications might evolve from the discovery of the Higgs Boson?	What are some practical benefits of the discovery of the Higgs Boson?

언뜻 보면 중복된 질문들 사이에 공통된 단어가 거의 없고 길이도 매우 다르다.

반면 중복되지 않은 질문의 사례는 다음과 같다.

Who should I address my cover letter to if I'm applying to a big company like Mozilla?	Which car is better from a safety persepctive? swift or grand i10. My first priority is safety?
Mr. Robot (TV series): Is Mr. Robot a good representation of real-life hacking and hacking culture? Is the depiction of hacker societies realistic?	What mistakes are made when depicting hacking in Mr. Robot compared to real-life cyber security breaches or just a regular use of technologies?
How can I start an online shopping (e-commerce) website?	Which web technology is best suited for building a big e-commerce website?

이 사례에 나온 몇 가지 질문은 공통된 단어도 거의 없어 확실히 중복되지 않은 것을 알 수 있지만 다른 질문에서는 관련되지 않았다는 것을 탐지하기 어렵다. 예를 들어, 중복을 보여주는 사례의 두 번째 질문 쌍은 누군가에게 흥미를 끄는 내용일 수 있고, 사람의 판단으로도 중복 여부가 확실하지 않을 수 있다. 두 질문은 다른 것, *왜(why)*와 *어떻게(how)*의 차이를 뜻하는 것일 수도 있지만 겉으로만 보면 같은 내용을 질문하는 것일 수도 있다. 더 깊이 들여다보면 우리는 더 의심스러운 사례를 볼 수 있고 몇 가지는 명백한 데이터 실수도 찾을 수 있다. 데이터셋에는 분명히 이상 데이터가 있지만(데이터셋에 대한 쿼라 포스트에서 경고한 대로), 그 데이터도 현실 세계의 문제에서 파생됐다는 점을 고려하면 이런 종류의 불완전성을 처리하고 이상 데이터에도 동작하는 견고한 솔루션을 만들고자 노력하는 수밖에 없다.

여기서 우리가 살펴본 내용을 정성적이 아닌 정량적으로 바꿔서 질문 쌍에 대한 통계를 정리하면 다음과 같다.

질문 1의 평균 글자 수	59.57
질문 1의 최소 글자 수	1
질문 1의 최대 글자 수	623
질문 2의 평균 글자 수	60.14
질문 2의 최소 글자 수	1
질문 2의 최대 글자 수	1169

질문 1과 질문 2의 평균 글자 수는 거의 비슷하지만, 질문 2에는 최대 글자 수가 너무 큰 경우가 존재한다. 또한 한 글자로 구성된 질문은 찾아낼 수 없으니 쓰레기 데이터가 있는 것이 분명하다.

데이터를 워드 클라우드(word cloud)로 시각화해서 데이터셋에서 가장 많이 출현하는 단어를 강조해보면 전혀 다른 시각을 얻을 수 있다.

그림 8.1 쿼라 데이터셋에서 가장 많이 등장하는 단어로 구성된 워드 클라우드

Hillary Clinton과 Donald Trump 같은 단어 시퀀스를 보면 데이터가 역사적으로 특정 시점에 수집됐고, 거기서 발견할 수 있는 질문 중 많은 부분은 일시적으로 유효하고 데이터셋이 수집된 그 시점에만 타당하다는 것을 알 수 있다. programming language, World War, make money 같은 다른 주제들은 관심도와 제공되는 대답의 유효성 측면에서 더 오래 갈 수 있다.

데이터를 좀 살펴봤으니, 우리 프로젝트에서 최적화할 목표 지표를 정해야 한다. 이번 장에서는 모델 성능을 평가하는 지표로 정확도(accuracy)를 사용할 것이다. 지표로서 정확도는 예측의 효과성에만 초점을 맞추므로 대안이 되는 모델 사이의 변별력(이 모델이 중복을 더 잘 구분해낼 수 있는가?)이나 확률 점수의 정확도(중복인 경우와 중복이 아닌 경우 사이에 얼마나 차이가 있는가?) 같은 중요한 차이점을 놓칠 수 있다. 쿼라 엔지니어링팀에서 이 데이터셋에 대한 기준점을 만들 때 정확도를 기준으로 했기 때문에(이 내용은 블로그 글[5]을 참고하라) 우리도 이 지표를 사용하기로 했다. 지표로 정확도를 사용하면 우리 모델을 평가하고 쿼라 엔지니어링팀의 지표 및 기타 연구 논문의 지표와 비교하기 쉽다. 게다가 현실 세계 응용 프로그램에서 우리의 작업은 다른 고려사항을 배제하고 단순히 얼마나 맞고 얼마나 틀리는지 기준으로만 평가될 수 있다.

---

5 https://engineering.quora.com/Semantic-Question-Matching-with-Deep-Learning

이제 몇 가지 매우 기본적인 특징 공학을 시작으로 프로젝트를 진행해 보자.

기본 특징 공학으로 시작하기

코딩하기에 앞서 파이썬에서 데이터셋을 로딩하고 프로젝트에 필요한 모든 패키지를 파이썬에 제공해야 한다. 다음 패키지를 시스템에 설치해야 한다(특정 버전이 필요하지 않고 최신 버전을 설치하면 된다).

- Numpy

- Pandas

- fuzzywuzzy

- puthon-Levenshtein

- scikit-learn

- genism

- puemd

- NLTK

프로젝트에서 이 패키지를 사용할 것이기 때문에 이를 설치하기 위한 지시사항과 팁을 제공할 것이다.

데이터셋 작업을 위해 프로젝트에서는 pandas(Numpy도 유용할 것이다)를 사용할 것이다. numpy와 pandas를 설치하려면 다음 명령어를 실행하면 된다.

```
pip install numpy
pip install pandas
```

pandas와 pandas 고유의 데이터 구조인 데이터프레임(dataframe)을 사용하면 데이터셋을 메모리에 쉽게 로딩할 수 있다(여기서 데이터셋은 스크립트나 주피터 노트북(Jupyter notebook)과 동일한 디렉터리에 있다고 간주한다).

```
import pandas as pd
import numpy as np
```

```
data = pd.read_csv('quora_duplicate_questions.tsv', sep='\t')
data = data.drop(['id', 'qid1', 'qid2'], axis=1)
```

우리가 텐서플로 모델을 사용하고 그 모델에 입력 데이터를 제공하는 경우와 마찬가지로 이번 장에서도 data라는 pandas 데이터프레임을 사용하겠다.

이제 가장 기본적인 특징을 만들어 보겠다. 이 기본 특징에는 길이 기반의 특징과 문자열 기반의 특징이 포함된다.

1. 질문 1의 길이

2. 질문 2의 길이

3. 두 길이 사이의 차이

4. 공백을 제외한 질문 1의 문자 길이

5. 공백을 제외한 질문 2의 문자 길이

6. 질문 1의 단어 개수

7. 질문 2의 단어 개수

8. 질문 1과 질문 2에 공통된 단어 개수

이 특징은 파이썬의 pandas 패키지와 거기에 포함된 apply 메서드를 사용해 원본 입력 데이터를 변환하는 한 줄짜리 코드로 처리할 수 있다.

```
# 길이 기반 특징
data['len_q1'] = data.question1.apply(lambda x: len(str(x)))
data['len_q2'] = data.question2.apply(lambda x: len(str(x)))

# 두 질문 길이의 차
data['diff_len'] = data.len_q1 - data.len_q2

# 문자 길이 기반 특징
data['len_char_q1'] = data.question1.apply(lambda x:
                      len(''.join(set(str(x).replace(' ', '')))))
data['len_char_q2'] = data.question2.apply(lambda x:
                      len(''.join(set(str(x).replace(' ', '')))))
```

```
# 단어 길이 기반 특징
data['len_word_q1'] = data.question1.apply(lambda x: len(str(x).split()))
data['len_word_q2'] = data.question2.apply(lambda x: len(str(x).split()))

# 두 질문에 공통된 단어 개수
data['common_words'] = data.apply(lambda x:
                            len(set(str(x['question1'])
                            .lower().split())
                            .intersection(set(str(x['question2'])
                            .lower().split()))), axis=1)
```

앞으로도 이 특징 집합을 참고할 수 있도록 특징 집합-1(feature set-1), 즉 fs_1로 표시해 두겠다.

```
fs_1 = ['len_q1', 'len_q2', 'diff_len', 'len_char_q1', 'len_char_q2', 'len_word_q1', 'len_word_q2',
'common_words']
```

이 간단한 방식으로 우리가 앞으로 구성할 머신러닝 모델의 여러 특징 집합을 다시 불러내거나 결합하는 일이 쉬워지고, 다양한 특징 집합을 가지고 실행한 다양한 모델을 비교하기 쉬워진다.

퍼지 특징 생성하기

다음으로 만들 특징 집합은 퍼지 문자열 매칭(fuzzy string matching)을 기반으로 한다. 퍼지 문자열 매칭은 유사 문자열 매칭(approximate string matching)이라고도 하며 특정 패턴에 가장 가깝게 일치하는 문자열을 찾는 과정을 말한다. 이 원시적인 방법에는 삽입(해당 위치에 문자를 삽입), 삭제(특정 문자 삭제), 대체(문자를 새로운 문자로 대체)가 포함된다.

퍼지 문자열 매칭은 일반적으로 맞춤법 검사, 표절 탐지, DNA 배열 매칭, 스팸 메일 필터링 등에 사용되며, 문자열이 다른 문자열로 변환될 수 있다는 발상에 기초를 둔 거리(distance) 개념에 착안한 edit distance 알고리즘의 일부다. 이것은 두 문자열이 얼마나 다른지 확인하기 위해 자연어 처리와 그 외의 응용 프로그램에서 자주 사용된다.

이 알고리즘은 1965년 이를 고안한 러시아 과학자 블라디미르 레벤슈타인(Vladimir Levenshtein)의 이름을 딴 레벤슈타인 거리(Levenshtein distance) 알고리즘으로도 알려져 있다.

이 특징들은 파이썬의 fuzzywuzzy 패키지[6]를 사용해서 만들 수 있다. 이 패키지는 두 문자열, 이 예제에서는 질문 쌍 사이의 차이를 계산하기 위해 레벤슈타인 거리를 사용한다.

fuzzywuzzy 패키지는 pip3를 사용해 설치할 수 있다.

```
pip install fuzzywuzzy
```

fuzzywuzzy는 중요한 의존성으로 Python-Levenshtein 패키지[7]가 필요한데, 이 패키지는 이 전통적인 알고리즘을 대단히 빨리 실행할 수 있도록 컴파일된 C 코드 지원을 받아 구현된 것이다. 이 계산을 fuzzywuzzy를 사용해 속도를 높이려면 Python-Levenshtein 패키지도 설치해야 한다.

```
pip install python-Levenshtein
```

fuzzywuzzy 패키지는 다양한 종류의 비율을 제공하지만 여기서는 다음 비율만 사용한다.

1. QRatio

2. WRatio

3. Partial ratio

4. Partial token set ratio

5. Partial token sort ratio

6. Token set ratio

7. Token sort ratio

쿼라 데이터셋에서 fuzzywuzzy 특징의 예를 보면 다음과 같다.

```
from fuzzywuzzy import fuzz

fuzz.QRatio("Why did Trump win the Presidency?",
"How did Donald Trump win the 2016 Presidential Election")
```

---

6 https://pypi.python.org/pypi/fuzzywuzzy

7 https://github.com/ztane/python-Levenshtein/

이 코드는 값 67을 반환한다.

```
fuzz.QRatio("How can I start an online shopping (e-commerce) website?", "Which web technology is
best suitable for building a big E-Commerce website?")
```

이 비교에서 반환값은 60이다. 이 예제를 보면, QRatio 값이 서로 가깝더라도 데이터셋의 비슷한 질문 쌍에 대한 값이 전혀 비슷하지 않은 쌍보다 크다는 것을 알 수 있다. 이 동일한 질문 쌍에 대해 fuzzywuzzy에서 제공하는 다른 특징을 살펴보자.

```
fuzz.partial_ratio("Why did Trump win the Presidency?", "How did Donald Trump win the 2016
Presidential Election")
```

이 경우 반환값은 73이다.

```
fuzz.partial_ratio("How can I start an online shopping (e-commerce) website?", "Which web
technology is best suitable for building a big ECommerce website?")
```

이번 반환값은 57이다.

partial_ratio 메서드를 사용하면 이 두 질문 쌍의 점수 차가 눈에 띌 만큼 증가해서 그 질문쌍이 중복인지 아닌지를 더 쉽게 구분할 수 있다. 우리는 이 특징들이 우리 모델에 가치를 더할 것이라고 가정한다.

파이썬의 pandas와 fuzzywuzzy 패키지를 사용하면 이 특징들을 한 줄짜리 코드로 간단하게 다시 적용할 수 있다.

```
data['fuzz_qratio'] = data.apply(lambda x: fuzz.QRatio(
        str(x['question1']), str(x['question2'])), axis=1)

data['fuzz_WRatio'] = data.apply(lambda x: fuzz.WRatio(
        str(x['question1']), str(x['question2'])), axis=1)

data['fuzz_partial_ratio'] = data.apply(lambda x:
                        fuzz.partial_ratio(str(x['question1']),
                        str(x['question2'])), axis=1)
```

```
data['fuzz_partial_token_set_ratio'] = data.apply(lambda x:
        fuzz.partial_token_set_ratio(str(x['question1']),
        str(x['question2'])), axis=1)

data['fuzz_partial_token_sort_ratio'] = data.apply(lambda x:
        fuzz.partial_token_sort_ratio(str(x['question1']),
        str(x['question2'])), axis=1)

data['fuzz_token_set_ratio'] = data.apply(lambda x:
                fuzz.token_set_ratio(str(x['question1']),
                str(x['question2'])), axis=1)

data['fuzz_token_sort_ratio'] = data.apply(lambda x:
                fuzz.token_sort_ratio(str(x['question1']),
                str(x['question2'])), axis=1)
```

이 특징 집합을 다음에도 사용할 수 있도록 특징 집합-2, 즉 fs_2로 표기한다.

```
fs_2 = ['fuzz_qratio', 'fuzz_WRatio', 'fuzz_partial_ratio',
        'fuzz_partial_token_set_ratio', 'fuzz_partial_token_sort_ratio',
        'fuzz_token_set_ratio', 'fuzz_token_sort_ratio']
```

다시 말하지만, 우리 작업을 나중에 모델링할 때 다시 사용할 수 있도록 저장할 것이다.

TF-IDF와 SVD 특징 사용

다음으로 살펴볼 특징 집합은 TF-IDF와 SVD를 기반으로 한다. TF-IDF(Term Frequency-Inverse Document Frequency, **단어 빈도-역문서 빈도**)는 정보 검색을 위한 기본 알고리즘 중 하나다. 이 알고리즘을 공식으로 설명하면 다음과 같다.

$$TF(t) = C(t)/N$$

$$IDF(t) = log(ND/ND_t)$$

표기법을 알면 이 공식을 이해할 수 있다. $C(t)$는 용어 t가 문서에 등장한 횟수이며 N은 이 문서에 등장한 전체 용어 개수로, 그 결과로 **TF(Term Frequency, 용어 빈도)**를 얻게 된다. ND는 전체 문서 개수이고, ND_t는 용어 t를 포함한 문서 개수이며 이 둘을 사용해 **IDF(Inverse Document Frequency, 역문서 빈도)**를 구할 수 있다. 용어 t에 대해 TF-IDF는 해당 용어 t에 대한 용어 빈도(TF)와 역문서 빈도(IDF)를 곱해서 얻을 수 있다.

$$TFIDF(t) \;=\; TF(t) \star IDF(t)$$

문서 자체에 대한 것 외에 어떤 사전 지식이 없어도 이러한 점수는 한 문서를 다른 문서와 쉽게 구분할 수 있는 용어들을 모두 강조하고, 연설(예를 들어, 신문 기사 같은)의 공통 부분처럼 문서를 구별하는 데 별 도움이 되지 않는 공통 단어들의 가중치를 낮춘다.

 TFIDF에 대해 직접 체험할 수 있는 설명이 필요하면 직접 알고리즘을 코딩해서 텍스트 데이터를 가지고 테스트해볼 수 있는 온라인 튜토리얼[8]이 도움될 것이다.

여기서는 빠르고 쉬운 방법으로 scikit-learn에서 TFIDF를 구현한 것을 사용했다. 아직 scikit-learn을 설치하지 않았다면 pip를 사용해 설치하면 된다.

```
pip install -U scikit-learn
```

우리는 질문1과 질문2에 따로 TFIDF 특징을 생성한다(키보드로 입력하는 양을 줄이기 위해 질문 1의 TfidfVectorizer를 대상으로 깊은 복사(deep copy)를 수행한다).

```
from sklearn.feature_extraction.text import TfidfVectorizer
from copy import deepcopy

tfv_q1 = TfidfVectorizer(min_df=3,
                         max_features=None,
                         strip_accents='unicode',
                         analyzer='word',
                         token_pattern=r'\w{1,}',
                         ngram_range=(1, 2),
```

---

8 https://stevenloria.com/tf-idf/

```
                      use_idf=1,
                      smooth_idf=1,
                      sublinear_tf=1,
                      stop_words='english')

tfv_q2 = deepcopy(tfv_q1)
```

여기서 보여준 매개변수들은 수많은 실험 끝에 선택된 것임을 알아두자. 이 매개변수들은 일반적으로 자연어 처리, 특히 텍스트 분류에 관한 문제에서 매우 효과적이다. 누군가는 질문이 작성된 언어에 대한 불용어 리스트를 바꿔야 할 수도 있다.

이제 질문1과 질문2 각각에 TFIDF 지표를 얻었다.

```
q1_tfidf = tfv_q1.fit_transform(data.question1.fillna(""))
q2_tfidf = tfv_q2.fit_transform(data.question2.fillna(""))
```

TFIDF를 처리할 때 여기서는 모든 데이터를 기준으로 TFIDF 지표를 계산했다(fit_transform 메서드 사용). 이 방식이 순위표 상에서 더 높은 점수를 얻는 데 도움이 되기 때문에 캐글 대회에서 꽤 일반적으로 사용된다. 하지만 실제 환경에서 작업한다면 여러분이 만든 TFIDF 처리가 여태껏 보지 못한 새로운 데이터셋에도 일반적으로 적용 가능한지 확인하기 위해 데이터에서 훈련(training) 또는 검증(validation) 데이터셋으로 사용된 부분은 제외하는 것이 좋다.

이제 TFIDF 특징을 구했으니 SVD 특징으로 넘어가자. SVD는 특징 분해 방식으로서 singular value decomposition(특이값 분해)의 약자다. 이 방식은 잠재 의미 분석(Latent Semantic Analysis, LSA)이라 불리는 기법 덕분에 NLP에서 주로 사용된다.

이번 장에서는 SVD와 LSA에 대해 자세히 설명하지 않지만, 다음 두 개의 온라인 튜토리얼에서 이들이 어떻게 동작하는지 명쾌하게 설명한다.

https://alyssaq.github.io/2015/singular-value-decomposition-visualisation/

https://technowiki.wordpress.com/2011/08/27/latent-semantic-analysis-lsa-tutorial/

SVD 특징을 생성하려면 다시 scikit-learn 구현을 사용한다. 이 구현은 전통적인 SVD를 변형한 것으로 TruncatedSVD라고 한다.

TruncatedSVD는 신뢰도가 높으면서도 연산이 빠른 SVD 행렬 분해를 제공할 수 있는 근사 SVD(approximate SVD) 방식이다. 이 기법의 동작 방식과 적용 방법에 대한 자세한 설명은 다음 웹 페이지에서 찾아볼 수 있다.

http://langvillea.people.cofc.edu/DISSECTION-LAB/Emmie'sLSI-SVDModule/p5module.html

```
from sklearn.decomposition import TruncatedSVD


svd_q1 = TruncatedSVD(n_components=180)
svd_q2 = TruncatedSVD(n_components=180)
```

우리는 SVD 분해를 위해 180개의 성분(component)을 선택했고 이 특징들은 TFIDF 행렬에서 계산된다.

```
question1_vectors = svd_q1.fit_transform(q1_tfidf)
question2_vectors = svd_q2.fit_transform(q2_tfidf)
```

특징 집합-3은 TF-IDF와 SVD 특징을 결합해서 만든다. 예를 들어, 두 질문 각각에 대한 TF-IDF만 모델에 넣을 수도 있고 두 질문 각각에 대한 TF-IDF 위에 SVD를 결합한 다음 모델을 시작하는 등 여러 조합을 적용해볼 수 있다. 이 특징들은 다음과 같이 설명될 수 있다.

특징 집합-3(1), 즉 fs3_1은 두 질문에 각각 두 개의 다른 TF-IDF를 사용해서 생성되고, 이 둘은 가로로 연결되어 머신러닝 모델에 전달된다.

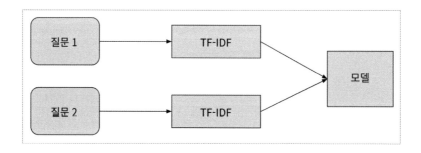

코드로 구현하면 다음과 같다.

```
from scipy import sparse

# 희소 행렬을 가로로 연결해 특징을 구함
fs3_1 = sparse.hstack((q1_tfidf, q2_tfidf))
```

특징 집합-3(2), 즉 fs3_2는 두 질문을 결합한 다음 하나의 TF-IDF를 사용해서 생성된다.

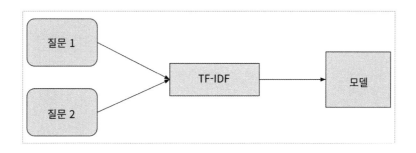

```
tfv = TfidfVectorizer(min_df=3,
                      max_features=None,
                      strip_accents='unicode',
                      analyzer='word',
                      token_pattern=r'\w{1,}',
                      ngram_range=(1, 2),
                      use_idf=1,
                      smooth_idf=1,
                      sublinear_tf=1,
                      stop_words='english')

# 둘 질문을 결합하고 tf-idf를 계산
q1q2 = data.question1.fillna("")
q1q2 += " " + data.question2.fillna("")
fs3_2 = tfv.fit_transform(q1q2)
```

이 특징 집합에서 다음으로 살펴볼 하위 집합은, 특징 집합-3(3), 즉 fs3_3으로 두 질문에 대한 별개의
TF-IDF와 SVD로 구성된다.

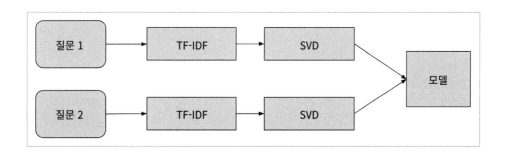

코드로 구현하면 다음과 같다.

```
# 행렬을 연결해서 특징을 구함
fs3_3 = np.hstack((question1_vectors, question2_vectors))
```

이와 비슷하게 TF–IDF와 SVD를 사용해서 두 가지 결합을 더 만들어낼 수 있고 이 둘을 각각 fs3-4와
fs3-5라고 하겠다. 각 결합 방식은 다음 그림처럼 나타낼 수 있지만 이를 구현한 코드는 각자 직접 해볼
수 있게 연습문제로 남겨두겠다.

특징 집합-3(4), 즉 fs3-4

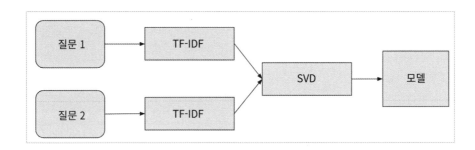

특징 집합-3(5), 즉 fs3-5

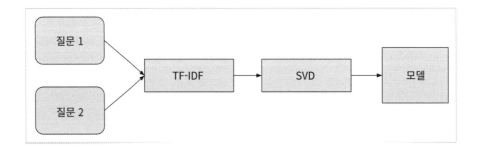

기본 특징 집합과 TF–IDF, SVD 특징을 만들었으니 이제 머신러닝과 딥러닝 모델을 자세히 다루기 전
에 좀 더 복잡한 특징들을 만들어보자.

Word2vec 임베딩으로 매핑하기

대략적으로 말하자면 Word2vec 모델은 입력으로 텍스트 말뭉치를 받아 그 말뭉치에 들어 있는 모든 단어의 벡터를 출력하는 두 계층으로 구성된 신경망이다. 이 모델을 적합시키고 나면 비슷한 의미를 갖는 단어들의 벡터는 서로 가깝게 위치한다. 즉 그 사이의 거리는 매우 다른 의미를 갖는 단어 벡터 사이의 거리에 비해 짧다는 뜻이다.

최근에 Word2vec은 자연어 처리 문제의 표준이 됐고 때로는 정보 검색 작업에 매우 유용한 통찰을 제공한다. 이 특정 문제에 대해 우리는 구글 뉴스 벡터를 사용하겠다. 이 벡터는 구글 뉴스 말뭉치에서 사전 학습된 Word2vec 모델이다.

Word2vec 벡터로 표현된 단어는 모두 다음 그림에서 볼 수 있듯이 공간에서 특정 위치를 차지한다.

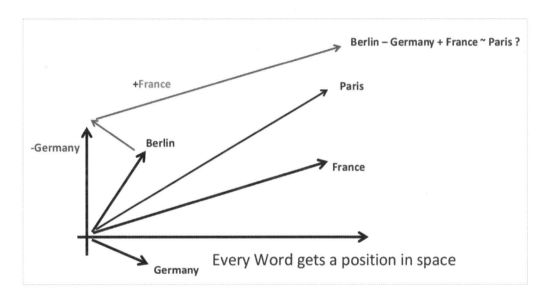

구글 뉴스 말뭉치로 사전 학습된 벡터를 사용하고 있다면 Germany, Berlin, France, Paris처럼 이 예제에 나오는 단어들은 모두 300차원 벡터로 표시될 수 있다. 이 단어들에 대한 Word2vec 표현을 사용해 Germany의 벡터를 Berlin 벡터에서 빼고 거기에 France 벡터를 더하면 Paris 벡터와 매우 비슷한 벡터를 얻게 된다. 이렇게 Word2vec 모델은 벡터에 단어의 의미를 담고 있다. 이 벡터가 담고 있는 정보는 우리 작업에 매우 유용한 특징을 구성한다.

Word2vec을 적용할 수 있는 응용 프로그램에 대해 사용자 친화적이면서도 좀 더 깊이 있는 설명이 필요하다면 "A Beginner's Guide to word2vec AKA What's the Opposite of Canada?"[9]를 읽어보면 좋다. 그리고 수학적으로 정의된 설명이 궁금하면 "How exactly does word2vec work?"[10] 논문을 참고하라.

Word2vec 특징을 적재하기 위해 Gensim을 사용할 것이다. Gensim이 없다면 pip를 사용해 쉽게 설치할 수 있다. 이 시점에 pyemd 패키지도 함께 설치하면 좋다. 이 패키지는 두 개의 Word2vec 벡터를 연결하는 데 도움이 되는 함수인 WMD 거리 함수에서 사용될 것이다.

```
pip install gensim
pip install pyemd
```

Word2vec 모델을 적재하기 위해 GoogleNews-vectorsnegative300.bin.gz 바이너리 파일을 내려받아 Gensim의 load_Word2vec_format 함수를 사용해 메모리에 로딩한다. 이 파일은 셸에서 wget 명령어를 사용해 아마존 AWS 저장소로부터 쉽게 내려받을 수 있다.

```
wget -c "https://s3.amazonaws.com/dl4j-distribution/GoogleNews-vectorsnegative300.bin.gz"
```

이 파일을 내려받아 압축을 풀고 나면 Gensim의 KeyedVectors 함수에서 사용할 수 있다.

```
import gensim

model = gensim.models.KeyedVectors.load_word2vec_format(
        'GoogleNews-vectors-negative300.bin.gz', binary=True)
```

이제 model[word]를 호출해서 단어 벡터를 쉽게 구할 수 있다. 하지만 문제는 개별 단어 대신 문장을 처리해야 할 때 발생한다. 이 프로젝트에서는 비교를 수행하기 위해 질문1과 질문2 모두에 대한 벡터가 필요하다. 이를 위해 다음 코드를 사용하면 된다. 이 코드는 기본적으로 구글 뉴스 벡터에서 제공하는 문장에 나오는 모든 단어의 벡터를 더해서 마지막에 정규화된 벡터를 제공한다. 이것을 sentence to vector(문장-벡터 전환), 즉 Sent2Vec이라고 한다.

---

9 https://www.distilled.net/resources/a-beginners-guide-to-Word2vec-aka-whats-the-opposite-of-canada/

10 http://www.1-4-5.net/~dmm/ml/how_does_Word2vec_work.pdf

앞의 함수를 실행하기 전에 Natural Language Tool Kit(NLTK)을 먼저 설치해야 한다.

```
$ pip install nltk
```

또한 NLTK의 일부인 punkt와 stopwords 패키지를 내려받는 것이 좋다.

```
import nltk
nltk.download('punkt')
nltk.download('stopwords')
```

이제 NLTK를 사용할 수 있으니 다음 코드를 실행하고 sent2vec 함수만 정의하면 된다.

```
from nltk.corpus import stopwords
from nltk import word_tokenize

stop_words = set(stopwords.words('english'))

def sent2vec(s, model):
    M = []
    words = word_tokenize(str(s).lower())
    for word in words:
        #불용어가 아니어야 하고
        if word not in stop_words:
            #숫자를 포함해서도 안 되고
            if word.isalpha():
                # word2vec에 포함돼 있어야 한다.
                if word in model:
                    M.append(model[word])
    M = np.array(M)
    if len(M) > 0:
        v = M.sum(axis=0)
        return v / np.sqrt((v ** 2).sum())
    else:
        return np.zeros(300)
```

구(phrase)가 널이면 임의로 0으로 채워진 표준 벡터를 돌려주기로 했다.

질문 사이의 유사도를 계산하기 위해 우리가 만들 다른 특징은 word mover 거리(word mover's distance, WMD)다. word mover 거리는 두 개의 텍스트 문서 사이의 거리를 제공하기 위해 Word2vec 임베딩을 사용하고 earth mover's distance와 비슷한 이론을 적용한다. 간단히 설명하면 word mover 거리는 한 문서의 모든 단어를 다른 문서로 이동시키는 데 필요한 최소 거리를 제공한다.

 WMD는 KUSNER, Matt, et al. (2015). "From word embeddings to document distances", International Conference on Machine Learning. 2015 pp. 957–966에서 처음 소개됐다. 이 논문은 `http://proceedings.mlr.press/v37/kusnerb15.pdf`에서 확인할 수 있다. WMD를 직접 해 볼 수 있는 튜토리얼로는 Gensim에서 거리를 구현한 것을 기반으로 한 "Finding similar documents with Word2Vec and WMD"[11]를 참고하면 좋다.

최종 Word2vec(w2v) 특징에는 유클리드 거리(Euclidean distance)나 코사인 거리(cosine distance) 같은 더 일반적인 거리 척도도 포함돼 있다. 우리는 두 문서 벡터의 분포에 대한 측정값의 일부로 특징 시퀀스를 완성한다.

1. Word mover 거리

2. 정규화된 word mover 거리

3. 질문 1과 질문 2 벡터 사이의 코사인 거리

4. 질문 1과 질문 2 벡터 사이의 맨해튼 거리(Manhattan distance)

5. 질문 1과 질문 2 벡터 사이의 자카드 유사도(Jaccard similarity)

6. 질문 1과 질문 2 벡터 사이의 캔버라 거리(Canberra distance)

7. 질문 1과 질문 2 벡터 사이의 유클리드 거리(Euclidian distance)

8. 질문 1과 질문 2 벡터 사이의 민코우스키 거리(Minkowski distance)

9. 질문 1과 질문 2의벡터 사이의 브레이–커티스 거리(Bray–curtis distance)

10. 질문 1 벡터의 왜도(skew)

11. 질문 2 벡터의 왜도

12. 질문 1 벡터의 첨도(kurtosis)

13. 질문 2 벡터의 첨도

---

11 https://markroxor.github.io/gensim/static/notebooks/WMD_tutorial.html

이 모든 Word2vec 특징을 fs4라 하자.

이와 별도로 Word2vec 벡터의 행렬 자체에 w2v 특징이 있다.

1. 질문 1의 Word2vec 벡터

2. 질문 2의 Word2vec 벡터

이 특징들은 fs5라 하겠다.

```
w2v_q1 = np.array([sent2vec(q, model) for q in data.question1])
w2v_q2 = np.array([sent2vec(q, model) for q in data.question2])
```

쿼라 질문의 Word2vec 임베딩 벡터 사이의 모든 다양한 거리 척도를 쉽게 구현하기 위해 scipy.
spatial.distance 모듈에 있는 구현을 사용하겠다.

```
from scipy.spatial.distance import cosine, cityblock,
                    jaccard, canberra, euclidean, minkowski, braycurtis

data['cosine_distance'] = [cosine(x,y) for (x,y) in zip(w2v_q1, w2v_q2)]
data['cityblock_distance'] = [cityblock(x,y) for (x,y) in zip(w2v_q1, w2v_q2)]
data['jaccard_distance'] = [jaccard(x,y) for (x,y) in zip(w2v_q1, w2v_q2)]
data['canberra_distance'] = [canberra(x,y) for (x,y) in zip(w2v_q1, w2v_q2)]
data['euclidean_distance'] = [euclidean(x,y) for (x,y) in zip(w2v_q1, w2v_q2)]
data['minkowski_distance'] = [minkowski(x,y,3) for (x,y) in zip(w2v_q1, w2v_q2)]
data['braycurtis_distance'] = [braycurtis(x,y) for (x,y) in zip(w2v_q1, w2v_q2)]
```

거리 척도와 관련된 특징 이름은 모두 fs4_1 리스트에 수집된다.

```
fs4_1 = ['cosine_distance', 'cityblock_distance',
        'jaccard_distance', 'canberra_distance',
        'euclidean_distance', 'minkowski_distance',
        'braycurtis_distance']
```

대신 두 질문들에 대한 Word2vec 행렬을 가로로 연결해서 나중에 사용할 수 있도록 w2v 변수에 따로 저장한다.

```
w2v = np.hstack((w2v_q1, w2v_q2))
```

Word Mover 거리는 두 질문에 불용어를 제거한 다음 소문자로 변환하고 두 질문의 거리를 반환하는 함수를 사용해서 구현된다. 여기에 더해 init_sims 메서드를 사용해 모든 Word2vec 벡터를 L2-정규화 벡터로 변환한 다음(각 벡터는 단위 노름 unit norm으로 변환되는데, 이 말은 우리가 벡터의 각 요소를 제곱해서 모두 더하면 결과가 1이 된다는 뜻이다) 정규화된 거리도 계산한다.

```
def wmd(s1, s2, model):
    s1 = str(s1).lower().split()
    s2 = str(s2).lower().split()
    stop_words = stopwords.words('english')
    s1 = [w for w in s1 if w not in stop_words]
    s2 = [w for w in s2 if w not in stop_words]
    return model.wmdistance(s1, s2)

data['wmd'] = data.apply(lambda x: wmd(x['question1'], x['question2'], model), axis=1)
model.init_sims(replace=True)
data['norm_wmd'] = data.apply(lambda x: wmd(x['question1'], x['question2'], model), axis=1)
fs4_2 = ['wmd', 'norm_wmd']
```

이 마지막 계산을 수행하고 나면 기본 머신러닝 모델을 만드는 데 필요한 중요한 특징을 대부분 구하게 됐고, 이는 우리 딥러닝 모델의 기준이 될 것이다. 다음 표는 우리가 사용할 수 있는 특징을 보여주는 스냅샷이다.

```
question1                            What is the story of Kohinoor (Koh-i-Noor) Dia...
question2                            What would happen if the Indian government sto...
is_duplicate                                                                       0
len_q1                                                                            51
len_q2                                                                            88
diff_len                                                                          -37
len_char_q1                                                                       21
len_char_q2                                                                       29
len_word_q1                                                                        8
len_word_q2                                                                       13
common_words                                                                       4
fuzz_qratio                                                                       66
fuzz_WRatio                                                                       86
fuzz_partial_ratio                                                                73
fuzz_partial_token_set_ratio                                                     100
fuzz_partial_token_sort_ratio                                                     75
fuzz_token_set_ratio                                                              86
fuzz_token_sort_ratio                                                             63
wmd                                                                          3.77235
norm_wmd                                                                      1.3688
cosine_distance                                                             0.512164
cityblock_distance                                                          14.1951
jaccard_distance                                                                   1
canberra_distance                                                           177.588
euclidean_distance                                                          1.01209
minkowski_distance                                                          0.45591
braycurtis_distance                                                        0.592655
skew_q1vec                                                                0.00873466
skew_q2vec                                                                 0.0947038
kur_q1vec                                                                    0.28401
kur_q2vec                                                                  -0.034444
```

이 특징과 기타 Word2vec 기반의 특징에 머신러닝 모델을 훈련시켜 보자.

머신러닝 모델 테스트

이번 절을 계속 진행하기 전에 각자 시스템 상태에 따라 이전에 사용됐던 데이터 구조에서 머신러닝 모델을 테스트하려면 메모리를 좀 정리하고 공간을 마련해야 할 수도 있다. gc.collect를 사용해 이 작업을 할 수 있으며, 더 이상 필요 없는 변수를 삭제한 다음 psutil.virtualmemory를 통해 사용 가능한 메모리를 확인한다.

```
import gc
import psutil

del([tfv_q1, tfv_q2, tfv, q1q2,
     question1_vectors, question2_vectors, svd_q1,
     svd_q2, q1_tfidf, q2_tfidf])
```

```
del([w2v_q1, w2v_q2])
del([model])
gc.collect()
psutil.virtual_memory()
```

여기서 잠깐 지금까지 생성한 다양한 특징과 생성된 특징 관점에서 의미를 간단히 요약해보면 다음과 같다.

- fs_1: 기본 특징 리스트

- fs_2: 퍼지 특징 리스트

- fs3_1: 개별 질문에 대한 TFIDF의 희소 데이터 행렬

- fs3_2: 결합된 질문에 대한 TFIDF의 희소 데이터 행렬

- fs3_3: SVD의 희소 데이터 행렬

- fs3_4: SVD 통계 리스트

- fs4_1: w2vec 거리 리스트

- fs4_2: word mover 거리 리스트

- w2v: Sent2Vec 함수를 사용해서 변환된 구의 Word2vec 벡터의 행렬

여기서는 머신러닝의 두 가지 기본적이면서도 매우 대중적인 모델인 로지스틱 회귀(logistic regression)와 파이썬의 xgboost 패키지를 이용한 경사 증폭(gradient boosting)을 평가해보자. 다음 표에서는 캐글 대회 기간 동안 얻은 앞서 생성한 여러 특징 집합에서 보여준 로지스틱 회귀와 xgboost 알고리즘의 성능을 확인할 수 있다.

특징 집합	로지스틱 회귀 정확도	xgboost 정확도
기본 특징(fs1)	0.658	0.721
기본 특징 + 퍼지 특징(fs1+fs2)	0.660	0.738
기본 특징 + 퍼지 특징 + w2v 특징(fs1+fs2+fs4)	0.676	0.766
W2v 벡터 특징(fs5)	*	0.78
기본 특징 + 퍼지 특징 + w2v 특징 + w2v 벡터 특징(fs1 + fs2 + fs4 + fs5)	*	0.814
TFIDF-SVD 특징(fs3-1)	0.777	0.749
TFIDF-SVD 특징(fs3-2)	0.804	0.748

특징 집합	로지스틱 회귀 정확도	xgboost 정확도
TFIDF—SVD 특징(fs3-3)	0.706	0.763
TFIDF—SVD 특징(fs3-4)	0.700	0.753
TFIDF—SVD 특징(fs3-5)	0.714	0.759

* = 이 모델은 메모리가 너무 많이 필요하기 때문에 훈련시키지 못했음

딥러닝 모델을 만들기 전에 기준이 될 만한 숫자로 얻어낸 성능으로 간주할 수 있지만 그것으로 성능의 한계를 지우지 말고 그중 일부는 그 성능에 다시 도달하려고 노력할 것이다.

필요한 패키지를 임포트하는 것으로 시작하자. 로지스틱 회귀로는 scikit-learn 구현을 사용하겠다.

xgboost는 확장성이 좋고, 포팅이 자유로우며, 분산 구조를 갖는 경사 증폭 알고리즘을 구현한 라이브러리(트리 앙상블 머신러닝 알고리즘)다. xgboost는 초기에 워싱턴 대학 티앤카이 첸(Tianqi Chen)이 만들었고 빙 쉬(Bing Xu)가 만든 파이썬 래퍼와 통 헤(Tong He)가 만든 R 인터페이스로 보강됐다("Story and Lessons Behind the Evolution of XGBoost"[12]에서 원작자로부터 직접 xgboost를 만들게 된 이야기를 들을 수 있다). xgboost는 파이썬, R, 자바, 스칼라, 줄리아, C++로 구현돼 있고 단일 시스템(멀티 스레드를 활용해)과 하둡/스파크 클러스터에서 모두 동작할 수 있다.

xgboost 설치에 대한 자세한 내용은 이곳[13]에서 확인할 수 있다.

리눅스와 맥 OS에 xgboost를 설치하기는 매우 간단하지만 윈도우 사용자에게는 약간 까다롭다.

그렇기 때문에 윈도우에 xgboost를 설치하기 위한 단계만 여기서 알아보자.

1. 우선 윈도우용 Git을 내려받아 설치한다(https://gitforwindows.org/).

2. 그런 다음 시스템에 MINGW 컴파일러가 필요하다. 각자 시스템 환경에 따라 www.mingw.org에서 컴파일러를 내려받는다.

3. 명령줄에서 다음 명령을 실행한다.

```
$> git clone --recursive https://github.com/dmlc/xgboost
$> cd xgboost
$> git submodule init
$> git submodule update
```

---

12 https://homes.cs.washington.edu/~tqchen/2016/03/10/story-and-lessons-behind-the-evolution-of-xgboost.html

13 github.com/dmlc/xgboost/blob/master/doc/build.md

4. 그런 다음 명령줄에서 64비트 시스템 설정을 기본 설정으로 복사한다.

```
$> copy make\mingw64.mk config.mk
```

그렇지 않으면 일반 32비트 버전을 복사한다.

```
$> copy make\mingw.mk config.mk
```

5. 설정 파일을 복사한 다음, 컴파일러를 실행하고 컴파일 프로세스의 속도를 높이기 위해 스레드를 4개 사용하도록 설정한다.

```
$> mingw32-make -j4
```

6. MinGW에서 make 명령어에는 mingw32-make가 딸려 있다. 다른 컴파일러를 사용한다면 앞에서 본 명령어가 동작하지 않을 수 있지만 단순하게 다음 명령어를 실행해 볼 수 있다.

```
$> make -j4
```

7. 마지막으로 컴파일러가 에러 없이 완료되면 다음 명령어로 파이썬 패키지를 설치할 수 있다.

```
$> cd python-package
$> python setup.py install
```

xgboost가 시스템에 정상적으로 설치되면 앞에서 말한 두 머신러닝 알고리즘을 임포트해서 진행할 수 있다.

```
from sklearn import linear_model
from sklearn.preprocessing import StandardScaler
import xgboost as xgb
```

여기서는 특징 규모에 민감한 로지스틱 회귀를 사용할 것이기 때문에(https://github.com/EpistasisLab/tpot/issues/292의 sag로 데이터 크기에 따라 연산 시간이 선형적으로 증가한다), 먼저 scikit-learn의 scaler 함수를 사용해 데이터를 표준화하는 작업부터 하겠다.

```
scaler = StandardScaler()

y = data.is_duplicate.values
y = y.astype('float32').reshape(-1, 1)

X = data[fs_1+fs_2+fs3_4+fs4_1+fs4_2]
X = X.replace([np.inf, -np.inf], np.nan).fillna(0).values
```

```
X = scaler.fit_transform(X)
X = np.hstack((X, fs3_3))
```

또한 fs_1, fs_2, fs3_4, fs4_1, fs4_2 변수를 먼저 필터링한 다음, 희소 SVD 데이터 행렬인 fs3_3에 가로로 연결해서 훈련에 쓸 데이터를 선택한다. 또한 임의 분할 기법(random split)을 사용해 검증 (validation) 목적으로(생성된 모델의 품질을 효과적으로 평가하기 위해) 데이터의 1/10을 따로 떼어 놓는다.

```
np.random.seed(42)

n_all, _ = y.shape
idx = np.arange(n_all)
np.random.shuffle(idx)

n_split = n_all // 10
idx_val = idx[:n_split]
idx_train = idx[n_split:]

x_train = X[idx_train]
y_train = np.ravel(y[idx_train])

x_val = X[idx_val]
y_val = np.ravel(y[idx_val])
```

초기 모델로 L2 정규화(L2 regularization) 매개변수 C를 0.1로 설정해서(최적의 정규화) 로지스틱 회귀를 만들어 봤다. 모델이 준비됐으면 검증 데이터셋(validation set, 훈련 행렬은 x_val, 정답은 y_val)으로 모델의 효능을 테스트한다. 결과는 정확도, 즉 검증 집합에서 정확하게 추측한 비율을 평가한다.

```
logres = linear_model.LogisticRegression(C=0.1, solver='sag', max_iter=1000)
logres.fit(x_train, y_train)
lr_preds = logres.predict(x_val)
log_res_accuracy = np.sum(lr_preds == y_val) / len(y_val)
print("Logistic regr accuracy: %0.3f" % log_res_accuracy)
```

잠시 후(모델은 최대 1,000번까지 반복하고 그때까지 결과가 수렴되지 않으면 포기한다), 검증 데이터 셋에서 정확도가 0.743이 되고 이것이 우리의 초기 기준점이 될 것이다.

이제 xgboost 알고리즘을 사용해서 예측해보려고 한다. 경사 증폭 알고리즘을 사용하면 편향성이 커서 (결국 계수들의 합계가 된다) 문제가 되는 단순한 로지스틱 회귀보다 분산이 크기 때문에(복잡한 예측 함수를 적합시킬 수 있지만 또 과적합될 가능성도 있는) 더 나은 결과를 얻을 수 있다. 프로젝트에서는 의사결정 트리의 최대 깊이를 4로 고정하고(깊이가 얕아 과적합을 피할 수 있다) eta를 0.02로 설정한 다(학습 속도가 다소 느리기 때문에 여러 트리로 확장시켜야 할 것이다). 또한 경계 사항 목록을 설정 해서 검증 집합을 지켜보다가 50단계가 지나도록 기대 오차가 감소하지 않으면 조기에 검증 절차를 중 단한다.

 최종 결과를 보고하기 위해 사용한 것과 동일한 집합(우리의 경우 검증 데이터셋)에 대해 조기 중단하는 것은 바람직하지 않다. 실제 환경에서 이상적으로 구성하자면 조기 중단 같은 조정 작업에 필요한 검증 데이터셋과 새로운 데이터에 대해 일반화할 때 기대 결괏값을 보고하기 위한 테스트 데이터셋을 따로 뒤야 한다.

모든 설정을 마쳤으면 알고리즘을 실행한다. 이번에는 로지스틱 회귀를 실행할 때보다 더 오래 기다려 야 할 것이다.

```python
params = dict()
params['objective'] = 'binary:logistic'
params['eval_metric'] = ['logloss', 'error']
params['eta'] = 0.02
params['max_depth'] = 4

d_train = xgb.DMatrix(x_train, label=y_train)
d_valid = xgb.DMatrix(x_val, label=y_val)

watchlist = [(d_train, 'train'), (d_valid, 'valid')]

bst = xgb.train(params, d_train, 5000, watchlist, early_stopping_rounds=50, verbose_eval=100)

xgb_preds = (bst.predict(d_valid) >= 0.5).astype(int)
xgb_accuracy = np.sum(xgb_preds == y_val) / len(y_val)
print("Xgb accuracy: %0.3f" % xgb_accuracy)
```

xgboost가 낸 최종 결과는 검증 데이터셋에 대해 0.803의 정확도를 갖는다.

텐서플로 모델 구축

이번 장의 딥러닝 모델은 아비섹 타쿠르(Abhishek Thakur)가 케라스(Keras)를 사용해 작성한 원래 스크립트[14]를 기반으로 텐서플로를 사용해 구축됐다. 케라스는 텐서플로에 쉬운 인터페이스를 제공하는 파이썬 라이브러리다. 텐서플로는 공식적으로 케라스를 지원하며, 케라스를 사용해서 훈련된 모델은 텐서플로 모델로 쉽게 변환된다. 어쨌든 우리 프로젝트에서는 텐서플로에서 이 모델을 완전히 새로 작성했다.

먼저 특정 텐서플로에서 필요한 라이브러리를 임포트하고, 텐서플로 버전을 출력해서 확인해보자.

```
import zipfile
from tqdm import tqdm_notebook as tqdm
import tensorflow as tf


print("TensorFlow version %s" % tf.__version__)
```

이제 pandas 데이터프레임 df에 데이터를 로딩하거나 디스크에서 데이터를 로딩하면 된다. 누락된 값을 빈 문자열로 대체하고, 1(중복됨) 또는 0(중복되지 않음)으로 인코딩된 목표 응답을 포함한 y 변수를 설정한다.

```
try:
    df = data[['question1', 'question2', 'is_duplicate']]
except:
    df = pd.read_csv('data/quora_duplicate_questions.tsv', sep='\t')
    df = df.drop(['id', 'qid1', 'qid2'], axis=1)

df = df.fillna('')
y = df.is_duplicate.values
y = y.astype('float32').reshape(-1, 1)
```

이제 이 데이터셋에 적용할 심층 신경망 모델을 자세히 알아보겠다.

---

14 https://github.com/abhishekkrthakur/is_that_a_duplicate_quora_question

심층 신경망 사전 처리

신경망에 데이터를 공급하기 전에 먼저 데이터를 토큰화한 다음 데이터를 시퀀스로 전환해야 한다. 이를 위해 텐서플로와 함께 제공되는 케라스 Tokenizer를 사용하고, 최대 단어 수를 200,000으로, 시퀀스 최대 길이를 40으로 설정한다. 따라서 40단어를 넘는 문장은 앞에서부터 40단어가 되는 위치에서 잘린다.

```
Tokenizer = tf.keras.preprocessing.text.Tokenizer pad_sequences =
tf.keras.preprocessing.sequence.pad_sequences

tk = Tokenizer(num_words=200000) max_len = 40
```

Tokenizer, tk를 구성한 다음, 이를 첫 질문과 두 번째 질문을 합친 리스트에 적합시키고 학습 말뭉치에 등장하는 모든 단어 용어를 학습시킨다.

```
tk.fit_on_texts(list(df.question1) + list(df.question2))
x1 = tk.texts_to_sequences(df.question1)
x1 = pad_sequences(x1, maxlen=max_len)

x2 = tk.texts_to_sequences(df.question2)
x2 = pad_sequences(x2, maxlen=max_len)

word_index = tk.word_index
```

word_index는 토큰화한 결과를 기록하기 위해 토큰화된 단어와 거기에 할당된 인덱스 쌍을 포함한 딕셔너리다.

앞서 Word2vec 임베딩을 얻는 방법을 논의할 때 봤던 것처럼 GloVe 임베딩을 사용하려면 메모리에 로딩해야 한다.

GloVe 임베딩은 셸에서 다음 명령어를 사용해 쉽게 불러올 수 있다.

```
wget http://nlp.stanford.edu/data/glove.840B.300d.zip
```

GloVe 임베딩은 단어를 동시 출현(co-occurrence)을 기준으로 복합 다차원 공간에 인코딩한다는 점에서 Word2vec 임베딩과 비슷하다. 차이점이라면 아래 논문에서 설명했듯이 GloVe는 맥락으로부터 단어를 예측하는 신경망 최적화에서 파생되지 않았지만 Word2vec은 거기에서 파생됐다는 점이다.

> BARONI, Marco; DINU, Georgiana; KRUSZEWSKI, Germán. (2014). "Don't count, predict! A systematic comparison of context-counting vs. context-predicting semantic vectors", *Proceedings of the 52nd Annual Meeting of the Association for Computational Linguistics (Volume 1: Long Papers).* 2014. pp. 238-247. http://clic. cimec.unitn.it/marco/publications/acl2014/baroni-etal-countpredict-acl2014.pdf

대신 GloVe는 차원 축소(우리 데이터를 준비하기 전에 언급했듯이, SVD 같은 분해 기법)를 수행하는 동시 출현 횟수 행렬(한 행의 단어가 한 열의 단어와 함께 등장한 횟수를 센 행렬)에서 출발했다.

 왜 Word2vec 대신 GloVe를 사용하는 걸까? 실제로 이 둘 사이의 주요 차이점은 실증적인 측면에서 찾아볼 수 있는데, GloVe 임베딩이 몇 가지 문제에 대해서는 더 잘 해결하는 한편 그 밖의 문제를 푸는 데는 Word2Vec이 더 효과적이라는 사실에 있다. 우리도 실험을 통해 GloVe 임베딩이 딥러닝 알고리즘과 더 잘 동작한다는 사실을 확인했다. GloVe에 대한 더 자세한 정보는 스탠포드 대학의 GloVe 공식 홈페이지[15]에서 확인할 수 있다.

GloVe 임베딩이 준비됐으니 embedding_matrix 행렬(각 300개의 요소의 크기를 갖는)의 행을 GloVe 파일에서 추출된 임베딩 벡터로 채워 embedding_matrix를 생성할 수 있다.

다음 코드는 glove 임베딩 파일을 읽어 들여 우리 임베딩 행렬에 저장한다. 그러면 결국 데이터셋의 모든 토큰화된 단어와 각 단어에 대한 벡터로 구성된다.

```
embedding_matrix = np.zeros((len(word_index) + 1, 300), dtype='float32')

glove_zip = zipfile.ZipFile('data/glove.840B.300d.zip')
glove_file = glove_zip.filelist[0]

f_in = glove_zip.open(glove_file)
for line in tqdm(f_in):
    values = line.split(b' ')
```

---

15 https://nlp.stanford.edu/projects/glove/

```
    word = values[0].decode()
    if word not in word_index:
        continue
    i = word_index[word]
    coefs = np.asarray(values[1:], dtype='float32')
    embedding_matrix[i, :] = coefs

f_in.close()
glove_zip.close()
```

빈 embedding_matrix를 시작으로, 각 행 벡터는 행렬에서 그에 대응하는 단어를 나타내는 정확히 그 행 번호에 놓인다. 이러한 단어와 행의 대응은 사전에 토큰화 과정에서 완료된 인코딩 절차에서 미리 정의 됐으므로 지금은 word_index 딕셔너리를 참조해서 사용할 수 있다.

embedding_matrix에서 임베딩을 모두 로딩했다면 딥러닝 모델을 구축하면 된다.

심층 신경망 구성요소

이번 절에서는 여기서 만든 딥러닝 프로젝트가 동작할 수 있게 해줄 핵심 함수를 보여줄 것이다. 배치 공급(학습을 위한 데이터 덩어리(chunk)을 심층 신경망에 제공하는 것)을 시작으로, 복합 LSTM 아키 텍처의 구성요소를 준비할 것이다.

 7장 'LSTM으로 주가 예측하기'의 '장단기 메모리 – LSTM 기초' 절에서 LSTM 아키텍처를 직접 구성해볼 수 있는 자세한 방법을 설명했다.

처음으로 작업할 함수는 prepare_batches다. 이 함수는 질문 시퀀스를 취하고 단계(step) 값, 즉 배치 (batch) 크기를 기반으로 리스트의 리스트를 반환하는데, 여기서 내부 리스트는 학습에 사용될 시퀀스 배치다.

```
def prepare_batches(seq, step):
    n = len(seq)
    res = []
    for i in range(0, n, step):
        res.append(seq[i:i+step])
    return res
```

dense 함수는 주어진 크기를 기준으로 뉴런이 모두 연결된 전결합 계층을 생성할 것이며, 평균이 0이고 를 입력 특징의 개수로 나눈 값을 표준 편차로 하는 랜덤 정규 분포를 갖는 값을 사용해 활성화 및 초기화한다.

적절하게 초기화하면 네트워크의 깊은 곳까지 입력 미분계수(input derivative)를 역전파하는 데 도움이 된다. 실제로

- 네트워크 가중치를 너무 작게 초기화하면 미분계수는 각 계층에 전달될 때마다 줄어들어 결국 활성화 함수를 실행할 수 없을 만큼 미미해진다.

- 네트워크 가중치가 너무 크게 초기화돼 있으면 미분계수는 각 계층을 지날 때마다 단순히 증가하게 되고(경사 발산 exploding gradient 문제라고도 함), 네트워크는 적절한 결과로 수렴하지 않고 너무 큰 숫자들을 처리해야 하기 때문에 중단될 것이다.

초기화 절차를 통해 미분계수가 여러 계층을 거쳐 전파될 수 있는 적당한 시작점을 설정해서 적절한 가중치를 선택한다. 글로롯(Glorot)과 벤지오(Bengio)가 고안한 Xavier(글로롯의 이름임)와 헤(He), 랑(Rang), 첸(Zhen), 선(Sun)이 제안하고 Xavier를 기반으로 구축한, 일반적으로 He라고 부르는 초기화처럼, 딥러닝 네트워크를 만드는 초기화 절차는 상당히 많이 있다.

신경망 아키텍처를 구성하는 데 있어 가중치 초기화는 기술적인 측면에 해당하지만 관련성도 있다. 더 자세히 알고 싶다면 http://deepdish.io/2015/02/24/network-initialization/에서 좀 더 수학적으로 풀어 설명한 내용을 참고하기 바란다.

이 프로젝트에서는 He 초기화를 사용했는데 정류 유닛(rectified unit)에 대해 매우 잘 동작하기 때문이다. 정류 유닛 또는 ReLu는 신호를 전파시키고 경사가 발산하거나 소실되는 문제를 피하기 때문에 딥러닝의 원동력이 되지만 실용적인 관점에서 볼 때 ReLu에 의해 활성화된 뉴런은 실제로 대부분 0값을 내보낸다. 신경망 계층을 통과하는 입력과 출력 경사의 분산을 일정하게 만들기에 충분히 큰 분산을 유지해야 실제로 이러한 종류의 활성화 함수가 가장 잘 동작할 수 있다. 이에 대한 설명은 다음 논문에 잘 나와 있다.

HE, Kaiming, et al. (2015). "Delving deep into rectifiers: Surpassing human-level performance on imagenet classification", *Proceedings of the IEEE international conference on computer vision. 2015.* pp. 1026-1034. https://arxiv.org/abs/1502.01852

```
def dense(X, size, activation=None):
    he_std = np.sqrt(2 / int(X.shape[1]))
    out = tf.layers.dense(X, units=size,
                activation=activation,
                kernel_initializer=\
                tf.random_normal_initializer(stddev=he_std))
    return out
```

다음으로 다른 종류의 계층인 시간 분산 전결합 계층(time distributed dense layer)에 대해 알아보겠다.

이러한 종류의 계층은 입력과 출력 사이의 일대일 관계를 유지하기 위한 순환 신경망(recurrent neural network, RNN)에서 사용된다. 표준 전결합 계층에서 데이터를 공급받는 RNN(채널 출력을 제공하는 특정 개수의 셀을 가지고 있는)은 행(사례) 개수 × 열(시퀀스) 개수를 차원으로 하는 행렬을 받아서 행 개수 × 채널(셀) 개수를 차원으로 갖는 행렬을 출력한다. 시간 분산 전결합 계층을 사용해 이를 공급하면 결과의 차원은 행 × 열 × 채널이 된다. 실제로 전결합 신경망이 타임스탬프(각 열)에 적용된다.

시간 분산 전결합 계층은 보통 예를 들어, 입력 시퀀스를 가지고 있고 각각에 레이블을 붙이고 싶을 때 사용된다. 이것이 다중 레이블 분류(multilabel classification)나 품사 태깅(Part-Of-Speech tagging) 같은 태그를 붙이는 작업에서 흔히 볼 수 있는 시나리오다. 우리 프로젝트에서는 각 GloVe 벡터가 질문 시퀀스의 한 단어에서 다른 단어로 전달되면서 어떻게 변하는지를 처리하기 위해 GloVe 임베딩 바로 다음에 이 계층을 사용할 것이다.

예를 들어, 두 가지 경우(두 개의 질문 사례)가 있고 각 경우에 세 개의 시퀀스(단어)가 있는데 다시 각 시퀀스는 4개의 요소(임베딩)로 구성된다고 하자. 그런 데이터셋이 5개의 은닉 유닛으로 이뤄진 시간 분산 전결합 계층을 지나왔다면 크기가 (2, 3, 5)인 텐서를 얻게 될 것이다. 실제로 시간 분산 계층을 지난다는 것은 각 사례가 시퀀스를 유지하지만 임베딩은 다섯 개의 은닉 유닛의 결과로 대체된다. 그 시퀀스에서 1번 축에 대해 차원 축소를 하면 크기가 (2, 5)인 텐서를 간단하게 얻을 수 있는데 이것이 각 질문에 대해 사례부터 시작해 얻은 결과 벡터다.

---

16 https://github.com/keras-team/keras/issues/1029

이전 사례를 복제하고 싶다면

```
print("Tensor's shape:", X.shape)
tensor = tf.convert_to_tensor(X, dtype=tf.float32)
dense_size = 5
i = time_distributed_dense(tensor, dense_size)
print("Shape of time distributed output:", i)
j = tf.reduce_sum(i, axis=1)
print("Shape of reduced output:", j)
```

시간 분산 전결합 계층의 개념은 다른 것보다 이해하기 다소 까다로울 수 있으며 이에 대해 온라인에서 논의가 활발하게 이뤄지고 있다. 또한 이 주제에 대해 깊이 이해하려면 케라스 이슈에서 해당 주제[16]를 읽어보면 도움 될 것이다.

```
def time_distributed_dense(X, dense_size):
    shape = X.shape.as_list()
    assert len(shape) == 3
    _, w, d = shape

    X_reshaped = tf.reshape(X, [-1, d])
    H = dense(X_reshaped, dense_size, tf.nn.relu)

    return tf.reshape(H, [-1, w, dense_size])
```

마지막으로 conv1d와 maxpool1d_global 함수는 각각 컨볼루션 계층인 텐서플로 함수 tf.layers.conv1d[17] 와 입력 텐서의 차원별 요소들 중 최댓값을 계산하는 tf.reduce_max[18]의 래퍼 함수다. 자연어 처리에서 는 이러한 종류의 풀링(글로벌 맥스 풀링(global max pooling))이 컴퓨터 비전을 다루는 딥러닝 응용 프로그램에서 흔히 볼 수 있는 표준 맥스 풀링(standard max pooling)보다 더 자주 사용된다. Cross Validated 사이트의 Q&A에서 설명한 바에 따르면[19] 글로벌 맥스 풀링은 단순히 입력 벡터의 최댓값을 가져오지만 표준 맥스 풀링은 특정 풀 규모가 주어졌을 때 입력 벡터의 다양한 풀에서 발견된 최댓값으로 구성된 새로운 벡터를 반환한다.

---

17 https://www.tensorflow.org/api_docs/python/tf/layers/conv1d

18 https://www.tensorflow.org/api_docs/python/tf/reduce_max

19 https://stats.stackexchange.com/questions/257321/what-is-global-max-pooling-layer-and-what-is-its-advantage-over-maxpooling-layer

```
def conv1d(inputs, num_filters, filter_size, padding='same'):
    he_std = np.sqrt(2 / (filter_size * num_filters))
    out = tf.layers.conv1d(
        inputs=inputs, filters=num_filters, padding=padding,
        kernel_size=filter_size,
        activation=tf.nn.relu,
        kernel_initializer=tf.random_normal_initializer(stddev=he_std))
    return out


def maxpool1d_global(X):
    out = tf.reduce_max(X, axis=1)
    return out
```

핵심 함수 lstm은 이전에 봤듯이 He 초기화 알고리즘으로 초기화된 랜덤 정수 생성기 덕분에 실행할 때마다 다양한 범위로 초기화되며, 이 함수는 기초 LSTM 순환 네트워크 셀[20]의 계층에 대한 텐서플로 tf.contrib.rnn.BasicLSTMCell과 셀 계층에서 지정한 순환 신경망을 생성하기 위한 tf.contrib.rnn.static_rnn[21]의 래퍼 함수다.

기초 LSTM 순환 네트워크 셀의 구현은 다음 논문을 기반으로 한다.

ZAREMBA, Wojciech; SUTSKEVER, Ilya; VINYALS, Oriol. (2014). "Recurrent neural network regularization", arXiv preprint arXiv:1409.2329, 2014

이 논문은 https://arxiv.org/abs/1409.2329에서 확인할 수 있다.

```
def lstm(X, size_hidden, size_out):
    with tf.variable_scope('lstm_%d' % np.random.randint(0, 100)):
        he_std = np.sqrt(2 / (size_hidden * size_out))
        W = tf.Variable(tf.random_normal([size_hidden, size_out], stddev=he_std))
        b = tf.Variable(tf.zeros([size_out]))

        size_time = int(X.shape[1])
        X = tf.unstack(X, size_time, axis=1)
```

---

20 https://www.tensorflow.org/api_docs/python/tf/contrib/rnn/BasicLSTMCell

21 https://www.tensorflow.org/versions/r1.1/api_docs/python/tf/contrib/rnn/static_rnn

```
        lstm_cell = tf.contrib.rnn.BasicLSTMCell(size_hidden, forget_bias=1.0)
        outputs, states = tf.contrib.rnn.static_rnn(lstm_cell, X, dtype='float32')
        out = tf.matmul(outputs[-1], W) + b

        return out
```

이 단계에서 중복된 질문을 구별하기 위해 학습하게 될 신경망 아키텍처를 정의하는 데 필요한 모든 구성요소를 모두 얻었다.

학습 구조 설계

먼저 GloVe 임베딩에서 고려한 특징 수, 필터 수와 길이, 맥스풀의 길이, 학습 속도 같은 매개변수를 정함으로써 아키텍처를 정의한다.

```
max_features = 200000
filter_length = 5
nb_filter = 64
pool_length = 4
learning_rate = 0.001
```

중복된 질문을 찾아내기 위해 어느 정도 다양한 구의 다양한 의미론 상의 뜻을 이해해내는 것은 복잡한 구조를 필요로 하는 어려운 작업이다. 이러한 목적을 위해 우리는 다양한 실험 끝에 LSTM, 시간 분산 전결합 계층, 1d-cnn으로 구성된 더 깊은 모델을 생성한다. 그러한 모델에는 연결을 통해 하나로 합쳐지게 될 6개의 헤드가 있다. 연결 작업이 끝나면 5개의 전결합 계층과 시그모이드(sigmoid) 활성화 함수를 사용하는 출력 계층을 갖는 구조를 갖게 된다.

전체 모델은 다음 그림과 같다.

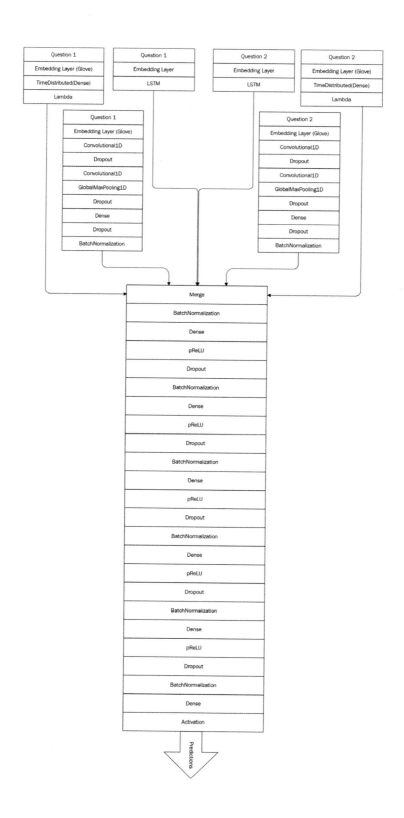

첫 번째 헤드는 GloVe 임베딩으로 초기화된 임베딩 계층과 그다음으로 시간 분산 전결합 계층으로 구성된다. 두 번째 헤드는 GloVe 모델로 초기화된 임베딩 위에 1차원 컨볼루션 계층으로 구성되며, 세 번째 헤드는 처음부터 학습된 임베딩 위에 LSTM 모델을 올려 구성된다. 나머지 3개의 헤드는 질문 쌍에서 남은 다른 하나의 질문에 대해 동일한 패턴을 따른다.

우리는 6개의 모델을 정의하고 이들을 연결했다. 마지막으로 이 모델들은 연결 작업을 통해 합쳐진다. 즉 6개 모델의 벡터들은 함께 수평적으로 연결된다.

다음에 볼 코드는 매우 길지만 이해하기는 매우 간단하다. 모든 것은 세 개의 입력 플레이스홀더인 place_q1, place_q2, place_y로 시작한다. 이들은 각각 첫 번째 질문, 두 번째 질문, 목표 응답을 여섯 개 모델 모두에 공급한다. 이 질문들은 GloVe(q1_glove_lookup, q2_glove_lookup)와 균등 확률 임베딩 (uniform random embedding)을 사용해 임베딩으로 변환된다. 이 두 임베딩은 300차원을 갖는다.

처음 두 모델인 model_1과 model_2에서 GloVe 임베딩을 얻고, 시간 분산 전결합 계층을 적용한다.

다음 두 모델인 model_3과 model_4에서 GloVe 임베딩을 얻고 이들을 컨볼루션, 드롭아웃, 맥스풀을 연속으로 사용해서 처리한다. 마지막 결과 벡터는 생성된 배치 사이에 안정된 분산을 유지할 수 있도록 정규화된 배치가 된다.

배치 정규화의 기초를 알고 싶다면 쿼라 사이트에 아비쉑 쉬브쿠마(Abhishek Shivkumar)가 쓴 글을 읽어보라. 이 쿼라 답변은 배치 정규화가 무엇인지와 신경망 아키텍처에서 왜 효과적인지에 대해 알아야 할 핵심 내용을 명쾌하게 설명하고 있다. 해당 내용은 다음 URL에서 찾아볼 수 있다.

https://www.quora.com/In-layman's-terms-what-is-batch-normalisation-what-does-it-do-and-why-does-it-work-so-well

마지막으로 model_5와 model_6은 균등 확률 임베딩을 획득하고, 이를 LSTM으로 처리한다. 이 여섯 개 모델에서 얻은 결과는 전부 함께 연결되어 배치 정규화 과정을 거친다.

```
graph = tf.Graph()
graph.seed = 1

with graph.as_default():
    place_q1 = tf.placeholder(tf.int32, shape=(None, max_len))
    place_q2 = tf.placeholder(tf.int32, shape=(None, max_len))
```

```
place_y = tf.placeholder(tf.float32, shape=(None, 1))
place_training = tf.placeholder(tf.bool, shape=())


glove = tf.Variable(embedding_matrix, trainable=False)
q1_glove_lookup = tf.nn.embedding_lookup(glove, place_q1)
q2_glove_lookup = tf.nn.embedding_lookup(glove, place_q2)


emb_size = len(word_index) + 1
emb_dim = 300
emb_std = np.sqrt(2 / emb_dim)
emb = tf.Variable(tf.random_uniform([emb_size, emb_dim], -emb_std, emb_std))


q1_emb_lookup = tf.nn.embedding_lookup(emb, place_q1)
q2_emb_lookup = tf.nn.embedding_lookup(emb, place_q2)
model1 = q1_glove_lookup
model1 = time_distributed_dense(model1, 300)
model1 = tf.reduce_sum(model1, axis=1)


model2 = q2_glove_lookup
model2 = time_distributed_dense(model2, 300)
model2 = tf.reduce_sum(model2, axis=1)


model3 = q1_glove_lookup
model3 = conv1d(model3, nb_filter, filter_length, padding='valid')
model3 = tf.layers.dropout(model3, rate=0.2, training=place_training)
model3 = conv1d(model3, nb_filter, filter_length, padding='valid')
model3 = maxpool1d_global(model3)
model3 = tf.layers.dropout(model3, rate=0.2, training=place_training)
model3 = dense(model3, 300)
model3 = tf.layers.dropout(model3, rate=0.2, training=place_training)
model3 = tf.layers.batch_normalization(model3, training=place_training)


model4 = q2_glove_lookup
model4 = conv1d(model4, nb_filter, filter_length, padding='valid')
model4 = tf.layers.dropout(model4, rate=0.2, training=place_training)
model4 = conv1d(model4, nb_filter, filter_length, padding='valid')
model4 = maxpool1d_global(model4)
model4 = tf.layers.dropout(model4, rate=0.2, training=place_training)
model4 = dense(model4, 300)
model4 = tf.layers.dropout(model4, rate=0.2, training=place_training)
```

```
model4 = tf.layers.batch_normalization(model4, training=place_training)


model5 = q1_emb_lookup
model5 = tf.layers.dropout(model5, rate=0.2, training=place_training)
model5 = lstm(model5, size_hidden=300, size_out=300)


model6 = q2_emb_lookup
model6 = tf.layers.dropout(model6, rate=0.2, training=place_training)
model6 = lstm(model6, size_hidden=300, size_out=300)


merged = tf.concat([model1, model2, model3, model4, model5, model6], axis=1)
merged = tf.layers.batch_normalization(merged, training=place_training)
```

다음으로 다섯 개의 전결합 계층과 드롭아웃, 배치 정규화를 추가해서 구조를 완성한다. 다음으로 시그모이드 활성화 함수를 갖춘 결과 계층이 있다. 모델은 로그 손실(log-loss)을 기반으로 한 AdamOptimizer를 사용해 최적화된다.

```
for i in range(5):
    merged = dense(merged, 300, activation=tf.nn.relu)
    merged = tf.layers.dropout(merged, rate=0.2, training=place_training)
    merged = tf.layers.batch_normalization(merged, training=place_training)


merged = dense(merged, 1, activation=tf.nn.sigmoid)


loss = tf.losses.log_loss(place_y, merged)


prediction = tf.round(merged)
accuracy = tf.reduce_mean(tf.cast(tf.equal(place_y, prediction), 'float32'))
opt = tf.train.AdamOptimizer(learning_rate=learning_rate)


# 배치 정규화
extra_update_ops = tf.get_collection(tf.GraphKeys.UPDATE_OPS)
with tf.control_dependencies(extra_update_ops):
    step = opt.minimize(loss)


init = tf.global_variables_initializer()

session = tf.Session(config=None, graph=graph)
session.run(init)
```

구조 정의가 끝났으면 세션을 초기화하고 학습할 준비가 끝났다. 먼저 사용할 수 있는 데이터를 훈련 데이터(9/10)와 테스트 데이터(1/10)로 나누는 것이 좋다. 난수 생성을 위한 시드값을 고정하면 데이터 분할 결과를 동일하게 재현할 수 있다.

```python
np.random.seed(1)

n_all, _ = y.shape
idx = np.arange(n_all)
np.random.shuffle(idx)

n_split = n_all // 10
idx_val = idx[:n_split]
idx_train = idx[n_split:]

x1_train = x1[idx_train]
x2_train = x2[idx_train]
y_train = y[idx_train]

x1_val = x1[idx_val]
x2_val = x2[idx_val]
y_val = y[idx_val]
```

다음 코드를 실행하면 훈련이 시작되고 세대(epoch) 수가 증가할수록 모델 정확도가 증가함을 볼 수 있다. 그렇지만 반복할 배치 개수에 따라 훈련 시간이 많이 걸리게 될 것이다. NVIDIA Titan X 그래픽 카드를 사용하면 이 모델은 세대당 300초 이상 걸릴 것이다. 훈련으로 얻게 될 정확도와 거기에 드는 시간 사이에 균형을 잘 잡기 위해 우리는 10세대를 실행하기로 했다.

```python
val_idx = np.arange(y_val.shape[0])
val_batches = prepare_batches(val_idx, 5000)

no_epochs = 10

# https://github.com/tqdm/tqdm/issues/481 참고
tqdm.monitor_interval = 0

for i in range(no_epochs):
    np.random.seed(i)
```

```python
train_idx_shuffle = np.arange(y_train.shape[0])
np.random.shuffle(train_idx_shuffle)
batches = prepare_batches(train_idx_shuffle, 384)

progress = tqdm(total=len(batches))
for idx in batches:
    feed_dict = {
        place_q1: x1_train[idx],
        place_q2: x2_train[idx],
        place_y: y_train[idx],
        place_training: True,
    }
    _, acc, l = session.run([step, accuracy, loss], feed_dict)
    progress.update(1)
    progress.set_description('%.3f / %.3f' % (acc, l))

y_pred = np.zeros_like(y_val)
for idx in val_batches:
    feed_dict = {
        place_q1: x1_val[idx],
        place_q2: x2_val[idx],
        place_y: y_val[idx],
        place_training: False,
    }
    y_pred[idx, :] = session.run(prediction, feed_dict)

print('batch %02d, accuracy: %0.3f' % (i, np.mean(y_val == y_pred)))
```

10세대 동안 훈련된 모델의 정확도는 82.5%가 된다. 이는 앞에서 세웠던 기준점보다 훨씬 높은 결과다. 물론 이 모델은 전처리와 토큰화를 더 잘할수록 개선될 여지가 남아 있다. 더 많은 세대(최대 200까지)를 훈련한다면 정확도를 좀 더 올릴 수도 있다. 형태소 분석(stemming)과 단어의 기본형 찾기(lemmatization) 역시 쿼라가 블로그에서 밝힌 최신 정확도 88%에 근접하는 데 확실히 도움될 것이다.

훈련이 끝나면 우리는 일부 질문 평가를 테스트하기 위해 인메모리 세션을 사용할 수 있다. 우리는 쿼라에서 중복된 질문에 대한 질문 두 개를 가지고 시험해봤지만 이 과정은 알고리즘을 가지고 테스트해보고 싶은 어떤 질문 쌍에 대해서도 동작한다.

수많은 머신러닝 알고리즘에서처럼 이 알고리즘은 학습했던 분포에 따라 결과가 달라진다. 알고리즘을 훈련시킬 때 사용했던 질문들과 완전히 다른 질문은 알고리즘이 예측하기 어렵다.

```python
def convert_text(txt, tokenizer, padder):
    x = tokenizer.texts_to_sequences(txt)
    x = padder(x, maxlen=max_len)
    return x

def evaluate_questions(a, b, tokenizer, padder, pred):
    feed_dict = {
            place_q1: convert_text([a], tk, pad_sequences),
            place_q2: convert_text([b], tk, pad_sequences),
            place_y: np.zeros((1,1)),
            place_training: False,
        }
    return session.run(pred, feed_dict)

isduplicated = lambda a, b: evaluate_questions(a, b, tk, pad_sequences, prediction)

a = "Why are there so many duplicated questions on Quora?"
b = "Why do people ask similar questions on Quora multiple times?"

print("Answer: %0.2f" % isduplicated(a, b))
```

코드를 실행한 후 대답은 질문이 중복됨(answer: 1.0)을 보여준다.

정리

이번 장에서는 쿼라 데이터셋에서 중복된 질문을 탐지하기 위해 텐서플로의 도움을 받아 심층 신경망을 구축했다. 이 프로젝트를 통해 앞에서 살펴본 다양한 주제인 TF-IDF, SVD, 전형적인 머신러닝 알고리즘, Word2vec과 GloVe 임베딩, LSTM 모델을 논의하고 수정하고 실습해 볼 수 있었다.

마지막에는 정확도가 약 82.5%가 되는 모델을 얻었는데, 이 정확도는 전통적인 머신러닝 방식보다 월등하며 쿼라 블로그에서 최근에 보고한 최신 딥러닝 방식의 정확도에도 근접한 수치다.

또한 이번 장에서 논의한 모델과 방식을 다른 의미론적 일치 문제(semantic matching problems)에도 쉽게 적용할 수 있음을 알아두자.

09

텐서플로
추천 시스템 구축

추천 시스템은 사용자가 이전에 소프트웨어와 상호작용한 정보를 기반으로 개인화된 추천을 만드는 알고리즘이다. 가장 유명한 사례로는 아마존을 비롯한 온라인 쇼핑몰에서 제공하는 "X를 산 고객은 Y도 산다" 같은 유형의 추천을 들 수 있다.

지난 몇 년 사이 추천 시스템은 상당히 중요해졌다. 온라인 사업에서 그들이 웹사이트에서 제공하는 추천의 질이 나아질수록 더 많은 수익을 낼 수 있다는 점이 분명해졌다. 이 때문에 오늘날 거의 모든 웹사이트에서 개인화된 추천을 제공한다.

이번 장에서는 텐서플로를 사용해 독자적인 추천 시스템을 구축하는 방법을 보여줄 것이다.

특히 다음 주제에 대해 다룰 것이다.

- 추천 시스템의 기초

- 추천 시스템을 위한 행렬 분해(Matrix Factorization)

- 베이즈 개인화 순위(Bayesian Personalized Ranking)

- 순환 신경망(Recurrent Neural Network)에 기초한 고급 추천 시스템

이번 장을 마치면 추천 시스템을 훈련시키기 위해 데이터를 준비하는 법, 텐서플로를 사용해 독자적인 모델을 구축하는 법, 모델의 품질을 간단하게 평가하는 법을 알게 될 것이다.

추천 시스템

추천 시스템(recommender system)이 하는 일은 가능한 항목들을 모두 나열하고 특정 사용자의 선호도에 따라 그 항목들의 순위를 매기는 것이다. 이 순위가 매겨진 목록은 개인화 순위(personalized ranking) 또는 더 자주 쓰이는 말로는 **추천(recommendation)**이라고 한다.

예를 들어, 온라인 쇼핑몰에는 사용자가 의미 있다고 생각하고 사겠다고 마음먹을 법한 물건들을 보여주는 추천 영역이 있다. 콘서트 티켓을 파는 웹사이트에서는 흥미로운 쇼를 추천하고 온라인 음악 플레이어에서는 사용자가 즐길 만한 노래들을 추천한다. 또는 Coursera.org 같은 온라인 교육 사이트에서는 사용자가 이미 마친 교육 과정과 비슷한 교육 과정을 추천할 수 있다.

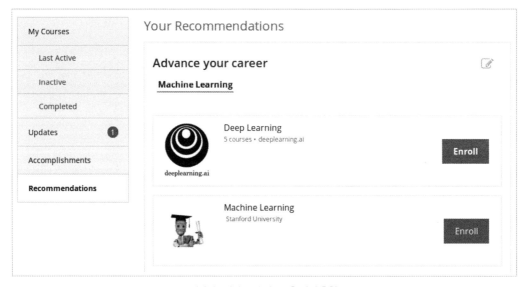

웹사이트에서 보여주는 교육 과정 추천

추천은 일반적으로 과거 데이터, 과거 트랜잭션 이력, 사용자 방문 이력, 사용자가 클릭한 내용을 기반으로 한다. 따라서 추천 시스템은 이러한 과거 데이터를 취해 머신러닝을 사용해 사용자 행동 패턴을 추출하고 그것을 기반으로 가장 적절한 추천을 제공한다.

회사는 가능한 가장 좋은 추천을 만드는 일에 상당히 관심이 있다. 추천 내용이 좋을수록 사용자 경험을 개선할 수 있어서 사용자의 흥미를 끌 수 있기 때문이다. 그 결과로 수익이 증대된다. 사용자가 보지 못했을 항목을 추천함으로써 사용자는 그 항목을 구매하게 되어 사용자를 만족시킬 뿐 아니라 우리는 팔지 못할 뻔한 항목을 판매하게 된다.

이번 장에서 볼 프로젝트에서는 텐서플로를 사용해 여러 추천 시스템 알고리즘을 구현해 볼 것이다. 먼저 오랜 시간을 거쳐 입증된 전통적인 알고리즘을 시작으로 RNN과 LSTM 기반의 복합 모델을 살펴보겠다. 이번 장에서 볼 각 모델에 대해 먼저 간단히 소개한 다음 텐서플로에서 이 모델을 구현해볼 것이다.

이 알고리즘들을 보여주기 위해 UCI 머신러닝 리포지토리(UCI Machine Learning repository)에서 제공하는 온라인 소매 데이터셋(Online Retail Dataset)을 사용할 것이다. 이 데이터셋은 http://archive.ics.uci.edu/ml/datasets/online+retail에서 내려 받을 수 있다.

이 데이터셋은 엑셀 파일로서 다음과 같은 특징(feature)을 포함하고 있다.

- InvoiceNo: 각 트랜잭션을 고유하게 식별하는 데 사용되는 송장 번호
- StockCode: 구매 항목의 코드
- Description: 상품 이름
- Quantity: 트랜잭션에서 해당 항목이 구매된 횟수
- UnitPrice: 단가
- CustomerID: 고객 ID
- Country: 고객의 국가명

이 데이터는 25,900건의 트랜잭션으로 이뤄져 있고 각 트랜잭션에는 약 20개의 항목을 포함하고 있다. 이로써 총 항목 수는 약 540,000개가 된다. 기록된 트랜잭션들은 2010년 12월부터 2011년 12월까지 총 4,300명의 사용자에 의해 생성된 것이다.

데이터셋을 내려받으려면 브라우저를 사용해서 파일을 저장하거나 wget을 사용하면 된다.

```
wget
http://archive.ics.uci.edu/ml/machine-learning-databases/00352/Online%20Retail.xlsx
```

이 프로젝트를 수행하려면 다음과 같은 파이썬 패키지가 필요하다.

- pandas: 데이터를 읽어 들일 때 사용

- numpy와 scipy: 수치 데이터 처리에 사용

- tensorflow: 모델 생성에 사용

- implicit: 추천 알고리즘의 기준점 제공

- [선택 사항] tqdm: 진행 상황 모니터링

- [선택 사항] numba: 계산 속도를 높여줌

아나콘다(Anaconda)를 사용한다면 이미 numba가 설치돼 있을 것이다. 그렇지 않다면 간단하게 pip install numba를 실행하면 패키지가 설치될 것이다. implicit를 설치할 때도 역시 pip를 사용하면 된다.

```
pip install implicit
```

데이터셋을 내려받고 필요한 패키지 설치가 끝났다면 이미 프로젝트는 시작된 것이다. 다음 절에서는 행렬 분해 기법을 살펴본 다음 데이터셋을 준비하고 마지막으로 텐서플로에서 그중 몇 가지 기법을 구현해 볼 것이다.

추천 시스템을 위한 행렬 분해

이번 절에서는 추천 시스템을 만드는 전통적인 기법을 살펴볼 것이다. 앞으로 보겠지만 이러한 기법은 실제로 텐서플로에서 구현하기 쉽고 결과 코드는 매우 유연해서 변경과 개선이 쉽다.

이번 절에서는 온라인 소매 데이터셋을 사용할 것이다. 먼저 우리가 풀고자 하는 문제를 정의하고 몇 가지 기준선을 세우자. 그런 다음 전통적인 행렬 분해(Matrix factorization) 알고리즘을 구현해보고, 베이즈 개인화 순위(Bayesian Personalized Ranking)를 기반으로 수정해 볼 것이다.

데이터셋 준비 및 기준점

이제 추천 시스템 구축할 준비가 끝났다.

먼저 임포트를 선언하자.

```
import tensorflow as tf
import pandas as pd
import numpy as np
import scipy.sparse as sp
from tqdm import tqdm
```

다음으로 데이터셋을 읽어들인다.

```
df = pd.read_excel('Online Retail.xlsx')
```

xlsx 파일은 읽는 데 시간이 좀 걸릴 수 있다. 다음에 파일을 읽어 들일 때 시간을 절약하고 싶다면 로딩된 사본을 pickle 파일로 저장하면 된다.

```
import pickle
with open('df_retail.bin', 'wb') as f_out:
    pickle.dump(df, f_out)
```

이 파일을 읽어 들이는 것이 훨씬 빠르므로 로딩할 때 피클(pickle)을 사용하겠다.

```
with open('df_retail.bin', 'rb') as f_in:
    df = pickle.load(f_in)
```

데이터 로딩이 끝났다면 head 함수를 호출해서 데이터를 살펴볼 수 있다.

```
df.head()
```

그러면 다음 표를 보게 될 것이다.

	InvoiceNo	StockCode	Description	Quantity	InvoiceDate	UnitPrice	CustomerID	Country
0	536365	85123A	WHITE HANGING HEART T-LIGHT HOLDER	6	2010-12-01 08:26:00	2.55	17850.0	United Kingdom
1	536365	71053	WHITE METAL LANTERN	6	2010-12-01 08:26:00	3.39	17850.0	United Kingdom
2	536365	84406B	CREAM CUPID HEARTS COAT HANGER	8	2010-12-01 08:26:00	2.75	17850.0	United Kingdom
3	536365	84029G	KNITTED UNION FLAG HOT WATER BOTTLE	6	2010-12-01 08:26:00	3.39	17850.0	United Kingdom
4	536365	84029E	RED WOOLLY HOTTIE WHITE HEART.	6	2010-12-01 08:26:00	3.39	17850.0	United Kingdom

데이터를 자세히 들여다보면 다음과 같은 문제가 있음을 알 수 있다.

- 열 이름에 대문자가 들어 있다. 다소 일반적이지 않으므로 소문자로 모두 바꿀 수 있다.

- 일부 트랜잭션은 실제 거래가 아닌 수익을 기록한 것이다. 이러한 수익은 우리 관심사가 아니므로 필터링해서 제외시켜야 한다.

- 마지막으로 일부 트랜잭션의 경우 사용자가 누구인지 알 수 없다. 이러한 사용자에게는 공통 ID(예를 들어, -1)를 할당할 수 있다. 또한 알 수 없는 사용자가 NaN으로 인코딩돼 있는데, CustomerID 열이 부동소수점(float)으로 인코딩돼 있는 이유이기도 하다. 따라서 이 열을 정수형으로 변환해야 한다.

이 문제들은 다음 코드로 해결할 수 있다.

```
df.columns = df.columns.str.lower()
df = df[~df.invoiceno.astype('str').str.startswith('C')].reset_index(drop=True)
df.customerid = df.customerid.fillna(-1).astype('int32')
```

다음으로 모든 항목 ID(stockcode)를 정수형으로 인코딩해야 한다. 그 방법 중 하나로 각 코드를 고유한 인덱스 번호로 매핑할 수 있다.

```
stockcode_values = df.stockcode.astype('str')

stockcodes = sorted(set(stockcode_values))
stockcodes = {c: i for (i, c) in enumerate(stockcodes)}

df.stockcode = stockcode_values.map(stockcodes).astype('int32')
```

항목 인코딩이 끝났으니, 데이터셋을 훈련 집합(training set), 검증 집합(validation set), 테스트 집합(test set)으로 나눌 수 있다. 이제 전자 상거래 트랜잭션 데이터를 확보했으니 데이터를 나누는 가장 바람직한 방법은 시간을 기준으로 나누는 것이다. 여기서는 다음과 같이 나눌 것이다.

- **훈련 집합**: 2011.10.09 이전의 트랜잭션 데이터(약 10개월 치, 약 378,500행)

- **검증 집합**: 2011.10.09와 2011.11.09 사이(1개월 치, 약 64,500행)

- **테스트 집합**: 2011.11.09 이후(1개월 치, 약 89,000행)

이렇게 나누려면 데이터 프레임을 필터링만 하면 된다.

```
df_train = df[df.invoicedate < '2011-10-09']
df_val = df[(df.invoicedate >= '2011-10-09') & (df.invoicedate <= '2011-11-09') ]
df_test = df[df.invoicedate >= '2011-11-09']
```

이번 절에서는 다음과 같은 매우 단순한 추천 시나리오를 생각해볼 것이다.

1. 사용자가 웹 사이트를 방문한다.

2. 우리는 5개의 추천을 보여준다.

3. 사용자가 목록을 평가하고, 아마 그중 몇 가지를 산 다음 평상시처럼 쇼핑을 계속한다.

따라서 우리는 두 번째 단계를 위한 모델을 구축해야 한다. 그러기 위해 훈련 데이터를 사용한 다음, 검증 집합을 사용해 두 번째와 세 번째 단계를 시뮬레이션할 것이다. 우리가 보여준 추천이 좋은지 여부를 평가하기 위해 추천 항목 중 사용자가 실제로 구매한 항목의 개수를 셀 것이다.

우리의 평가 지표는 성공한 추천 수(실제로 사용자가 구매한 항목 수)를 우리가 만든 총 추천 수로 나눈다. 이 지표를 **정밀도(precision)**라고 하는데 머신러닝 모델의 성능을 평가할 때 보편적으로 사용된다.

이 프로젝트에서도 정밀도를 사용한다. 물론 이 지표는 성능을 평가하는 상당히 간단한 방법으로 그 밖에도 다양한 방법이 있다. 여러분이 사용할 수 있는 다른 지표로는 MAP(Mean Average Precision), NDCG(Normalized Discounted Cumulative Gain) 등이 있다. 하지만 이번 장에서는 단순함을 고려해서 이러한 지표를 사용하지는 않는다.

이 작업에 머신러닝 알고리즘을 사용하기 전에 먼저 기본 기준선을 정하자. 예를 들어, 각 항목을 얼마나 많이 구매했는지 계산한 다음 가장 자주 구매된 항목 5개를 가져와 모든 사용자에게 추천할 수 있다.

pandas를 이용하면 이 작업을 쉽게 할 수 있다.

```
top = df_train.stockcode.value_counts().head(5).index.values
```

이 코드에서 stockcode로 구성된 정수형 배열을 결과로 보여준다.

```
array([3527, 3506, 1347, 2730, 180])
```

이제 이 배열을 사용해 모든 사용자에게 추천한다. 따라서 검증 데이터셋에 포함된 트랜잭션 수만큼 top 배열을 반복한 다음 이를 추천 항목으로 사용하고 품질 평가를 위해 정밀도를 계산한다.

top 배열 반복을 위해 numpy의 tile 함수를 사용한다.

```
num_groups = len(df_val.invoiceno.drop_duplicates())
baseline = np.tile(top, num_groups).reshape(-1, 5)
```

tile 함수는 배열을 불러들여 num_group만큼 배열을 반복한다. 이 배열의 형상을 변경하고 나면 다음 배열을 얻게 된다.

```
array([[3527, 3506, 1347, 2730, 180],
       [3527, 3506, 1347, 2730, 180],
       [3527, 3506, 1347, 2730, 180],
       ...,
       [3527, 3506, 1347, 2730, 180],
       [3527, 3506, 1347, 2730, 180],
       [3527, 3506, 1347, 2730, 180]])
```

이제 이 추천에 대한 정밀도를 계산하면 된다.

하지만 여기에도 곤란한 문제가 있다. 항목이 저장되는 방식이 그룹(트랜잭션)별로 정확하게 분류된 요소 개수를 계산하기 어렵게 만든다. pandas에서 groupby를 사용하면 이 문제를 해결할 수 있다.

- invoiceno(트랜잭션 ID) 단위로 분류(groupby)
- 각 트랜잭션마다 추천을 생성
- 각 그룹별 정확한 예측 수를 기록
- 전체 정밀도 계산

하지만 이 방식은 대체로 속도가 너무 느리고 비효율적이다. 이 특정 프로젝트에서는 잘 동작할 수 있지만 데이터셋이 조금만 커져도 문제가 될 수 있다.

이 방식이 느린 이유는 pandas에 groupby를 구현할 때 내부적으로 우리에게는 불필요한 정렬을 수행하게 돼 있기 때문이다. 하지만 데이터가 저장된 방식을 잘 활용하면 속도를 개선할 수 있다. 우리는 데이터프레임의 요소들이 항상 정렬돼 있음을 안다. 즉, 트랜잭션이 특정 행 번호 i에서 시작하면 행 번호 i + k(여기서 k는 이 트랜잭션의 항목 개수다)에서 끝난다. 다시 말해서 i와 i + k 사이의 모든 행은 동일한 invoiceid에 속한다.

따라서 각 트랜잭션이 어디에서 시작하고 어디에서 끝나는지 알아야 한다. 이를 위해 우리는 길이 n + 1의 특별한 행렬을 유지하는데, 여기서 n은 데이터셋에 있는 그룹(트랜잭션)의 개수다.

이 배열을 indptr이라고 하자. 각 트랜잭션 t에 대해

- indptr[t]는 트랜잭션이 시작된 데이터프레임의 행 번호를 반환한다.
- indptr[t+1]은 트랜잭션이 끝난 행 번호를 반환한다.

다양한 길이의 그룹을 표현하는 이 방식은 CRS(Compressed Row Storage) 혹은 CSR(Compressed Sparse Row)[1] 알고리즘에서 착안했다. 이 방식은 메모리에서 희소 행렬을 표현할 때 사용된다. 자세한 내용은 Netlib 문서[2]에서 찾아볼 수 있다. 또 scipy에도 이 이름이 있다는 것을 알 수 있을 것이다. 이것은 scipy.sparse 패키지에서 행렬을 표현하는 방식 중 하나다[3].

파이썬에서 이러한 배열을 만드는 것은 어렵지 않다. 현재 트랜잭션이 끝나는 곳과 다음 트랜잭션이 시작하는 곳을 보기만 하면 된다. 따라서 각 행 인덱스에서 우리는 현재 인덱스를 바로 앞의 인덱스와 비교해서 다르면 그 인덱스를 기록하면 된다. 이 작업은 pandas의 shift 메서드를 사용해 효율적으로 수행할 수 있다.

```
def group_indptr(df):
    indptr, = np.where(df.invoiceno != df.invoiceno.shift())
    indptr = np.append(indptr, len(df)).astype('int32')
    return indptr
```

---

1 (옮긴이) 행 압축 희소행렬은 희소행렬의 자료구조 저장 방식으로, 행렬을 행을 기준으로 정리 압축한 것이다.

2 http://netlib.org/linalg/html_templates/node91.html

3 https://docs.scipy.org/doc/scipy-0.14.0/reference/generated/scipy.sparse.csr_matrix.html

이 방식으로 검증 집합의 포인터 배열을 얻을 수 있다.

```
val_indptr = group_indptr(df_val)
```

이제 이 함수를 precision 함수에 사용하면 된다.

```
from numba import njit

    @njit
    def precision(group_indptr, true_items, predicted_items):
        tp = 0

        n, m = predicted_items.shape

        for i in range(n):
            group_start = group_indptr[i]
            group_end = group_indptr[i + 1]
            group_true_items = true_items[group_start:group_end]

            for item in group_true_items:
                for j in range(m):
                    if item == predicted_items[i, j]:
                        tp = tp + 1
                        continue
    return tp / (n * m)
```

로직은 간단하다. 트랜잭션마다 우리가 얼마나 많은 항목을 정확하게 예측했는지 확인하면 된다. 정확하게 예측한 항목의 총 수량은 tp에 저장된다. 마지막에 tp를 총 예측 수, 그러니까 예측 행렬의 크기 우리 프로젝트의 경우로 따지면 트랜잭션 수×5에 해당하는 값으로 나눈다.

@njit 데코레이터는 numba에 있다. 이 데코레이터는 numba에 이 코드가 최적화돼야 한다고 알려준다. 이 함수를 최초로 호출하면 numba는 코드를 분석하고 JIT(just-in-time) 컴파일러를 사용해 그 함수를 기계어로 변환한다. 함수가 컴파일되면 C로 작성된 기계어에 비해 10x 더 빠르게 실행된다.

Numba의 @jit과 @njit 데코레이터는 코드 실행 속도를 개선할 수 있는 매우 간단한 방법을 제공한다. 대체로 함수에 @jit 데코레이터를 넣는 것만으로도 속도가 상당히 개선된다. 함수가 계산하는 데 시간이 걸린다면 numba를 통해 성능을 개선하는 것이 좋다.

이제 이 기준선의 정밀도를 확인해보자.

```
val_items = df_val.stockcode.values
precision(val_indptr, val_items, baseline)
```

이 코드를 실행하면 0.064가 나온다. 이 말은 우리가 만들어 낸 추천 중 6.4%만 적절했다는 말이다. 이는 사용자가 추천 항목 중 6.4%만 구매했다는 것을 뜻한다.

지금까지 데이터를 간단히 살펴보고 간단한 기준선을 세웠으니 행렬 분해 같은 좀 더 복잡한 기법을 사용해보자.

행렬 분해

2006년 DVD 대여 업체였던 넷플릭스(Netflix)에서 유명한 넷플릭스 대회를 개최했다. 이 대회의 목표는 자신들이 제공하는 추천 시스템을 개선하는 것이었다. 이 목적을 위해 회사는 영화 평점에 대한 방대한 데이터셋을 공개했다. 이 대회는 몇 가지 측면에서 주목할 만했다. 우선 총 상금이 백만 달러였는데 이 대회가 유명해진 결정적인 이유 중 하나였다. 두 번째로, 상금뿐 아니라 데이터셋 자체만으로도 수많은 연구원들이 이 문제에 자기 시간을 투자했고 덕분에 추천 시스템 분야에서 최신 기술을 눈에 띄게 발전시킬 수 있었다.

행렬 분해를 기반으로 한 추천 시스템이 매우 강력하고, 훈련 사례가 커져도 확장성이 높으며 구현 및 배포가 매우 어렵지 않음을 보여준 것은 넷플릭스 대회에서였다.

코렌(Koren)이 쓴, 추천 시스템을 위한 행렬 분해 기법을 다룬 논문에는 이번 장에서 보여줄 핵심 내용이 잘 요약돼 있다.

영화 i에 대해 사용자 u가 매긴 평점이 r_{ui}라고 하자. 이 평점은 다음과 같이 모델링할 수 있다.

$$\hat{r}_{ui} = \mu + b_i + b_u + q_i^t p_u$$

여기서 평점은 4개의 요인으로 분해한다.

- μ는 전체 편향값이다.

- b_i는 항목 i의 편향값이다(넷플릭스의 경우 영화다).

- b_u는 사용자 u의 편향값이다.

- $q_i^t p_u$는 항목 벡터 q_i와 사용자 벡터 p_u 사이의 내적(inner product)이다.

마지막 요인, 즉 사용자 벡터와 항목 벡터 사이의 내적 때문에 이 기법을 **행렬 분해(Matrix Factorization)**라고 부른다.

모든 사용자 벡터 p_u를 취해서 행렬 U의 행으로 두자. 그러면 $n_u \times k$ 행렬을 얻게 되는데, 여기서 n_u는 사용자 수이고 k는 벡터의 차원이다. 마찬가지로 항목 벡터 q_i를 취해서 행렬 I에 행으로 둔다. 이 행렬의 크기는 $n_i \times k$인데, 여기서 n_i는 항목 개수이고 k는 역시 벡터의 차원이다. 차원 k는 모델의 매개변수로 이를 사용해서 우리가 정보를 얼마나 많이 압축할 것인지 제어할 수 있다. k가 작으면 원래의 평점 행렬 정보 중 보존되는 정보가 적다.

끝으로 알려진 평점을 모두 취해서 행렬 R에 넣는다. 이 행렬의 크기는 $n_u \times n_i$이다. 그런 다음 이 행렬은 다음과 같이 분해될 수 있다.

$$R \approx U^t i$$

편향 부분을 빼면 이것이 앞에서 본 공식의 $\hat{r}_{ui}$를 계산할 때 얻은 것과 동일하다.

예측된 평점 $\hat{r}_{ui}$를 관측된 평점 r_{ui}와 가능한 한 가깝게 만들기 위해 이 둘 사이의 제곱 오차를 최소화한다. 즉, 훈련 목적은 다음과 같다.

$$\text{minimize} \sum_{ui} \left(r_{ui} - \hat{r}_{ui} \right)^2 + \lambda \left(\| p_u \|^2 + \| p_i \|^2 \right)$$

평점 행렬을 분해하는 이 방식은 이와 마찬가지로 제곱 오차의 합을 최적화하는 전형적인 특이값 분해(Singular Value Decomposition) 방식에서 고안됐기 때문에 SVD라고 불리기도 한다. 그러나 전형적인 SVD는 대체로 훈련 데이터에 과적합되기 쉬워서 여기서는 목적함수에 정규화 항을 추가했다.

최적화 문제를 정의한 다음, 논문에서는 이 문제를 해결하기 위해 두 가지 방식에 대해 논했다.

- **확률적 경사 하강법**(Stochastic Gradient Descent, SGD)

- **교차 최소 제곱법**(Alternating Least Squares, ALS)

이번 장 후반부에서는 텐서플로를 사용해 SGD 기법을 직접 구현해보고 implicit 라이브러리의 ALS 방식의 결과와 비교해볼 것이다.

하지만 이 프로젝트에서 사용하는 데이터셋은 넷플릭스 대회의 데이터셋과 매우 중요한 점에서 다른데, 우리는 사용자가 무엇을 싫어하는지 모른다는 것이다. 사용자가 좋아하는 것만 관측할 뿐이다. 따라서 이러한 경우를 처리하는 방식에 대해 알아볼 것이다.

암묵적 피드백 데이터셋

넷플릭스 대회에서 데이터는 사용자가 명시적으로 제공한 피드백을 사용한다. 사용자는 웹사이트에 방문해서 명시적으로 해당 영화에 점수를 1점에서 5점 사이로 매겨서 그 영화를 얼마나 좋아하는지 명시적으로 말해준다.

일반적으로 사용자가 그런 행위를 하도록 만들기는 매우 어렵다. 그러나 웹사이트를 방문해서 사이트와 상호작용하는 것만으로도 사용자는 이미 상당히 많은 유용한 정보를 생성하고 있으며 이 정보는 그들의 관심사를 추론하는 데 사용될 수 있다. 사용자가 클릭한 내용, 방문한 페이지, 과거에 구매한 이력 모두 사용자가 무엇을 선호하는지를 알려준다. 이런 종류의 데이터를, 사용자가 명시적으로 자신이 무엇을 좋아하는지 알려주지는 않지만 대신 시스템을 사용하면서 간접적으로 이러한 정보를 제공하기 때문에 **암묵적**(implicit) 데이터라고 한다. 우리는 이러한 상호작용 정보를 수집함으로써 암묵적 피드백 데이터셋을 갖게 됐다.

이 프로젝트에서 사용하는 온라인 소매 데이터셋은 정확히 이러한 암묵적 피드백 데이터셋이다. 이 데이터셋은 사용자가 이전에 무엇을 샀는지만 알려주지, 사용자가 무엇을 싫어하는지는 알려주지 않는다. 따라서 사용자가 어떤 항목을 싫어해서 안 샀는지, 그 항목이 있는지 몰라서 안 샀는지 알 수 없다.

다행스럽게도 약간의 수정을 통해 암묵적 데이터셋에 행렬 분해 기법을 적용할 수 있다. 명시적 평점 대신, 이 행렬은 그 항목과 상호작용이 있었는지 여부에 따라 1과 0의 값을 취한다. 게다가 1 또는 0의 값이 확실히 맞는지 신뢰도를 나타낼 수도 있는데, 보통 사용자가 그 항목과 얼마나 자주 상호작용하는지 세면 된다. 사용자가 더 많이 상호작용할수록 신뢰도가 커진다.

따라서 우리의 경우 사용자가 구매한 값은 모두 행렬에서 값 1을 갖게 되며 나머지는 0을 갖는다. 그러면 이 문제를 이진 분류 문제로 보고, 사용자와 항목 행렬을 학습하기 위해 텐서플로에서 SGD 기반의 모델을 구현할 수 있다.

하지만 그러기 전에 이전보다 더 강력한 기준선을 새로 세우겠다. 그러기 위해 implicit 라이브러리를 사용할 텐데, 이 라이브러리는 ALS를 사용하고 있다.

Hu et al. (2008). "Collaborative Filtering for Implicit Feedback Datasets" 논문에서 암묵적 피드백 데이터셋에 ALS 기법을 적용하는 방법을 잘 소개하고 있다. 이번 장에서 ALS를 중점적으로 다루지는 않지만 ALS가 implicit 같은 라이브러리에서 어떻게 구현돼 있는지 알고 싶다면 이 논문이 훌륭한 안내서가 될 것이다. 이 책이 집필되는 시점에 이 논문은 http://yifanhu.net/PUB/cf.pdf에서 확인할 수 있다.

먼저 implicit에서 받을 수 있는 형식으로 데이터를 준비해야 한다. 그러기 위해 사용자—항목 행렬 X를 구성해야 한다. 이를 위해 사용자와 항목을 ID로 변환해서 각 사용자를 X의 행으로 각 항목을 X의 열로 매핑하면 된다.

우리는 이미 항목(stockcode 열)을 정수로 변환했다. 사용자 ID(customerid 열)에 대해서도 동일한 작업을 다음과 같이 수행해야 한다.

```
df_train_user = df_train[df_train.customerid != -1].reset_index(drop=True)

customers = sorted(set(df_train_user.customerid))
customers = {c: i for (i, c) in enumerate(customers)}

df_train_user.customerid = df_train_user.customerid.map(customers)
```

첫 번째 줄에서는 앞으로 모델을 훈련시킬 때 사용할 알려진 사용자만 남도록 필터링을 수행한다. 그런 다음 검증 집합의 사용지에게도 동일한 절차를 적용한디.

```
df_val.customerid = df_val.customerid.apply(lambda c: customers.get(c, -1))
```

다음으로 행렬 X를 구성하기 위해 이 정수 코드를 사용한다.

```
uid = df_train_user.customerid.values.astype('int32')
iid = df_train_user.stockcode.values.astype('int32')
```

```
ones = np.ones_like(uid, dtype='uint8')

X_train = sp.csr_matrix((ones, (uid, iid)))
```

sp.csr_matrix는 scipy.sparse 패키지에서 제공하는 함수다. 행과 열 인덱스에 각 인덱스 쌍에 대응하는 값을 취해서 CSR(Compressed Storage Row, 행 압축 희소행렬) 형식으로 행렬을 구성한다.

희소 행렬을 사용하면 데이터 행렬이 차지하는 공간을 확실하게 줄일 수 있다. 추천 시스템에는 수많은 사용자와 항목이 있다. 행렬을 구성할 때 사용자가 상호작용하지 않은 항목은 모두 0으로 채운다. 이 0 값을 모두 유지하는 것은 낭비다. 따라서 희소 행렬은 0이 아닌 값만 저장하는 방식을 제공하고 있다. 더 자세한 내용은 scipy.sparse 패키지 문서[4]를 읽어보면 된다.

이제 implicit를 사용해 행렬 X를 분해하고 사용자 벡터와 항목 벡터를 학습하자.

```
from implicit.als import AlternatingLeastSquares

item_user = X_train.T.tocsr()
als = AlternatingLeastSquares(factors=128, regularization=0.000001)
als.fit(item_user)
```

ALS를 사용하기 위해 AlternatingLeastSquares 클래스를 사용한다. 이 클래스는 두 개의 매개변수를 취한다.

- factors: 사용자 벡터와 항목 벡터의 차원으로 앞에서 k라 불렀다.
- regularization: 과적합을 피하기 위한 L2 정규화 매개변수다.

그런 다음 벡터를 학습하기 위해 fit 함수를 호출한다. 훈련이 끝나고 나면 이 벡터는 얻기 쉽다.

```
als_U = als.user_factors
als_I = als.item_factors
```

U와 I 행렬을 얻었다면 이것들을 사용해 사용자에게 추천을 만들 수 있는데 그러기 위해서는 단순히 각 행렬의 행 사이에 내적을 계산하면 된다. 그 방법에 대해 곧 살펴볼 것이다.

---

4 https://docs.scipy.org/doc/scipy/reference/sparse.html

행렬 분해 방식에는 새로운 사용자를 처리할 수 없다는 문제가 있다. 이 문제를 극복하려면 기준선이 되는 방식을 결합하면 된다. 새로운 사용자와 알 수 없는 사용자에게 추천할 때는 기준선이 되는 솔루션을 사용하지만 알려진 사용자에게는 행렬 분해를 적용한다.

우선 검증 집합에서 알려진 사용자의 ID를 선택한다.

```
uid_val = df_val.drop_duplicates(subset='invoiceno').customerid.values
known_mask = uid_val != -1
uid_val = uid_val[known_mask]
```

우리는 이 사용자들에게만 추천을 생성할 것이다. 그런 다음 기준선 솔루션을 복사하고 알려진 사용자들을 위한 예측을 ALS에서 얻은 값으로 대체한다.

```
imp_baseline = baseline.copy()

pred_all = als_U[uid_val].dot(als_I.T)
top_val = (-pred_all).argsort(axis=1)[:, :5]
imp_baseline[known_mask] = top_val

prevision(val_indptr, val_items, imp_baseline)
```

여기서 우리는 검증 데이터셋에서 사용자 ID별로 벡터를 얻어 이를 모든 항목 벡터에 곱한다. 그런 다음 점수에 따라 각 사용자에 대해 상위 다섯 개 항목을 선택한다.

이 결과의 정밀도는 13.9%다. 앞에서 세운 기준선 정밀도 6%에 비하면 상당히 높다. 이를 능가하기는 훨씬 더 어렵겠지만 어쨌든 다음에는 이를 시도해 보겠다.

SGD 기반의 행렬 분해

이제 마지막으로 텐서플로에서 행렬 분해 모델을 구현해보자. 이를 통해 implicit를 사용해 기준선을 개선할 수 있는지 확인해보자. 텐서플로에서 ALS를 구현하기는 쉽지 않다. SGD 같이 경사를 기반으로 하는 방식이 더 적합하다. 우리가 ALS를 전문화된 구현에 맡긴 이유이기도 하다.

여기서는 이전 절에서 확인한 공식을 구현한다.

$$\hat{r}_{ui} = \mu + b_i + b_u + q_i^t p_u$$

기억해보면 목적 함수는 다음과 같았다.

$$\text{minimize} \sum_{ui} (r_{ui} - \hat{r}_{ui})^2 + \lambda (\| p_u \|^2 + \| p_i \|^2)$$

이 목적 함수에는 여전히 제곱 오차가 있는데, 우리는 이 문제를 이진 분류 문제로 모델링하기로 했으므로 이 부분은 더 이상 우리 프로젝트에 적합하지 않다. 실제로 텐서플로를 사용하면 이것은 문제가 되지 않는데 최적화 손실이 쉽게 변하기 때문이다.

우리 모델에서는 로그 손실을 사용할 것이다. 이진 분류 문제에서는 제곱 오차보다 더 적합하기 때문이다.

p와 q 벡터는 각각 U와 I 행렬을 구성한다. 우리는 이 U와 I 행렬을 학습해야 한다. U와 I 전체 행렬을 텐서플로 Variable로 저장한 다음 임베딩 계층을 사용해 적절한 p와 q 벡터를 찾아볼 수 있다.

임베딩 계층을 선언하기 위한 헬퍼 함수를 정의해보자.

```
def embed(inputs, size, dim, name=None):
    std = np.sqrt(2 / dim)
    emb = tf.Variable(tf.random_uniform([size, dim], -std, std), name=name)
    lookup = tf.nn.embedding_lookup(emb, inputs)
    return lookup
```

이 함수는 지정된 차원의 행렬을 생성하고, 난수로 행렬을 초기화하고, 최종적으로 조회 계층(lookup layer)을 사용해 사용자나 항목 인덱스를 벡터로 변환한다.

우리는 이 함수를 모델 그래프의 일부로 사용한다.

```
# 모델의 모수
num_users = uid.max() + 1
num_items = iid.max() + 1
```

```
num_factors = 128
lambda_user = 0.0000001
lambda_item = 0.0000001
K = 5
lr = 0.005
graph = tf.Graph()
graph.seed = 1

with graph.as_default():
    # 모델의 입력값
    place_user = tf.placeholder(tf.int32, shape=(None, 1))
    place_item = tf.placeholder(tf.int32, shape=(None, 1))
    place_y = tf.placeholder(tf.float32, shape=(None, 1))

    # 사용자 특징
    user_factors = embed(place_user, num_users, num_factors,
        "user_factors")
    user_bias = embed(place_user, num_users, 1, "user_bias")
    user_bias = tf.reshape(user_bias, [-1, 1])

    # 항목 특징
    item_factors = embed(place_item, num_items, num_factors, "item_factors")
    item_bias = embed(place_item, num_items, 1, "item_bias")
    item_bias = tf.reshape(item_bias, [-1, 1])

    global_bias = tf.Variable(0.0, name='global_bias')

    # 예측은 내적 후에 시그모이드 함수를 적용해서 얻음
    pred = tf.reduce_sum(user_factors * item_factors, axis=2)
    pred = tf.sigmoid(global_bias + user_bias + item_bias + pred)

    reg = lambda_user * tf.reduce_sum(user_factors * user_factors) + \
            lambda_item * tf.reduce_sum(item_factors * item_factors)

    # 분류 모델을 얻었으니 로그 손실을 최소화할 차례
    loss = tf.losses.log_loss(place_y, pred)
    loss_total = loss + reg
```

```
opt = tf.train.AdamOptimizer(learning_rate=lr)
step = opt.minimize(loss_total)

init = tf.global_variables_initializer()
```

모델은 세 가지 입력을 받는다.

- place_user: 사용자 ID

- place_item: 항목 ID

- place_y: 각 (사용자, 항목) 쌍의 레이블

그리고 다음 사항을 정의한다.

- user_factors: 사용자 행렬 U

- user_bias: 사용자별 편향 값 b_u

- item_factors: 항목 행렬 I

- item_bias: 항목별 편향 값 b_i

- global_bias: 전체 편향 값 μ

다음으로 편향 값을 모두 더하고 사용자와 항목 행렬 사이의 내적을 취한다. 이 값이 우리의 예측값으로서 이를 시그모이드 함수에 전달해서 확률을 구한다.

마지막으로 데이터 손실, 정규화 손실의 합으로 목적 함수를 정의하고 이 목적 함수의 값을 최소화하기 위해 Adam 최적화 기법을 사용한다.

모델은 다음 매개변수를 갖는다.

- num_users와 num_items: 사용자와 항목 개수. 각각 U와 I 행렬의 행 수를 지정한다.

- num_factors: 사용자와 항목을 위한 잠재적 특징(latent features)의 개수. U와 I 행렬의 열 수를 지정한다.

- lambda_user와 lambda_item: 정규화 매개변수

- lr: 최적화 모델을 위한 학습 속도

- K: 긍정적인 경우(positive cases)에 대한 표본을 추출했을 때 나오는 부정적 사례(negative examples)의 개수(이에 대해서는 다음 절에서 설명하겠다)

이제 모델을 훈련시키자. 먼저 입력을 작은 배치로 나눠야 한다. 이를 위한 헬퍼 함수를 사용하자.

```python
def prepare_batches(seq, step):
    n = len(seq)
    res = []
    for i in range(0, n, step):
        res.append(seq[i:i+step])
    return res
```

이는 하나의 배열을 지정된 크기의 배열 리스트로 변환한다.

우리 데이터셋은 암묵적 피드백을 기반으로 하고 있으며 긍정적 사례(발생한 상호작용)의 수는 부정적 사례(발생하지 않은 상호작용) 수에 비해 매우 작다. 이 데이터셋으로 무엇을 할까? 답은 간단하다. 우리는 부정적인 샘플을 추출한다(negative sampling). 부정적 사례의 극히 일부만 샘플로 추출하겠다는 것이다. 일반적으로 긍정적 사례별로 K개의 부정적 사례를 추출하며 K는 조정 가능한 매개변수다. 이것이 우리가 지금부터 할 작업이다.

이제 모델을 훈련시키자.

```python
session = tf.Session(config=None, graph=graph)
session.run(init)

np.random.seed(0)

for i in range(10):
    train_idx_shuffle = np.arange(uid.shape[0])
    np.random.shuffle(train_idx_shuffle)
    batches = prepare_batches(train_idx_shuffle, 5000)

    progress = tqdm(total=len(batches))
    for idx in batches:
        pos_samples = len(idx)
        neg_samples = pos_samples * K

        label = np.concatenate([
                    np.ones(pos_samples, dtype='float32'),
                    np.zeros(neg_samples, dtype='float32')
```

```
                ]).reshape(-1, 1)

    # 부정적 샘플 추출(negative sampling)
    neg_users = np.random.randint(low=0, high=num_users, size=neg_samples, dtype='int32')
    neg_items = np.random.randint(low=0, high=num_items, size=neg_samples, dtype='int32')


    batch_uid = np.concatenate([uid[idx], neg_users]).reshape(-1, 1)
    batch_iid = np.concatenate([iid[idx], neg_items]).reshape(-1, 1)


    feed_dict = {
        place_user: batch_uid,
        place_item: batch_iid,
        place_y: label,
    }
    _, l = session.run([step, loss], feed_dict)
    progress.update(1)
    progress.set_description('%.3f' % l)
    progress.close()


    val_precision = calculate_validation_precision(graph, session, uid_val)
    print('epoch %02d: precision: %.3f' % (i+1, val_precision))
```

우리는 모델을 10세대 동안 실행한 다음, 세대별로 데이터를 뒤섞어서 5000개의 긍정적 사례의 배치로 자른다. 그런 다음 배치별로 $K * 5000$개의 부정적 사례(우리의 경우, $K = 500$)를 생성하고 긍정적 사례와 부정적 사례를 하나의 배열에 함께 넣는다. 마지막으로 모델을 실행하고 업데이트할 때마다 tqdm을 사용해 훈련 손실을 모니터링한다. tqdm 라이브러리는 훈련 진행 상황을 모니터링하는 매우 뛰어난 방법을 제공한다.

다음은 tqdm 주피터 노트북 위젯을 사용했을 때 얻은 결과 그림이다.

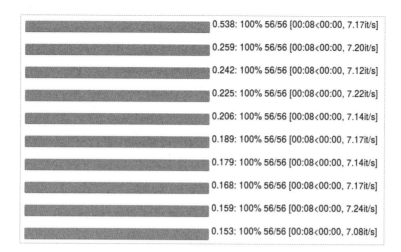

각 세대 마지막에는 정밀도를 계산해서 우리 모델이 우리가 정의한 추천 시나리오대로 수행하는지 모니터링한다. 이를 위해 calculate_validation_precision 함수를 사용한다.

- 먼저 행렬과 편향 값을 추출한다.

- 다음으로 이들을 하나로 모아서 (사용자, 항목) 쌍별로 점수를 얻는다.

- 마지막으로 이 쌍을 정렬해서 상위 5개를 기록한다.

이 특수한 경우에 대해서는 사용자 편향 값과 전체 편향 값은 필요하지 않다. 이 값들은 사용자별 항목의 정렬 순서를 바꾸지 못한다. 다음은 이 함수를 구현한 코드다.

```
def get_variable(graph, session, name):
    v = graph.get_operation_by_name(name)
    v = v.values()[0]
    v = v.eval(session=session)
    return v

def calculate_validation_precision(graph, session, uid):
    U = get_variable(graph, session, 'user_factors')
    I = get_variable(graph, session, 'item_factors')
    bi = get_variable(graph, session, 'item_bias').reshape(-1)

    pred_all = U[uid_val].dot(I.T) + bi
    top_val = (-pred_all).argsort(axis=1)[:, :5]
```

```
imp_baseline = baseline.copy()
imp_baseline[known_mask] = top_val

return precision(val_indptr, val_items, imp_baseline)
```

여기에서 다음과 같은 결과를 얻게 된다.

```
epoch 01: precision: 0.064
epoch 02: precision: 0.086
epoch 03: precision: 0.106
epoch 04: precision: 0.127
epoch 05: precision: 0.138
epoch 06: precision: 0.145
epoch 07: precision: 0.150
epoch 08: precision: 0.149
epoch 09: precision: 0.151
epoch 10: precision: 0.152
```

여섯 번째 세대에 이르면 이전 기준선을 넘어서고 열 번째 세대에서는 정밀도가 15.2%까지 오른다.

행렬 분해 기법은 일반적으로 추천 시스템을 위한 매우 강력한 기준선을 제공한다. 하지만 약간만 수정해도 동일한 기법으로 훨씬 나은 결과를 만들어낼 수 있다. 이진 분류를 위한 손실을 최적화하는 대신우리는 순위를 매기는 문제에 특화된 다른 손실함수를 사용할 수 있다. 다음 절에서는 이러한 유형의손실함수를 배우고 이를 만드는 방법을 살펴보겠다.

베이즈 개인화 순위

우리는 사용자별로 항목의 개인화된 순위를 매기기 위해 행렬 분해 기법을 사용했다. 하지만 이 문제를풀기 위해 이진 분류 문제에서의 최적화 기준인 로그 손실을 사용했다. 이 손실함수도 그런대로 잘 동작하고 대체로 훌륭한 순위 모델을 만들어 내기도 한다. 그렇지만 그 대신 순위 함수를 훈련시키기 위해 특별히 고안된 손실함수를 사용한다면 어떨까?

당연히 순위를 직접적으로 최적화하는 목적 함수를 사용하는 것은 가능하다. Rendle et al. (2012). "BPR: Bayesian Personalized Ranking from Implicit Feedback" 논문에서 저자는 최적화 기준으로 BPR-Opt를 제안한다.

앞에서 우리는 각 항목을 다른 항목들과 분리해서 봤다. 즉 한 항목의 순위 혹은 항목 i가 사용자 u의 관심을 끌 확률을 예측하려고 했다. 이러한 종류의 순위 모델을 일반적으로 '점별(point-wise)' 모델이라고 부른다. 이러한 모델은 점수를 학습하기 위해 회귀나 분류와 같은 전형적인 지도 학습 방식을 사용한 다음, 점수에 따라 항목에 순위를 매긴다. 이전 절에서 우리가 했던 방식이 정확히 여기에 해당한다.

그렇지만 BPR-Opt는 다르다. 이것은 항목의 쌍을 살펴본다. 사용자 u가 항목 i를 구매했고 항목 j는 사지 않았다면 u는 j보다는 i에 더 관심이 있을 가능성이 높다. 따라서 모델을 훈련시킬 때 모델이 i에 대해 생성한 점수 $\hat{x}_{ui}$는 j에 대한 점수 $\hat{x}_{uj}$보다 높아야 한다. 다시 말해, 우리가 원하는 점수 모델은 $\hat{x}_{ui} - \hat{x}_{uj} > 0$이다.

따라서 이 알고리즘을 훈련시키려면 세 요소로 이뤄진 쌍인 (사용자, 긍정적 항목, 부정적 항목)이 필요하다. 이 (u, i, j)에 대해 점수의 쌍별 차이(pair-wise difference)를 다음과 같이 정의한다.

$$\hat{x}_{uij} = \hat{x}_{ui} - \hat{x}_{uj}$$

여기서 $\hat{x}_{ui}$와 $\hat{x}_{uj}$는 각각 (u, i)와 (u, j)의 점수다.

모델을 훈련시킬 때 모델 매개변수를 마지막에 항목 i의 순위가 항목 j보다 높노록 조성한다. 이렇게 하려면 다음 목적 함수를 최적화하면 된다.

$$\text{minimize} -\sum \ln \sigma\left(\hat{x}_{uij}\right) + \lambda \|W\|^2$$

여기서 $\hat{x}_{uij}$는 차이 값이고, σ는 시그모이드 함수이며, W는 모델의 모든 매개변수다.

이 손실 함수를 최적화하도록 이전 코드를 변경하는 것은 간단하다. (u, i)와 (u, j) 점수를 계산하는 방식과 동일하다. 우리는 사용자와 항목 벡터 사이의 내적과 편향 값을 사용한다. 그런 다음 점수 간의 차이를 계산하고 이 차이를 새로운 목적 함수에 제공한다.

구현하는 데에도 크게 차이는 없다.

- BPR-Opt의 경우, place_y는 없지만 대신 긍정적 항목과 부정적 항목을 위한 place_item_pos와 place_item_neg가 있다.

- 그리고 더 이상 사용자 편향 값과 전체 편향 값은 필요 없다. 차이를 계산하면 이 편향 값들은 서로 상쇄된다. 게다가 이전에 검증 데이터에 대한 예측을 계산할 때 얘기했듯이 이 편향 값들은 순위를 매기는 데 실제로 중요하지 않다.

구현에서 또 다른 점이라면 이제는 입력 항목을 두 개 사용하고 이 항목들이 임베딩을 공유해야 하기 때문에 임베딩을 조금 다르게 정의해야 한다. 이를 위해 embed 헬퍼 함수를 수정하고 변수 생성과 조회 계층(lookup layer)을 분리하겠다.

```python
def init_variable(size, dim, name=None):
    std = np.sqrt(2 / dim)
    return tf.Variable(tf.random_uniform([size, dim], -std, std), name=name)


def embed(inputs, size, dim, name=None):
    emb = init_variable(size, dim, name)
    return tf.nn.embedding_lookup(emb, inputs)
```

마지막으로 코드에서 어떻게 보이는지 확인하자.

```python
num_factors = 128
lambda_user = 0.0000001
lambda_item = 0.0000001
lambda_bias = 0.0000001
lr = 0.0005

graph = tf.Graph()
graph.seed = 1

with graph.as_default():
    place_user = tf.placeholder(tf.int32, shape=(None, 1))
    place_item_pos = tf.placeholder(tf.int32, shape=(None, 1))
    place_item_neg = tf.placeholder(tf.int32, shape=(None, 1))
    # place_y 제외

    user_factors = embed(place_user, num_users, num_factors, "user_factors")
    # 사용자 편향 값, 전체 편향 값 모두 제외
    item_factors = init_variable(num_items, num_factors, "item_factors")
    item_factors_pos = tf.nn.embedding_lookup(item_factors, place_item_pos)
    item_factors_neg = tf.nn.embedding_lookup(item_factors, place_item_neg)

    item_bias = init_variable(num_items, 1, "item_bias")
    item_bias_pos = tf.nn.embedding_lookup(item_bias, place_item_pos)
    item_bias_pos = tf.reshape(item_bias_pos, [-1, 1])
```

```
item_bias_neg = tf.nn.embedding_lookup(item_bias, place_item_neg)
item_bias_neg = tf.reshape(item_bias_neg, [-1, 1])


# 각 항목에 대한 예측은 이전과 동일하지만
# 사용자 편향 값과 전체 편향 값은 제외
pred_pos = item_bias_pos + \
    tf.reduce_sum(user_factors * item_factors_pos, axis=2)
pred_neg = item_bias_neg + \
    tf.reduce_sum(user_factors * item_factors_neg, axis=2)


pred_diff = pred_pos—pred_neg


loss_bpr =—tf.reduce_mean(tf.log(tf.sigmoid(pred_diff)))
loss_reg = lambda_user * tf.reduce_sum(user_factors * user_factors) +\
    lambda_item * tf.reduce_sum(item_factors_pos * item_factors_pos)+\
    lambda_item * tf.reduce_sum(item_factors_neg * item_factors_neg)+\
    lambda_bias * tf.reduce_sum(item_bias_pos) + \
    lambda_bias * tf.reduce_sum(item_bias_neg)


loss_total = loss_bpr + loss_reg


opt = tf.train.AdamOptimizer(learning_rate=lr)
step = opt.minimize(loss_total)


init = tf.global_variables_initializer()
```

이 모델을 훈련시키는 방법 역시 약간 다르다. BPR-Opt 논문의 저자는 모든 데이터를 다 돌아 표본을 추출하는 일반적인 방식 대신 부트스트랩 샘플링(bootstrap sampling)을 사용할 것을 제안한다. 이 방식은 각 훈련 단계마다 훈련 데이터셋에서 (사용자, 긍정적 항목, 부정적 항목)을 균등하게 샘플링한다.

다행히 이 방식은 전체 데이터에서 샘플링하는 것보다 훨씬 더 구현하기 쉽다.

```
session = tf.Session(config=None, graph=graph)
session.run(init)

size_total = uid.shape[0]
size_sample = 15000
```

```
np.random.seed(0)

for i in range(75):
    for k in range(30):
        idx = np.random.randint(low=0, high=size_total, size=size_sample)

        batch_uid = uid[idx].reshape(-1, 1)
        batch_iid_pos = iid[idx].reshape(-1, 1)
        batch_iid_neg = np.random.randint(
            low=0, high=num_items, size=(size_sample, 1), dtype='int32')

        feed_dict = {
            place_user: batch_uid,
            place_item_pos: batch_iid_pos,
            place_item_neg: batch_iid_neg,
        }
        _, l = session.run([step, loss_bpr], feed_dict)

    val_precision = calculate_validation_precision(graph, session, uid_val)
    print('epoch %02d: precision: %.3f' % (i+1, val_precision))
```

약 70회 반복하면 정밀도가 약 15.4%에 이르게 된다. 이 수치는 이전 모델(15.2%)과 크게 다르지 않지만 순위를 직접 최적화할 가능성을 열어뒀다. 더 중요한 것은 점별 손실함수 대신 쌍별 목적함수를 최적화하는 것처럼 기존 방식을 조정하는 것이 얼마나 쉬운지 보여줬다는 것이다.

다음 절에서는 더 심도 있는 내용으로 순환 신경망(RNN)이 사용자 행동을 시퀀스로 모델링하고 이를 추천 시스템으로 사용하는 방법을 살펴보겠다.

추천 시스템을 위한 RNN

순환 신경망(Recurrent Neural Network, RNN)은 시퀀스를 모델링하기 위한 특별한 종류의 신경망이며 여러 응용 프로그램에서 상당한 성공을 거뒀다. 그중 하나를 꼽자면 시퀀스 생성이 있다. "The Unreasonable Effectiveness of Recurrent Neural Networks"에서 안드레이 카패시(Anderj Karpathy)는 셰익스피어 작품, 위키피디아 글, XML, Latex, C 코드에 이르기까지 RNN이 매우 인상적인 결과를 보여주는 다양한 사례에 대해 썼다!

이미 RNN이 몇몇 응용 프로그램에서 유용하다는 것을 확인했기 때문에 자연스럽게 떠오르는 질문은 RNN을 그 밖의 영역에도 적용할 수 있느냐다. 예를 들어 추천 시스템에는 어떨까? 이는 "RNN Based Subreddit Recommender System" 보고서의 저자가 스스로 질문한 내용이다[5]. 대답은 "그렇다"이다. RNN을 추천 시스템에도 사용할 수 있다!

이번 절에서 우리도 이 질문에 대답하려고 한다. 이 부분에서 이전과는 약간 다른 추천 시나리오를 생각해보자.

1. 사용자가 웹사이트를 방문한다.

2. 5개의 추천을 보여준다.

3. 구매가 일어난 후에 매번 추천을 업데이트한다.

이 시나리오에서는 결과도 다른 방식으로 평가해야 한다. 사용자가 물건을 살 때마다 그 물건이 추천한 항목에 있는지 여부를 확인하면 된다. 만약 추천 항목에 포함돼 있다면 우리 추천이 성공적이라고 판단한다. 따라서 우리가 성공적인 추천을 얼마나 많이 만들어냈는지 계산하면 된다. 이러한 성능 평가 방식은 top-5 정확도(top-5 accuracy)라고 하며, 종종 대상 범주가 많은 분류 모델을 평가하는 데 사용된다.

역사적으로 RNN은 언어 모델, 즉 지금까지 주어진 문장에서 다음에 오게 될 단어가 무엇인지 예측하는 모델에 사용됐다. 그리고 물론 `https://github.com/tensorflow/models(tutorials/rnn/ptb/ 폴더에)`에 있는 텐서플로 모델 저장소에 그러한 언어 모델이 이미 구현돼 있다. 이번 장의 나머지 부분에서 보여주는 코드 일부는 이 예제에서 큰 영감을 받았다.

그럼 이제 시작해보자.

데이터 준비 및 기준선 수립

이전과 마찬가지로 항목과 사용자를 정수로 표현해야 한다. 그렇지만 이번에는 알려지지 않은 사용자를 표현하기 위해 특별한 플레이스홀더가 필요하다. 그에 더해 각 트랜잭션의 시작 부분에 '항목 없음'을 표현하기 위해 항목에 쓰일 특별한 플레이스홀더도 필요하다. 더 자세한 내용은 이번 절 후반부에서 다시 다루겠지만 지금은 인덱스 0을 특별한 목적으로 따로 남겨두도록 인코딩해야 한다.

---

5 `https://cole-maclean.github.io/blog/RNN-Based-Subreddit-Recommender-System/`

이전에는 딕셔너리를 사용했지만 이번에는 이 목적에 맞게 특별한 클래스인 LabelEncoder를 구현해 보자.

```python
class LabelEncoder:
    def fit(self, seq):
        self.vocab = sorted(set(seq))
        self.idx = {c: i + 1 for i, c in enumerate(self.vocab)}

    def transform(self, seq):
        n = len(seq)
        result = np.zeros(n, dtype='int32')

        for i in range(n):
            result[i] = self.idx.get(seq[i], 0)

        return result

    def fit_transform(self, seq):
        self.fit(seq)
        return self.transform(seq)

    def vocab_size(self):
        return len(self.vocab) + 1
```

이 구현은 간단하며 대체로 앞에서 사용했던 코드와 같지만 이번에는 클래스로 감쌌고 특별한 데이터 (예: 훈련 데이터에서 누락된 요소)를 위해 0을 따로 마련해 뒀다.

이 인코딩을 사용해 항목을 정수로 변환해보자.

```python
item_enc = LabelEncoder()
df.stockcode = item_enc.fit_transform(df.stockcode.astype('str'))
df.stockcode = df.stockcode.astype('int32')
```

다음으로 앞에서와 마찬가지로 훈련 데이터 – 검증 데이터 – 테스트 데이터 분할을 수행한다. 훈련 데이터로 10개월 치, 검증 데이터로는 1개월 치, 테스트 데이터는 마지막 1개월 치로 나눈다.

다음으로는 사용자 ID를 인코딩한다.

```
user_enc = LabelEncoder()
user_enc.fit(df_train[df_train.customerid != -1].customerid)

df_train.customerid = user_enc.transfrom(df_train.customerid)
df_val.customerid = user_enc.transfrom(df_val.customerid)
```

앞에서와 마찬가지로 기준선을 수립하기 위해 가장 자주 구매된 항목을 사용한다. 하지만 이번에는 시나리오가 다르기 때문에 기준선도 약간 조정해야 한다. 특히 추천된 항목 중 하나를 사용자가 구매했다면 앞으로 만들 추천에서 해당 항목은 제거한다.

다음은 이를 구현한 코드다.

```
from collections import Counter

top_train = Counter(df_train.stockcode)

def baseline(uid, indptr, items, top, k=5):
    n_groups = len(uid)
    n_items = len(items)

    pred_all = np.zeros((n_items, k), dtype=np.int32)

    for g in range(n_groups):
        t = top.copy()

        start = indptr[g]
        end = indptr[g+1]
        for i in range(start, end):
            pred = [k for (k, c) in t.most_common(5)]
            pred_all[i] = pred

            actual = items[i]
            if actual in t:
                del t[actual]

return pred_all
```

이전 코드에서 indptr은 포인터 배열로, 앞에서 precision 함수를 구현할 때 사용한 것과 동일한 배열이다.

그러면 이제 이를 검증 데이터에 적용하고 실행하자.

```
iid_val = df_val.stockcode.values
pred_baseline = baseline(uid_val, indptr_val, iid_val, top_train, k=5)
```

기준선은 다음과 같다.

```
array([[3528, 3507, 1348, 2731, 181],
       [3528, 3507, 1348, 2731, 181],
       [3528, 3507, 1348, 2731, 181],
       ...,
       [1348, 2731, 181, 454, 1314],
       [1348, 2731, 181, 454, 1314],
       [1348, 2731, 181, 454, 1314]], dtype=int32
```

이제 top-k 정확도를 구현하자. 여기서도 함수 실행 속도를 높이기 위해 numba의 @njit 데코레이터를 사용한다.

```
@njit
def accuracy_k(y_true, y_pred):
    n, k = y_pred.shape

    acc = 0
    for i in range(n):
        for j in range(k):
            if y_pred[i, j] == y_true[i]:
                acc = acc + 1
                break
    return acc / n
```

이 기준선의 성능을 평가하려면 실제 레이블과 예측을 가지고 호출만 하면 된다.

```
accuracy_k(iid_val, pred_baseline)
```

이 코드는 0.012를 출력하는데, 이 말은 우리가 만들어낸 추천 중 1.2%만 적중했다는 뜻이다. 개선의 여지가 많아 보인다!

다음 단계로 긴 항목 배열을 개별 트랜잭션으로 나눈다. 여기서 다시 각 트랜잭션이 어디서 시작하고 어디서 끝나는지 알려주는 포인터 배열을 재사용할 수 있다.

```
def pack_items(users, items_indptr, items_vals):
    n = len(items_indptr)—1

    result = []
    for i in range(n):
        start = items_indptr[i]
        end = items_indptr[i+1]
        result.append(items_vals[start:end])

    return result
```

이제 트랜잭션을 풀어서 별도의 데이터프레임에 넣을 수 있다.

```
train_items = pack_items(indptr_train, indptr_train,
df_train.stockcode.values)

df_train_wrap = pd.DataFrame()
df_train_wrap['customerid'] = uid_train
df_train_wrap
```

head 함수를 사용해 결과를 확인할 수 있다.

```
df_train_wrap.head()
```

결과는 다음과 같다.

	customerid	items
0	3439	[3528, 2792, 3041, 2982, 2981, 1662, 800]
1	3439	[1547, 1546]
2	459	[3301, 1655, 1658, 1659, 1247, 3368, 1537, 153...
3	459	[1862, 1816, 1815, 1817]
4	459	[818]

이 시퀀스는 길이가 다 다르므로 RNN을 바로 적용할 수 없다. 따라서 이 시퀀스를 고정 길이를 갖는 시퀀스로 변환해서 나중에 RNN 모델에 공급하기 용이한 형태로 만들어야 한다.

원래 시퀀스가 너무 짧은 경우 0으로 채워야 한다. 시퀀스가 너무 길면 시퀀스를 자르거나 여러 시퀀스로 나눠야 한다.

마지막으로 사용자가 웹사이트에 들어왔으나 아직 아무것도 구매하지 않은 상태를 표현해야 한다. 이는 더미 0 항목(dummy zero item), 즉 인덱스가 0인 항목을 삽입하면 되는데, 이 인덱스는 이 경우처럼 특별한 목적을 위해 따로 남겨둔 것이다. 더불어 이 더미 항목을 사용해 매우 작은 시퀀스도 채울 수도 있다.

RNN을 위해 레이블도 준비해야 한다. 다음과 같은 시퀀스가 있다고 가정해보자.

$$S = [e_1, e_2, e_3, e_4, e_5]$$

우리는 길이 5로 고정된 시퀀스를 만들고 싶다. 시퀀스 앞을 0으로 채우면 훈련에 사용될 시퀀스는 다음처럼 보인다.

$$X = [0, e_1, e_2, e_3, e_4]$$

여기서 원래 시퀀스 시작 부분을 0으로 채우고 마지막 요소를 포함하지 않는다. 마지막 요소는 목표 시퀀스에만 포함될 것이다. 따라서 목표 시퀀스(우리가 예측하고자 하는 결과)는 다음처럼 보인다.

$$Y = [e_1, e_2, e_3, e_4, e_5]$$

처음 보면 헷갈릴 수 있지만 이론은 간단하다. 우리는 X의 위치 i에 대해 Y의 위치 i에 우리가 예측하고자 하는 요소를 포함하도록 시퀀스를 구성하려고 한다. 앞에서 본 예제의 경우, 우리는 다음 규칙을 학습하고자 한다.

- $0 \rightarrow e_1$ - 둘 모두 X와 Y에서 위치 0에 있다.

- $e_1 \rightarrow e_2$ - 둘 모두 X와 Y에서 위치 1에 있다.

- 등등

이제 시퀀스 길이가 2보다 작아서 길이가 5인 시퀀스를 만들기 위해 값을 채워야 하는 경우를 생각해 보자.

$$S = [e_1, e_2]$$

이 경우 다시 입력 시퀀스의 시작 부분을 0으로 채우고 끝의 두 자리도 0으로 채운다.

$$X = [0, e_1, e_2, 0, 0]$$

목표 시퀀스 Y도 비슷하게 변환한다.

$$Y = [e_1, e_2, 0, 0, 0]$$

$[e_1, e_2, e_3, e_4, e_5, e_6, e_7]$처럼 입력 시퀀스가 너무 길면 여러 시퀀스로 자를 수 있다.

$$X = \begin{matrix} [0, e_1, e_2, e_3, e_4] \\ [e_1, e_2, e_3, e_4, e_5] \\ [e_2, e_3, e_4, e_5, e_6] \end{matrix} \text{ 그리고 } Y = \begin{matrix} [e_1, e_2, e_3, e_4, e_5] \\ [e_2, e_3, e_4, e_5, e_6] \\ [e_3, e_4, e_5, e_6, e_7] \end{matrix}$$

이렇게 변환하기 위해 pad_seq 함수를 만들자. 이 함수는 필요한 만큼의 0을 시퀀스의 시작과 끝에 추가한다. 그런 다음 pad_seq 함수를 시퀀스별 X와 Y 행렬을 만드는 prepare_training_data 함수에서 호출한다.

```
def pad_seq(data, num_steps):
    data = np.pad(data, pad_width=(1, 0), mode='constant')

    n = len(data)

    if n <= num_steps:
        pad_right = num_steps—n + 1
        data = np.pad(data, pad_width=(0, pad_right), mode='constant')

    return data

def prepare_train_data(data, num_steps):
    data = pad_seq(data, num_steps)

    X = []
    Y = []

    for i in range(num_steps, len(data)):
        start = i—num_steps
        X.append(data[start:i])
        Y.append(data[start+1:i+1])

    return X, Y
```

이제 훈련 데이터의 시퀀스마다 prepare_training_data를 호출한 다음 결과를 X_train과 Y_train 행렬에 모으는 일만 남았다.

```
train_items = df_train_wrap['items']

X_train = []
Y_train = []

for i in range(len(train_items)):
    X, Y = prepare_train_data(train_items[i], 5)
    X_train.extend(X)
    Y_train.extend(Y)

X_train = np.array(X_train, dtype='int32')
Y_train = np.array(Y_train, dtype='int32')
```

이제 데이터 준비는 끝났다. 마지막으로 이 데이터를 처리할 수 있는 RNN을 만들어보자.

텐서플로로 만드는 RNN 추천 시스템

데이터 준비는 끝났고 이제 X_train, Y_train 행렬을 취해서 모델을 훈련시키는 데 사용해보자. 그러기 위해서는 먼저 모델을 만들어야 한다. 이번 장에서는 LSTM(Long Short Term Memory, 장단기 메모리) 셀을 사용하는 순환 신경망을 사용할 것이다. LSTM 셀은 장기간의 의존도를 더 잘 잡아내기 때문에 표준 RNN 셀보다 낫다.

 LSTM에 대해 더 자세히 배우고 싶다면 크리스토퍼 올라(Christopher Olah)가 쓴 "Understanding LSTM Networks"[6]를 읽어 보기 바란다. 이번 장에서는 LSTM과 RNN의 동작방식을 이론적으로 다루지 않으며 텐서플로에서 사용하는 방법만 살펴볼 것이다.

먼저 훈련 매개변수를 모두 담고 있는 전용 설정 클래스를 정의하자.

```
class Config:
    num_steps = 5

    num_items = item_enc.vocab_size()
    num_users = user_enc.vocab_size()

    init_scale = 0.1
    learning_rate = 1.0
    max_grad_norm = 5
    num_layers = 2
    hidden_size = 200
    embedding_size = 200
    batch_size = 20


config = Config()
```

이 Config 클래스는 다음 매개변수를 정의하고 있다.

- num_steps: 고정된 길이의 시퀀스 크기

- num_items: 훈련 데이터의 항목 수(+1, 더미 0 항목을 위해)

- num_users: 사용자 수(+1, 더미 0 사용자를 위해)

- init_scale: 초기화에 필요한 가중치 매개변수의 척도

- learning_rate: 가중치를 업데이트하는 속도

- max_grad_norm: 경사 값의 노름(norm)으로 허용되는 최대치. 경사 값이 이 값을 넘으면 경사 제한(gradient clipping)을
  수행

- num_layers: 신경망에서 LSTM 계층의 수

- hidden_size: LSTM 출력을 출력 확률로 변환하는 은닉 전결합 계층의 크기

- embedding_size: 항목 임베딩의 차원

- batch_size: 훈련 단계마다 망에 공급되는 시퀀스 개수

마지막으로 모델을 구현해보자. 먼저 두 개의 헬퍼 함수부터 정의하자. 이 함수들은 우리 모델에 RNN
부분을 추가할 때 사용될 것이다.

```
def lstm_cell(hidden_size, is_training):
    return rnn.BasicLSTMCell(hidden_size, forget_bias=0.0,
                   state_is_tuple=True, reuse=not is_training)


def rnn_model(inputs, hidden_size, num_layers, batch_size, num_steps, is_training):
    cells = [lstm_cell(hidden_size, is_training) for i in range(num_layers)]
    cell = rnn.MultiRNNCell(cells, state_is_tuple=True)

    initial_state = cell.zero_state(batch_size, tf.float32)
    inputs = tf.unstack(inputs, num=num_steps, axis=1)
    outputs, final_state = rnn.static_rnn(cell, inputs, initial_state=initial_state)
    output = tf.reshape(tf.concat(outputs, 1), [-1, hidden_size])

    return output, initial_state, final_state
```

이제 rnn_model 함수를 사용해 모델을 만들면 된다.

```python
def model(config, is_training):
    batch_size = config.batch_size
    num_steps = config.num_steps
    embedding_size = config.embedding_size
    hidden_size = config.hidden_size
    num_items = config.num_items

    place_x = tf.placeholder(shape=[batch_size, num_steps], dtype=tf.int32)
    place_y = tf.placeholder(shape=[batch_size, num_steps], dtype=tf.int32)

    embedding = tf.get_variable("items", [num_items, embedding_size], dtype=tf.float32)
    inputs = tf.nn.embedding_lookup(embedding, place_x)

    output, initial_state, final_state = \
        rnn_model(inputs, hidden_size, config.num_layers, batch_size,
                    num_steps, is_training)
    W = tf.get_variable("W", [hidden_size, num_items], dtype=tf.float32)
    b = tf.get_variable("b", [num_items], dtype=tf.float32)
    logits = tf.nn.xw_plus_b(output, W, b)
    logits = tf.reshape(logits, [batch_size, num_steps, num_items])

    loss = tf.losses.sparse_softmax_cross_entropy(place_y, logits)
    total_loss = tf.reduce_mean(loss)

    tvars = tf.trainable_variables()
    gradient = tf.gradients(total_loss, tvars)
    clipped, _ = tf.clip_by_global_norm(gradient, config.max_grad_norm)
    optimizer = tf.train.GradientDescentOptimizer(config.learning_rate)

    global_step = tf.train.get_or_create_global_step()
    train_op = optimizer.apply_gradients(zip(clipped, tvars),
    global_step=global_step)

    out = {}
    out['place_x'] = place_x
    out['place_y'] = place_y
    out['logits'] = logits
```

```
    out['initial_state'] = initial_state
    out['final_state'] = final_state

    out['total_loss'] = total_loss
    out['train_op'] = train_op

    return out
```

이 모델은 여러 부분으로 구성돼 있다. 각 부분을 간단하게 설명하면 다음과 같다.

1. 우선 입력을 지정한다. 이전과 마찬가지로 입력은 ID이며, 이 값은 나중에 임베딩 계층을 사용해 벡터로 변환한다.

2. 두 번째로 RNN 계층을 추가하고, 그 뒤를 전결합 계층이 따른다. LSTM 계층은 구매 행위에 대한 임의의 패턴을 학습하고 전결합 계층은 이 정보를 전체 항목에 대한 확률 분포로 변환한다.

3. 세 번째로 우리 모델은 다중 범주 분류 모델이므로 범주형 교차 엔트로피 손실(categorical cross-entropy loss)을 최적화한다.

4. 마지막으로 알려져 있다시피 LSTM은 경사 발산 문제가 일어나므로 최적화할 때 경사 제한을 수행한다.

함수는 딕셔너리의 중요한 변수를 모두 반환하기 때문에 나중에 결과 모델을 훈련시키고 검증할 때 이 변수들을 사용할 수 있다.

이번에 우리가 함수를 만드는 이유는 앞에서 본 전역 변수뿐 아니라 훈련, 테스트 단계 사이에 매개변수를 바꿀 수 있도록 하기 위해서다. 훈련시키는 동안 batch_size, num_steps 변수는 어떤 값도 가질 수 있으며, 실제로 이 변수들은 모델에서 조정 가능한 매개변수이기도 하다. 반면 테스트 단계에서 이 매개변수들은 하나의 값, 1만 가질 수 있다. 그 이유는 사용자가 물건을 사면 언제나 한 번에 여러 개가 아닌 한 개의 항목만 사므로 num_steps가 1이기 때문이다. batch_size도 같은 이유로 값이 1이다.

이 때문에 훈련에 사용될 설정과 검증에 사용될 설정을 따로 만든다.

```
config = Config()
config_val = Config()
config_val.batch_size = 1
config_val.num_steps = 1
```

이제 모델의 연산 그래프(computational graph)를 정의하자. 훈련 과정에서 매개변수를 학습하지만 테스트 단계에서 다른 매개변수를 갖는 별도의 모델에서 이 매개변수를 사용하려고 하기 때문에 학습된 매개변수는 공유 가능하도록 만들어져야 한다. 이 매개변수에는 임베딩, LSTM, 전결합 계층의 가중치가 포함된다. 두 모델에서 이 매개변수를 공유하도록 만들어야 하므로 변수 범위를 지정할 때 reuse=True로 설정한다.

```python
graph = tf.Graph()
graph.seed = 1

with graph.as_default():
    initializer = tf.random_uniform_initializer(-config.init_scale, config.init_scale)

    with tf.name_scope("Train"):
        with tf.variable_scope("Model", reuse=None, initializer=initializer):
            train_model = model(config, is_training=True)

    with tf.name_scope("Valid"):
        with tf.variable_scope("Model", reuse=True, initializer=initializer):
            val_model = model(config_val, is_training=False)

    init = tf.global_variables_initializer()
```

그래프 준비가 끝났다. 이제 모델을 훈련시키면 된다. 이를 위해 헬퍼 함수인 run_epoch를 만들자.

```python
def run_epoch(session, model, X, Y, batch_size):
    fetches = {
        "total_loss": model['total_loss'],
        "final_state": model['final_state'],
        "eval_op": model['train_op']
    }

    num_steps = X.shape[1]
    all_idx = np.arange(X.shape[0])
    np.random.shuffle(all_idx)
    batches = prepare_batches(all_idx, batch_size)

    initial_state = session.run(model['initial_state'])
```

```
    current_state = initial_state

    progress = tqdm(total=len(batches))
    for idx in batches:
        if len(idx) < batch_size:
            continue

        feed_dict = {}
        for i, (c, h) in enumerate(model['initial_state']):
            feed_dict[c] = current_state[i].c
            feed_dict[h] = current_state[i].h

        feed_dict[model['place_x']] = X[idx]
        feed_dict[model['place_y']] = Y[idx]

        vals = session.run(fetches, feed_dict)
        loss = vals["total_loss"]
        current_state = vals["final_state"]

        progress.update(1)
        progress.set_description('%.3f' % loss)
    progress.close()
```

함수의 첫 부분은 익숙할 것이다. 먼저 모델에서 얻고 싶은 변수 딕셔너리를 만들고 데이터셋을 섞는다.

다음 부분은 이전에 봤던 것과는 다르다. 이번에는 RNN 모델(정확하게 말하면 LSTM 셀)을 사용하기 때문에 실행하는 동안 상태를 기록해야 한다. 그러기 위해서 먼저 초기 상태(모두 0)를 가져온 다음 모델이 정확히 이 값들을 가져왔는지 확인한다. 각 단계가 끝날 때마다 LSTM의 마지막 단계를 기록하고 그 값을 모델에 다시 입력한다. 이 방식으로 모델은 전형적인 행동 패턴을 학습할 수 있다.

이전과 마찬가지로 tqdm을 사용해 진행 상황을 모니터링하는데, 해당 세대 중 얼마나 많은 단계를 지났는지와 현재 기준 훈련 손실이 얼마인지 보여준다.

한 세대 동안 이 모델을 훈련시키자.

```
session = tf.Session(config=None, graph=graph)
session.run(init)
```

```
np.random.seed(0)

run_epoch(session, train_model, X_train, Y_train,
batch_size=config.batch_size)
```

한 세대는 모델이 일부 패턴을 학습하기에는 충분하므로 이제 모델이 실제로 학습할 수 있는지 여부를
확인하면 된다. 그러기 위해서 먼저 또 다른 헬퍼 함수를 작성할 텐데, 이 함수는 앞서 설명한 추천 시
나리오를 에뮬레이션한 것이다.

```
def generate_prediction(uid, indptr, items, model, k):
    n_groups = len(uid)
    n_items = len(items)

    pred_all = np.zeros((n_items, k), dtype=np.int32)
    initial_state = session.run(model['initial_state'])

    fetches = {
        "logits": model['logits'],
        "final_state": model['final_state'],
    }

    for g in tqdm(range(n_groups)):
        start = indptr[g]
        end = indptr[g+1]

        current_state = initial_state

        feed_dict = {}

        for i, (c, h) in enumerate(model['initial_state']):
            feed_dict[c] = current_state[i].c
            feed_dict[h] = current_state[i].h

        prev = np.array([[0]], dtype=np.int32)

        for i in range(start, end):
            feed_dict[model['place_x']] = prev
```

```
        actual = items[i]
        prev[0, 0] = actual

        values = session.run(fetches, feed_dict)
        current_state = values["final_state"]

        logits = values['logits'].reshape(-1)
        pred = np.argpartition(-logits, k)[:k]
        pred_all[i] = pred

    return pred_all
```

여기서 하는 일은 다음과 같이 정리할 수 있다.

1. 먼저 예측 행렬을 초기화한다. 행렬 크기는 기준선과 마찬가지로 검증 집합의 항목 수 x 추천 항목 수다.

2. 그런 다음 데이터셋의 트랜잭션마다 모델을 실행한다.

3. 언제나 더미 0 항목과 비어 있는 0 LSTM 상태로 시작한다.

4. 그런 다음 하나씩 차례로 다음에 구매할 항목을 예측하고 사용자가 구매한 실제 항목을 이전 항목으로 넣어서 다음 단계에 모델에 공급할 것이다.

5. 마지막으로 전결합 계층의 출력을 가져와 가장 가능성 있는 top-k 예측을 이 특정 단계를 위한 추천으로 얻는다.

이 함수를 실행하고 성능을 살펴보자.

```
pred_lstm = generate_prediction(uid_val, indptr_val, iid_val, val_model, k=5)
accuracy_k(iid_val, pred_lstm)
```

결과는 7.1%로, 기준선의 7배에 해당한다.

이것은 매우 기초적인 모델로 확실히 개선의 여지가 있다. 학습 속도를 조정하거나 학습 속도가 점차 감소하도록 조정해서 몇 세대를 더 훈련시킬 수 있다. 다른 매개변수들처럼 batch_size, num_steps를 바꿀 수도 있다. 또한 여기서는 가중치 감소(weight decay)도 드롭아웃(dropout)도 그 어떤 정규화도 사용하지 않는데 이 같은 정규화를 추가하면 도움될 것이다.

그렇지만 무엇보다 핵심은 우리가 어떤 사용자 정보도 사용하지 않고 단지 항목 패턴에만 의거해서 추천을 만들었다는 점이다. 여기에 사용자 맥락을 포함시킴으로써 모델을 더 개선할 수 있을 것이다. 결국 추천 시스템은 개인화돼야, 즉 특정 사용자에 맞춰져야 한다.

지금은 X_train 행렬에 항목만 포함돼 있다. 우리는 또 다른 입력, 예를 들어 사용자 ID를 포함한 U_train을 포함시켜야 한다.

```python
X_train = []
U_train = []
Y_train = []


for t in df_train_wrap.itertuples():
    X, Y = prepare_train_data(t.items, config.num_steps)
    U_train.extend([t.customerid] * len(X))
    X_train.extend(X)
    Y_train.extend(Y)


X_train = np.array(X_train, dtype='int32')
Y_train = np.array(Y_train, dtype='int32')
U_train = np.array(U_train, dtype='int32')
```

이제 모델을 변경하자. 사용자 특징을 통합하는 가장 쉬운 방법은 사용자 벡터를 항목 벡터와 함께 연결해서 연결된 행렬을 LSTM에 넣는 것이다. 이것은 구현하기 쉬운데 코드에서 몇 줄만 바꾸면 된다.

```python
def user_model(config, is_training):
    batch_size = config.batch_size
    num_steps = config.num_steps
    embedding_size = config.embedding_size
    hidden_size = config.hidden_size
    num_items = config.num_items
    num_users = config.num_users

    place_x = tf.placeholder(shape=[batch_size, num_steps], dtype=tf.int32)
    place_u = tf.placeholder(shape=[batch_size, 1], dtype=tf.int32)
    place_y = tf.placeholder(shape=[batch_size, num_steps], dtype=tf.int32)

    item_embedding = tf.get_variable("items", [num_items, embedding_size], dtype=tf.float32)
    item_inputs = tf.nn.embedding_lookup(item_embedding, place_x)
```

```
user_embedding = tf.get_variable("users", [num_items, embedding_size], dtype=tf.float32)
u_repeat = tf.tile(place_u, [1, num_steps])
user_inputs = tf.nn.embedding_lookup(user_embedding, u_repeat)
inputs = tf.concat([user_inputs, item_inputs], axis=2)

output, initial_state, final_state = \
    rnn_model(inputs, hidden_size, config.num_layers, batch_size, num_steps, is_training)

W = tf.get_variable("W", [hidden_size, num_items], dtype=tf.float32)
b = tf.get_variable("b", [num_items], dtype=tf.float32)

logits = tf.nn.xw_plus_b(output, W, b)
logits = tf.reshape(logits, [batch_size, num_steps, num_items])

loss = tf.losses.sparse_softmax_cross_entropy(place_y, logits)
total_loss = tf.reduce_mean(loss)

tvars = tf.trainable_variables()
gradient = tf.gradients(total_loss, tvars)
clipped, _ = tf.clip_by_global_norm(gradient, config.max_grad_norm)
optimizer = tf.train.GradientDescentOptimizer(config.learning_rate)

global_step = tf.train.get_or_create_global_step()
train_op = optimizer.apply_gradients(zip(clipped, tvars), global_step=global_step)

out = {}
out['place_x'] = place_x
out['place_u'] = place_u
out['place_y'] = place_y

out['logits'] = logits
out['initial_state'] = initial_state
out['final_state'] = final_state

out['total_loss'] = total_loss
out['train_op'] = train_op

return out
```

새롭게 구현한 내용에서 이전 모델과 달라진 부분은 굵은 글씨로 표시했다. 특별히 달라진 점은 다음과 같다.

- 사용자 ID를 입력으로 취하는 플레이스홀더인 place_u를 추가했다.

- 우리가 추가한 user_embeddings과 혼동하지 않도록 embeddings를 item_embeddings로 이름을 바꿨다.

- 마지막으로 사용자 특징과 항목 특징을 연결한다.

그 밖의 나머지 코드는 변경하지 않았다.

초기화는 이전 모델과 비슷하다.

```python
graph = tf.Graph()
graph.seed = 1

with graph.as_default():
    initializer = tf.random_uniform_initializer(-config.init_scale, config.init_scale)

    with tf.name_scope("Train"):
        with tf.variable_scope("Model", reuse=None, initializer=initializer):
            train_model = user_model(config, is_training=True)

    with tf.name_scope("Valid"):
        with tf.variable_scope("Model", reuse=True, initializer=initializer):
            val_model = user_model(config_val, is_training=False)

    init = tf.global_variables_initializer()

session = tf.Session(config=None, graph=graph)
session.run(init)
```

유일한 차이점은 모델을 생성할 때 다른 함수를 호출한다는 것이다. 모델을 한 세대 훈련시키기 위한 코드는 이전과 매우 유사하다. 유일하게 바꾼 것은 함수의 추가 매개변수로서, 우리가 feed_dict 내부에 추가한 것이다.

```python
def user_model_epoch(session, model, X, U, Y, batch_size):
    fetches = {
        "total_loss": model['total_loss'],
```

```
        "final_state": model['final_state'],
        "eval_op": model['train_op']
    }

    num_steps = X.shape[1]
    all_idx = np.arange(X.shape[0])
    np.random.shuffle(all_idx)
    batches = prepare_batches(all_idx, batch_size)

    initial_state = session.run(model['initial_state'])
    current_state = initial_state

    progress = tqdm(total=len(batches))
    for idx in batches:
        if len(idx) < batch_size:
            continue

        feed_dict = {}
        for i, (c, h) in enumerate(model['initial_state']):
            feed_dict[c] = current_state[i].c
            feed_dict[h] = current_state[i].h

        feed_dict[model['place_x']] = X[idx]
        feed_dict[model['place_y']] = Y[idx]
        feed_dict[model['place_u']] = U[idx].reshape(-1, 1)

        vals = session.run(fetches, feed_dict)
        loss = vals["total_loss"]
        current_state = vals["final_state"]

        progress.update(1)
        progress.set_description('%.3f' % loss)
    progress.close()
```

이 새 모델을 한 세대만 훈련시키자.

```
session = tf.Session(config=None, graph=graph)
session.run(init)
```

```
np.random.seed(0)

user_model_epoch(session, train_model, X_train, U_train, Y_train, batch_size=config.batch_size)
```

이 모델을 사용하는 방법도 이전과 거의 동일하다.

```
def generate_prediction_user_model(uid, indptr, items, model, k):
    n_groups = len(uid)
    n_items = len(items)

    pred_all = np.zeros((n_items, k), dtype=np.int32)
    initial_state = session.run(model['initial_state'])

    fetches = {
        "logits": model['logits'],
        "final_state": model['final_state'],
    }

    for g in tqdm(range(n_groups)):
        start = indptr[g]
        end = indptr[g+1]
        u = uid[g]

        current_state = initial_state

        feed_dict = {}
        feed_dict[model['place_u']] = np.array([[u]], dtype=np.int32)

        for i, (c, h) in enumerate(model['initial_state']):
            feed_dict[c] = current_state[i].c
            feed_dict[h] = current_state[i].h

        prev = np.array([[0]], dtype=np.int32)

        for i in range(start, end):
            feed_dict[model['place_x']] = prev

            actual = items[i]
```

```
            prev[0, 0] = actual

            values = session.run(fetches, feed_dict)
            current_state = values["final_state"]

            logits = values['logits'].reshape(-1)
            pred = np.argpartition(-logits, k)[:k]
            pred_all[i] = pred

    return pred_all
```

마지막으로 이 함수를 사용해 검증 집합에서 예측을 생성하고 추천의 정확도를 계산한다.

```
pred_lstm = generate_prediction_user_model(uid_val, indptr_val, iid_val, val_model, k=5)
accuracy_k(iid_val, pred_lstm)
```

우리가 확인한 결과는 0.252, 즉 25%다. 당연히 이보다 더 나은 결과를 기대했겠지만 이만큼 개선된 것도 비약적인 발전이다. 이전 모델에 비교하면 4배나 나은 결과이며, 아무것도 고려하지 않은 기준선에 비하면 25배나 개선됐다. 여기서는 테스트 집합을 가지고 모델을 테스트하는 과정은 생략했지만 모델이 과적합되지 않았는지 여러분이 직접 확인해볼 수 있다.

정리

이번 장에서는 추천 시스템을 다뤘다. 먼저 배경 이론을 살펴보고, 텐서플로로 간단한 기법을 구현했으며 추천에 BPR-Opt를 적용하는 등 개선 방법에 대해 논의했다. 이러한 모델들은 실제 추천 시스템을 구현할 때 여러분이 반드시 알아 둬야 할 매우 중요한 내용이다.

두 번째 절에서는 RNN과 LSTM을 기반으로 추천 시스템을 구축하는 새로운 기법을 적용해봤다. 사용자 구매 이력을 시퀀스로 보고, 시퀀스 모델을 사용해 성공적인 추천을 만들어낼 수 있었다.

다음 장에서는 강화학습(Reinforcement Learning)을 다룰 것이다. 강화학습은 최근 딥러닝이 발전하면서 최첨단 기술을 크게 바꿔 놓은 분야 중 하나다. 이제 모델은 많은 게임에서 인간을 이길 수 있게됐다. 우리는 이러한 변화를 일으킨 진화된 모델을 살펴보고, 텐서플로를 사용해 실제 AI를 구현하는 방법도 배울 것이다.

10

강화학습으로
비디오 게임 하기

알고리즘이 입력과 출력을 연결해야 하는 지도 학습(supervised learning)과 다르게 강화학습에는 다른 종류의 최대화 작업(maximization task)이 있다. 환경(즉 상황)이 주어졌을 때 결과로 얻어질 보상을 최대화시키는 분명한 목적을 가지고 행동(환경과 상호작용하거나 환경을 변화시키기 위해 필요한 무엇)하는 솔루션을 구해야 한다. 그렇기 때문에 강화학습 알고리즘은 어떤 명백하고 뚜렷한 목적은 없지만 결국 최대의 결과를 얻을 수 있다. 이 알고리즘은 자유롭게 시행착오를 거쳐 결과를 달성하는 방법을 찾을 수 있다. 이는 새로운 환경에서 자유롭게 이것저것 해보는 갓난아이의 경험을 닮았으며 경험으로부터 최선의 결과를 얻는 방법을 찾기 위해 피드백을 분석한다. 이 알고리즘은 새로운 비디오 게임을 만났을 때의 경험과도 닮아 있는데, 게임할 때 먼저 최고의 우승 전략을 찾아보고 여러 다양한 방식을 시도해 본 다음 게임에서 어떻게 움직일지 결정한다.

현재까지는 어떤 강화학습 알고리즘도 인간의 일반적인 학습 능력을 갖고 있지 못하다. 인간은 여러 입력으로부터 더 빨리 학습하며, 매우 복잡하고 다양하며 조직적이거나 체계화되지 않은 여러 환경에서 행동하는 법을 배울 수 있다. 하지만 강화학습 알고리즘은 특정 작업에 있어서는 초인적 능력(그렇다, 인간보다 나을 수 있다)을 보여줄 수 있음이 입증됐다. 강화학습 알고리즘이 특정 게임에 특화돼 있고 학습에 충분한 시간이 주어진다면 눈부신 결과를 성취할 수 있다(그 예로 장기적 전략과 직관이 요구되는 복잡한 게임인 바둑에서 세계 챔피언을 이긴 최초의 컴퓨터 게임인 알파고[1]를 들 수 있다.)

---

1 https://deepmind.com/research/alphago/

이번 장에서는 아타리사에서 출시한 루나 랜더(Lunar Lander) 게임의 명령어를 성공적으로 관리하는 방법을 학습하는 강화학습 알고리즘을 딥러닝의 도움을 받아 구하는 도전적인 프로젝트를 보여줄 것이다. 루나 랜더는 명령어가 많지 않고 게임의 상황을 설명하는 몇 가지 값만 확인해도 성공적으로 끝날 수 있는 게임이다(화면을 보지 않아도 무엇을 해야 할지 알 수 있고 실제로 게임 초기 버전은 1960년대로 거슬러 올라가는데 그때는 텍스트 버전이었다). 이 게임에서 강화학습 알고리즘이 성공적으로 작동할 수 있기 때문에 우리 프로젝트에서 사용하기에 이상적인 게임이다.

신경망과 강화학습을 함께 적용하는 것이 이번이 처음은 아니다. 1990년대 초에 IBM에서 게리 테사우로(Gerry Tesauro)는 유명한 TD-Gammon을 프로그래밍했고, 세계적인 주사위 게임(backgammon)을 하는 TD-Gammon을 훈련시키기 위해 전방 전달 신경망(feedforward neural network)과 시간차 학습(temporal-difference learning, 몬테카를로(Monte Carlo) 방법과 동적 계획법(dynamic programming)의 결합체)을 결합했다. 이 게임은 두 사람이 두 개의 주사위를 가지고 하는 게임이다. 이 게임이 궁금하다면 US Backgammon Federation에서 제공하는 규칙을 읽어 보면 될 것이다[2]. 당시 이 방식은 주사위가 주는 비결정적 성격 때문에 주사위 게임에 효과적이었다. 하지만 이보다 더 결정적인 성격을 갖는 다른 게임에서는 실패했다. 최근 몇 년 동안 구글 딥러닝 팀의 연구진들 덕분에 신경망은 주사위 게임 말고 다른 문제를 푸는 데 도움을 줄 수 있게 됐으며 어떤 컴퓨터에서도 문제를 풀 수 있게 됐다. 이제 강화학습은 구글 브레인 팀의 AI 연구원인 이안 굿펠로우가 쓴 글[3]에서도 볼 수 있듯이 딥러닝과 머신러닝 분야에서 차세대 유망 분야 중 상위에 올라 있다.

게임 소개

루나 랜더는 아타리사에서 개발한 아케이드 게임으로 1979년 최초로 비디오 게임 아케이드에 등장했다. 흑백 벡터 그래픽으로 개발되어 특별히 고안된 게임기에 배포된 이 게임은 달에 접근하는 달 착륙선을 측면도로 보여주는데 이 달에는 특별 착륙 지역들이 있다. 착륙지는 그것을 둘러싼 지형에 따라 너비와 접근성이 달라서 착륙선이 착륙했을 때 사용자마다 얻는 점수가 다르다. 게임 플레이어는 고도와 속도, 남은 연료 양, 점수, 지금까지 걸린 시간에 대한 정보를 제공받는다. 착륙 포드를 땅으로 당기는 중력의 힘이 가해지면 플레이어는 연료를 어느 정도 들여 착륙 보드를 회전시키거나 밀 수 있다(이때 관성도 고려해야 한다). 연료는 게임의 핵심이다.

---

2 http://usbgf.org/learn-backgammon/backgammon-rules-and-terms/rules-of-backgammon/

3 https://www.forbes.com/sites/quora/2017/07/21/whats-next-for-deep-learning/#6a8f8cd81002

게임은 연료가 다 떨어진 다음 착륙 포드가 달에 닿을 때 끝난다. 연료가 다 떨어질 때까지 플레이어는 착륙선이 추락하더라도 계속 게임을 한다. 플레이어가 사용할 수 있는 명령어는 버튼 네 개가 전부다. 그중 두 개는 왼쪽과 오른쪽으로 회전시키는 것이고 하나는 착륙 포드의 바닥으로부터 밀어내어 착륙 선이 향하던 방향으로 밀어내며, 마지막 버튼은 착륙 포드가 추락하는 것을 막기 위해 착륙 포드를 수 직으로 회전시켜 강력한(그래서 연료 소모가 큰) 추력을 사용해 착륙을 취소한다.

이 같은 게임의 흥미로운 부분은 비용과 보상이 분명하다는 것이지만 일부는 즉각적으로 분명해 보이 고(여러분이 착륙 시도할 때 사용한 연료의 양처럼) 다른 부분은 착륙 포드가 땅에 닿을 때까지 알 수 없다(완전히 끝나야만 착륙이 성공적이었는지 여부를 알 수 있다). 착륙할 때 연료가 들기 때문에 연료 를 너무 많이 낭비하지 않도록 게임에 경제적 접근이 필요하다. 착륙하면 점수를 얻는다. 착륙이 어렵 고 안전할수록 점수가 높다.

OpenAI 버전

OpenAI Gym은 공식 웹사이트(https://gym.openai.com/)에서 제공하는 문서에서 소개하듯이 강화학 습 알고리즘을 구현하고 비교하기 위한 툴킷이다. 이 툴킷은 실제로 파이썬 2와 파이썬 3에서 모두 실 행되는 파이썬 패키지와 자신이 만든 알고리즘 성능 결과를 업로드하고 다른 알고리즘과 비교하는 데 유용한 웹사이트 API(실제로 이 부분은 살펴보지 않을 것이다)로 구성돼 있다.

이 툴킷은 강화학습의 원리를 구체화한 것으로 여기에는 환경과 에이전트가 있다. 에이전트는 환경에 서 어떤 행동을 하거나 하지 않을 수 있으며, 환경은 새로운 상태(환경에서의 상황을 나타냄)와 보상 으로 응답하는데, 이 보상은 에이전트가 제대로 행동한 것인지 여부를 알려주는 점수다. Gym 툴킷은 모든 것을 환경에 제공하므로 에이전트가 환경에 대처하는 것을 돕는 알고리즘을 코딩하는 것은 각자 의 몫이다. 환경은 env 클래스로 처리되며, 이 클래스에는 특정 게임을 위한 환경을 생성하는 명령어인 gym.make('environment')를 실행했을 때 인스턴스화되는 강화학습용 메서드들이 포함돼 있다. 공식 문 서에 나온 예제를 살펴보자.

```
import gym
env = gym.make('CartPole-v0')
for i_episode in range(20):
    observation = env.reset()
    for t in range(100):
        env.render()
```

```
        print(observation)
        # 임의의 행동 취하기
        action = env.action_space.sample()
        observation, reward, done, info = env.step(action)
        if done:
            print("Episode finished after {} timesteps".format(t+1))
            break
```

이 예제에서 실행 환경은 CartPole-v0이다. 주로 제어 문제에 해당하는 CartPole-v0 게임에서는 마찰이 적은 트랙을 따라 움직이는 카트에 움직이는 추가 부착돼 있다. 이 게임의 목적은 카트의 앞이나 뒤에 힘을 가해 가능한 오랫동안 추가 똑바로 서 있도록 유지하는 것이다. 게임 역학은 유튜브 영상[4]을 보면 알 수 있는데, 이 동영상은 IIT 마드라스 대학의 역학 제어 연구실(Dynamics and Control Lab)에서 어려운 제어 문제를 풀 수 있는 뉴런과 유사한 적응형 요소(Neuron-like adaptive elements)를 기반으로 실제 실험한 내용의 일부다.

 카트폴(Cartpole) 문제는 BARTO, Andrew G.; SUTTON, Richard S.; ANDERSON, Charles W. "Neuron like adaptive elements that can solve difficult learning control problems", *IEEE transactions on systems, man, and Cybernetics*. http://ieeexplore.ieee.org/document/6313077/ 논문에 잘 설명돼 있다.

이 예제에 적용된 env 메서드를 간략히 설명하면 다음과 같다.

- reset(): 환경 상태를 초기 기본 조건으로 초기화한다. 실제로 초기 환경 상태(observations)를 반환한다.

- step(action): 환경을 단일 시간 단계만큼 이동시킨다. observations, reward, done, info 변수로 구성된 벡터를 반환한다. observations는 환경 상태를 나타내며 게임마다 각기 다른 값 벡터로 표현된다. 예를 들어, CartPole-v0처럼 물리학이 적용된 게임은 카트 위치, 카트 속도, 막대기 각도, 막대기 속도로 구성된 벡터를 반환한다. 보상은 단순히 이전 행동으로 얻은 점수다(각 지점에서 전체 점수를 알아내려면 보상을 모두 합산해야 한다). done 변수는 게임이 종료 상태에 도달했는지(게임이 끝났는지) 여부를 알려주는 부울 플래그다. info는 진단 정보를 제공하는데 이는 여러분이 만든 알고리즘에서 사용하지는 않지만 디버깅을 위해 필요한 정보다.

- render(mode='human', close=False): 환경의 단일 시간 프레임을 렌더링한다. 기본 모드는 창을 띄우는 것 같은 사용자 친화적인 일을 할 것이다. close 플래그를 전달하면 렌더링 엔진에 창을 닫도록 신호를 보낸다.

---

4 https://www.youtube.com/watch?v=qMlcsc43-lg

명령어의 결과는 다음과 같다.

- CartPole-v0 환경 구성

- 1,000단계 실행

- 카트에 양의 힘을 가할지 음의 힘을 가할지 무작위로 선택

- 결과 시각화

이 방식의 흥미로운 부분은 gym.make 메서드에 다른 문자열을 제공하는(예를 들어, MsPacman-v0이나 Breakout-v0, 또는 gym.print(envs.registry.all())에서 얻을 수 있는 목록 중 아무거나 선택해보라) 것만으로도 게임을 쉽게 바꿀 수 있으며, 코드를 전혀 바꾸지 않고도 다양한 환경에서 여러분의 문제 해결 방식을 테스트할 수 있다는 점이다. OpenAI Gym을 활용하면 모든 환경에 적용될 수 있는 공통 인터페이스를 사용해 여러분이 만든 알고리즘이 다양한 문제에 대한 일반적인 해결책이 될 수 있는지 쉽게 테스트해볼 수 있다. 더구나 이 툴킷은 스키마에 따라 에이전트-환경 문제를 추론하고, 이해하고, 해결할 수 있는 프레임워크를 제공한다. 시간 $t-1$에 상태와 보상이 에이전트에 입력되고, 에이전트는 행동으로 반응해서 시간 t에 새로운 상태와 새로운 보상을 만들어낸다.

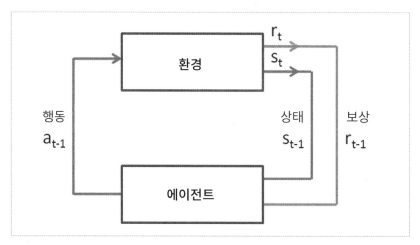

그림 10.1 환경과 에이전트가 상태, 행동, 보상을 사용해 상호작용하는 방식

OpenAI Gym에서는 게임마다 활동 공간(action_space, 에이전트가 응답할 명령어)과 observation_space(상태 표현 방식)가 모두 바뀐다. 환경 구성이 끝난 뒤 바로 print 명령어를 사용해 이 공간이 어떻게 변했는지 확인할 수 있다.

```
print(env.action_space)
print(env.observation_space)
print(env.observation_space.high)
print(env.observation_space.low)
```

리눅스(우분투 14.04 혹은 16.04)에 OpenAI 설치하기

우분투 시스템에 환경을 설치하는 것이 좋다. OpenGym AI는 리눅스 시스템용으로 만들어졌고 윈도우 시스템에 대한 지원은 거의 없다. 시스템의 이전 설정에 따라 먼저 몇 가지를 추가적으로 설치해야 할 수도 있다.

```
apt-get install -y python3-dev python-dev python-numpy libcupti-dev libjpeg-turbo8-dev make golang
tmux htop chromium-browser git cmake zlib1gdev libjpeg-dev xvfb libav-tools xorg-dev python-opengl
libboost-all-dev libsdl2-dev swig
```

여기서는 아나콘다(Anaconda)로 작업할 것을 추천하므로 아나콘다 3도 설치한다. 이 파이썬 배포판 설치에 대한 모든 사항은 https://www.anaconda.com/download/에서 찾아볼 수 있다.

시스템 요구사항을 구성한 다음, OpenGym AI를 그에 딸린 모듈 전체와 함께 설치하는 일은 매우 간단하다.

```
git clone https://github.com/openai/gym
cd gym
pip install -e .[all]
```

이 프로젝트에서 실제로 우리는 유사 현실 비디오 게임에서 흔히 볼 수 있는 현실 세계의 물리학을 2차원 환경으로 렌더링해주는 2차원 물리 엔진인 Box2D 모듈을 사용하는 데 관심이 있다. 파이썬에서 다음 명령어를 실행해 Box2D 모듈이 제대로 동작하는지 테스트해볼 수 있다.

```
import gym
env = gym.make('LunarLander-v2')
env.reset()
env.render()
```

코드가 아무 문제없이 실행되면 프로젝트를 계속 진행하면 된다. 경우에 따라 Box2D 실행이 어려울 수 있다. 다른 예들도 많겠지만 그중 하나를 꼽자면 https://github.com/cbfinn/gps/issues/34에서 보고된 것과 같은 문제가 있을 수 있다. 알려진 바에 따르면 파이썬 3.4 기반의 conda 환경에서 Gym을 설치하면 일이 훨씬 더 쉬워질 수 있다.

```
conda create --name gym python=3.4 anaconda gcc=4.8.5
source activate gym
conda install pip six libgcc swig
conda install -c conda-forge opencv
pip install --upgrade tensorflow-gpu
git clone https://github.com/openai/gym
cd gym
pip install -e .
conda install -c https://conda.anaconda.org/kne pybox2d
```

이 설치 순서를 따르면 이번 장의 프로젝트를 진행하기에 적절한 conda 환경을 만들 수 있다.

OpneAI Gym에서 루나 랜더 게임

LunarLander v2는 OpenAI 엔지니어 올레그 클리모프(Oleg Klimov)가 알타리사의 루나 랜더 게임에서 영감을 받아 개발한 시나리오다(https://github.com/olegklimov). 이 구현에서 착륙 포드를 항상 $x=0$, $y=0$ 좌표에 위치한 달 착륙장에 내려야 한다. 더불어 여러분의 실제 위치 x와 y는 상태 벡터의 첫 두 요소에 저장돼 있어서 알 수 있다. 이 상태 벡터는 특정 시점에 취할 최선의 행동을 결정하는 강화학습 알고리즘에 필요한 모든 정보를 포함한 벡터다.

이 시나리오는 목표(로봇 공학에서 보편적인 문제)와 관련해서 여러분의 위치를 찾는 일이 애매하거나 불확실하지 않기 때문에 작업을 쉽게 만들어 준다.

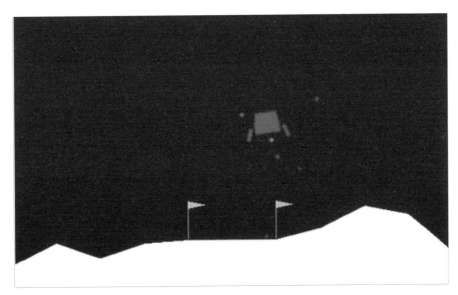

그림 10.2 실제 LunarLander-v2 화면

매번 착륙 포드는 다음 4개의 행동 중 하나를 선택하게 된다.

- 아무 일도 하지 않는다.

- 왼쪽으로 회전한다.

- 오른쪽으로 회전한다.

- 밀어낸다.

이 문제가 흥미로운 이유는 복잡한 보상 체계 때문이다.

- 화면 상단에서 착륙장까지 움직이고, 영점 속도가 100에서 140 포인트 범위 내에 이르면(착륙장 밖에 착륙하는 것이 가능함) 보상함

- 착륙 포드가 멈추지 않고 착륙장에서 떨어진 곳으로 움직이면 이전 보상 중 일부를 잃게 됨

- 각 에피소드(게임 세션을 가리키는 용어)는 착륙 포드가 추락하거나 쉬고 있을 때 각각 추가로 -100 또는 +100 포인트를 추가로 제공하고 종료됨

- 땅에 닿은 착륙 포드의 다리마다 +10 포인트 추가됨

- 주 엔진 발사는 프레임당 -0.3 포인트임(하지만 연료는 무한함)

- 에피소드를 해결하면 200 포인트를 받음

시뮬레이션을 작성한 사람이 말하기를 폰트랴긴(Pontryagin)의 최대 원리(maximum principle)에 따르면 엔진을 최대 속도로 추진시키거나 완전히 엔진을 끄는 것이 최적이므로 이 게임은 이산 명령어 (이 명령어는 실제 이진 데이터로 완전히 밀어내거나 밀어내지 않거나 둘 중 하나를 나타낸다)로 완벽하게 동작한다.

이 게임은 목표와의 거리를 기반으로 간단한 휴리스틱(heuristic) 기법과 강하 속도와 각도를 관리하기 위한 PID 제어기(proportional integral derivative, 비례−적분−미분 제어기)를 사용해 풀 수도 있다. PID는 여러분이 피드백 받는 제어 시스템에 대한 공학적 제어 기법이다. 다음 URL에서 이 제어기의 작동 방식에 대한 자세한 설명을 확인할 수 있다.

https://www.csimn.com/CSI_pages/PIDforDummies.html

딥러닝을 통해 강화학습 알아보기

이 프로젝트에서는 휴리스틱 기법(인공지능 분야의 많은 문제를 해결하는 여전히 효과적인 방식)을 구축하거나 작동하는 PID를 구성하는 데는 관심이 없다. 대신 딥러닝을 사용해 루나 랜더 비디오 게임 세션을 성공적으로 운영하기 위해 필요한 지능을 에이전트에 제공하고자 한다.

강화학습 이론은 이러한 문제를 해결하기 위한 몇 가지 프레임워크를 제공한다.

- **가치 기반 학습(value−based learning)**: 특정 상태가 됐을 때 얻게 될 보상이나 결과를 구함으로써 동작한다. 가능한 다른 상태의 보상과 비교해서 최선의 상태로 이끄는 행동을 선택한다. Q−러닝(Q−learning)이 이 방식의 예다.

- **정책 기반 학습(policy−based learning)**: 다양한 제어 정책은 환경이 제공한 보상을 기반으로 평가된다. 학습은 최선의 결과를 내는 정책을 기반으로 결정된다.

- **모델 기반 학습(model−based learning)**: 여기서 개념은 에이전트 내에 환경 모델을 복제해서 에이전트가 다양한 행동과 그에 따른 보상을 시뮬레이션하는 것이다.

우리 프로젝트에서는 가치 기반 학습 프레임워크를 사용할 것이다. 특히 Q−러닝을 기반으로 한 강화학습의 고전적인 방식을 사용할 텐데, 이 방식은 에이전트가 게임에서 뒤늦게 보상이 따르는 일련의 행동을 기반으로 다음 행동을 결정해야 하는 게임을 성공적으로 컨트롤했다. 1989년 C.J.C.H 왓킨스가 자신의 박사 학위 논문에서 고안한, Q−러닝이라 불리는 이 기법은 에이전트가 궁극의 보상을 이끌어낼 일련의 행동을 정의하기 위해 현재 상태를 감안해서 환경에서 동작한다는 생각에 기반을 두고 있다.

$$s \xrightarrow{a} r, s'$$

위 공식은 상태 s가 행동 a 이후에 어떻게 보상 r과 새로운 상태 s'로 이끄는지에 대해 보여준다. 게임 초기 상태에서 시작해서 이 공식은 일련의 행동을 적용해 게임 마지막까지 이어지는 각 상태로 차례로 변환한다. 그리고 나면 게임을 행동 시퀀스에 의해 연결된 일련의 상태로 볼 수 있다. 그러면 위 공식도 초기 상태 s가 행동 시퀀스 a로 인해 최종 상태 s'와 최종 보상 r로 변환되는 것으로 이해할 수도 있다.

강화학습 관점에서 보면 **정책**(policy)은 우리의 행동 시퀀스 a를 가장 잘 선택하는 방법으로 보면 된다. 정책은 Q라는 함수에 의해 근사되어 현 상태 s와 거기에 취할 수 있는 행동 a가 입력으로 주어졌을 때 그 행동으로부터 끌어낼 수 있는 최대 보상치 r의 추정값을 제공한다.

$$Q(s, a) = r$$

이 방식은 우리가 단계마다 최선의 행동을 선택하면 언제나 가장 좋은 결과를 얻게 될 것이라 기대하기 때문에 바로 그 상태에 최선의 행동만 선택한다는 의미에서 확실히 탐욕스럽다(greedy). 따라서 이러한 탐욕스러운 방식에서는 보상을 이끌어낼 수 있는 가능한 행동 체인을 고려하지 않고 다만 다음 행동 a만 고려한다. 하지만 다음 조건을 만족하는 경우라면 고민하지 말고 탐욕스러운 방식을 선택하고 그러한 정책을 사용해 최대의 보상을 얻을 수 있음을 쉽게 알 수 있다.

- 우리는 완벽한 정책 조언집 Q*를 가지고 있다.
- 우리는 정보가 완벽한 환경에서 움직인다(즉, 환경에 대한 모든 정보를 알 수 있다).
- 환경은 *마르코프 이론*(Markov principles, 팁 상자 참고)을 고수한다.

 마르코프 이론은 미래(상태, 보상)는 과거가 아닌 현재에 의해 결정되므로 이전에 어떤 일이 있었는지는 무시한 채 현재 상태만 보고 최선의 결과를 이끌어낼 수 있다고 말한다.

실제로 우리가 Q 함수를 재귀 함수로 구성하면 테스트될 우리 행동으로 인한 현재 상태의 결과를 너비 우선 탐색(breadth-first search) 방식을 사용해 살펴보기만 하면 되고 재귀 함수가 그 행동으로 이끌어낼 수 있는 최대의 보상을 반환할 것이다.

이 방식은 컴퓨터 시뮬레이션에서는 완벽하게 동작하지만 현실 세계에서 그런 경우는 거의 없다.

- 환경은 대체로 개연적(확률적)이다. 어떤 행동을 수행하더라도 정확히 그 보상을 얻을 것이라고 확신할 수 없다.

- 환경은 과거에 얽매인다. 현재만으로는 미래를 설명할 수 없는데 과거에는 숨겨진 또는 긴 시간 동안 이어진 결과가 있을 수 있기 때문이다.

- 환경이 정확하게 예측되지 않기 때문에 지금의 행동으로 인한 보상을 미리 알 수 없고 지난 뒤에야 알 수 있다(이를 **사후 조건**(posteriori condition)이라 한다).

- 환경은 매우 복잡하다. 적절한 시간 안에 어떤 행동에 대한 가능한 결과를 모두 알아낼 수 없기 때문에 그 행동으로 이끌어낼 수 있는 최대의 보상이 얼마인지 확실하게 알아낼 수 없다.

이에 대한 해결책은 근사 Q 함수를 채택하는 것이다. 이 함수는 확률적 결과를 고려하므로 예측으로 모든 미래 상태를 탐색하지 않아도 된다. 실제로 이 함수는 근사 함수일 수 밖에 없는데 복잡한 환경에서 모든 상태에 대한 가치를 담고 있는 검색 표를 구성하는 일은 비현실적이기 때문이다(일부 상태 공간은 연속된 값을 취하기 때문에 가능한 결합이 무한대가 될 수 있다). 더불어 이 함수는 오프라인으로 학습될 수 있는데 이는 에이전트의 경험을 활용한다는 의미다(이 경우 기억력이 매우 중요해진다).

이전에도 신경망으로 Q 함수를 근사하려는 시도가 있어 왔지만 다층 퍼셉트론(multi-layer perceptron)만 사용한 강화학습을 통해 게임하는 법을 학습한 주사위 게임 프로그램인 TD_Gammon이 유일하게 성공한 응용 프로그램이었다. 하지만 당시에 그 성공은 체스나 바둑 같은 다른 게임에 재현되지 못했다.

이로써 게임이 확률적인 성격을 띤다 해도(주사위 게임을 하려면 주사위를 던져야 한다) 실제로 신경망이 Q 함수를 구하기에 적합하지 않다고 판단하게 됐다. 2013년 심층 강화학습(deep reinforcement learning)을 다룬 다음 논문은 옛날 아타리 게임에 적용해 그와 정반대 되는 결론을 보여줬다.

Volodymyr Minh, et al. (2013) "Playing Atari with deep reinforcement learning", https://www.cs.toronto.edu/~vmnih/docs/dqn.pdf

이 논문은 Q 함수가 신경망을 사용해 동영상 입력을 처리해서(60Hz 210x160 RGB 동영상에서 프레임을 샘플링해서) 조이스틱과 발사 버튼 명령어를 출력하는 것만으로 다양한 아타리 아케이드 게임(예: 빔 라이더(Beam Rider), 브레이크아웃(Breakout), 엔듀로(Enduro), 퐁(Pong), 큐버트(Q*bert), 시퀘스트(Seaquest), 스페이스 인베이더(Space Invaders))을 하는 방법을 배울 수 있음을 보여줬다. 이 논문에서는 제안한 방식에 Deep Q-Network(DQN)이라는 이름을 붙였고, 경험 재생(experience replay)과 탐구(exploration) vs. 활용(exploitation) 개념도 함께 소개하는데 이에 대해서는 다음 절에서 좀 더 알아보겠다. 이 개념들은 강화학습에 딥러닝을 적용하려고 할 때 발생하는 다음의 결정적인 문제를 극복하는 데 도움이 된다.

- 학습에 필요한 사례(강화학습에 필요하고, 더군다나 강화학습을 위해 딥러닝을 사용하려면 반드시 필요한 것)가 너무 부족함

- 행동과 결과 보상 사이의 지연이 길어져서 보상을 받기 전 다양한 길이의 더 많은 행동 시퀀스를 처리해야 함

- 행동 시퀀스의 상관성이 높아(하나의 행동이 대체로 그 뒤를 따르는 행동에 영향을 주기 때문에) 확률적 경사 하강 알고리즘이 최신 사례에 과적합되거나 최적이 아닌 상태로 단순히 수렴될 수 있음(확률적 경사 하강 기법은 상관성이 높은 사례가 아니라 무작위 사례를 가정하고 고안된 알고리즘임)

다음 논문에서는 DQN을 사용해 더 많은 게임을 탐색하고 DQN 성능을 인간과 강화학습의 고전 알고리즘과 비교해 DQN 효능을 확인한다.

Mnih et. al. "Human-level control through deep reinforcement learning", http://www.davidqiu.com:8888/research/nature14236.pdf

수많은 게임에서 DQN은 인간의 기술보다 훨씬 더 나음을 입증했지만 장기적인 전략 측면에서는 여전히 알고리즘에 문제가 있었다. 브레이크아웃 같은 게임에서 에이전트는 공을 내보내고 벽을 손쉽게 파괴하기 위해 벽을 관통하는 터널을 파는 등의 교활한 전략을 구사한다. 몬테수마 리벤지(Montezuma's Revenge) 같은 다른 게임에서 에이전트는 아무것도 알아내지 못한다.

이 논문에서 저자는 에이전트가 브레이크아웃 게임을 이기기 위해 필요한 기본 사항을 어떻게 이해하고 있는지 상세하게 설명하고, 처음으로 벽에 구멍을 파고 공을 그 구멍을 통해 전달한 행위에 얼마나 높은 보상 점수가 할당되는지 보여주는 DQN 함수 응답의 차트를 제공한다.

심층 Q-러닝을 위한 요령

신경망을 통해 얻은 Q-러닝은 몇 가지 요령을 통해 이 학습이 가능하고 실현 가능해지기 전까지는 불안정한 것으로 간주됐다. 심층 Q-러닝에는 두 개의 주축이 있지만 원래 솔루션의 성능 및 수렴과 관련한 문제를 해결하기 위해 최근에 이 알고리즘의 다른 변형들이 개발됐다. 이러한 새롭게 변형된 알고리즘인 더블 Q-러닝(double Q-learning), 딜레이 Q-러닝(delayed Q-learning), 그리디 GQ(Greedy GQ), 스피디 Q-러닝(speedy Q-learning)에 대해서는 여기서 다루지 않겠다. 여기서 알아볼 DQN을 이끄는 두 가지 주축은 **경험 재생**(experience replay), **탐구**(exploration)와 **활용**(exploitation) 사이의 트레이드오프를 감소시키는 것이다.

경험 재생을 사용하면 게임에서 관측된 상태를 미리 고정된 크기의 큐에 따라 저장한다(큐가 다 차면 오래된 시퀀스를 삭제한다). 우리는 저장된 데이터에 포함된 현재 상태, 적용된 행동, 그 결과로 얻은 상태, 거기서 얻은 보상으로 구성된 튜플을 여러 개 갖게 될 것이다. 만일 우리가 현재 상태와 행동으로만 구성된 더 간단한 튜플을 고려한다면 우리는 환경에서 움직이는 에이전트에 대한 관측 데이터를 갖게 되며, 이것을 그 뒤에 따르는 상태와 보상의 근본 원인으로 생각할 수 있다. 이제 튜플(현재 상태와 행동)을 보상에 대한 예측 변수(x 벡터)로 고려할 수 있다. 결과적으로 우리는 행동에 직접 연결된 보상과 게임 마지막에 얻게 될 보상을 사용할 수 있다.

그렇게 저장된 데이터(에이전트 메모리로 구할 수 있는)가 주어지면 배치를 생성하고 그 배치를 신경망을 훈련시키는 데 사용하기 위해 데이터 중 일부를 샘플링한다. 먼저 데이터를 신경망에 전달하기 전에 목표 변수(target variable) y 벡터를 정의해야 한다. 샘플링된 상태는 대체로 최종 상태가 아니기 때문에 보상은 아마도 0이거나 알려진 입력(현재 상태와 선택된 행동)에 대응하는 부분 보상일 것이다. 부분적인 보상은 우리가 알아야 할 이야기의 일부만 말해주기 때문에 별로 유용하지 않다. 실제로 우리의 목표는 평가 중인 현재 상태(x 값)에서 행동을 취한 다음, 게임 마지막에 얻게 될 총 보상을 알아내는 것이다.

이 경우 그러한 정보를 가지고 있지 않기 때문에 우리가 생각하고 있는 (상태, 행동) 튜플의 최대 결과가 될 잔여 보상을 추정하기 위해 기존 Q 함수를 사용해 최종 보상에 근사하려고 한다. 그 값을 얻은 뒤 벨만 등식(Bellman equation)을 사용해 값을 할인한다. 할인에 작은 값(0에 가까운 값)을 사용하면 단기 보상에 맞게 설계된 Q 함수를 만드는 반면, 할인 값이 커지면(1에 가까운 값) 미래 이익에 더 중점을 둔 Q 함수를 만든다.

두 번째로 매우 효과적인 요령은 탐구와 활용 사이의 트레이드오프를 위한 계수를 사용하는 것이다. 탐구에서 에이전트는 특정 상태가 주어졌을 때 최선의 행동 방침을 찾기 위해 다양한 행동을 시도한다. 활용에서 에이전트는 이전 탐구 단계에서 학습했던 것을 활용해 단순히 해당 상황에서 취할 수 있는 최선의 행동이 무엇인지 결정한다.

탐구와 활용 사이의 균형을 찾는 것은 앞서 설명했던 경험 재생의 활용에 밀접하게 연결돼 있다. DQN 알고리즘을 최적화할 때 초반에는 무작위로 선택된 네트워크 매개변수에 의존하는 수밖에 없다. 이는 이번 장의 간단한 소개 예제에서 했던 것처럼 무작위 행동을 샘플링하는 것과 같다. 그런 상황에서 에이전트는 다양한 상태와 행동을 탐구하고 초기 Q 함수를 구상하는 데 도움을 준다. 루나 랜더 같은 복잡한 게임의 경우, 무작위 선택을 사용하면 에이전트를 멀리까지 데려갈 수 없고, 심지어 에이전트가 이전에 올바르게 행동했을 때만 도달할 수 있는 (상태, 행동) 튜플에 대한 기대 보상을 학습하는 것을 방해하기 때문에 장기적으로 보면 비생산적으로 바뀔 수 있다. 실제로 그러한 상황에서 DQN 알고리즘은 게임을 끝낸 적이 없기 때문에 어떤 행동에 정당한 보상을 적절하게 할당하는 방법을 알아내는 데 어려움을 겪게 될 것이다. 게임이 복잡하기 때문에 임의의 행동 시퀀스를 적용해 해결될 가능성은 없다.

그렇다면 최선의 방법은 게임에서 에이전트를 문제가 아직 해결되지 않은 곳까지 더 멀리 데려가기 위해 우연히 학습하는 것과 이미 학습된 내용을 사용하는 것 사이의 균형을 맞추는 것이다. 이는 안전하고 성공적인 착륙을 위해 매번 에이전트를 적절한 행동 시퀀스로 조금씩 더 가깝게 데려가는 것을 보면 일련의 연속된 근사법으로 해결책을 찾는 것과 닮았다. 결과적으로 에이전트는 먼저 우연에 의해 학습하고 특정 상황 집합에서 수행할 수 있는 최선의 행동을 발견한 다음, 학습된 것을 적용하고, 다시 계속해서 무작위 선택에 의해 해결하고, 학습하며, 적용하게 될 새로운 상황에 도달하게 된다.

이 방식은 에이전트가 게임의 특정 지점에서 무작위 선택을 취하고 어떤 일이 일어나는지 볼지 혹은 지금까지 학습했던 것을 활용하고 이 학습 내용을 사용해 실제 능력을 고려해 그 지점에서 가능한 최선의 행동을 만들 것인지 결정하기 위한 임곗값을 감소시킴으로써 이뤄진다. 에이전트는 균등 분포 $[0,1]$에서 난수를 뽑아 엡실론(ε) 값과 비교해서 난수가 엡실론보다 크면 근사 Q 함수를 사용한다. 그렇지 않으면 선택 가능한 옵션에서 무작위로 행동을 뽑는다. 그 후에 에이전트는 엡실론 값을 감소시킨다. 초기에 엡실론은 최댓값 1.0으로 설정돼 있지만 감소 인자(decaying factor)에 따라 다소 빠르게 감소시켜서 뜻밖의 발견으로 새롭고 기대하지 못한 무엇인가를 항상 배울(최소 개방성 인자) 수 있도록 절대 0(무작위로 움직일 가능성이 없는)의 값을 갖지 않는, 최솟값에 도달한다.

심층 Q-러닝의 제약 사항

심층 Q-러닝이라도 몇 가지 제약사항이 있다. 여러분이 Q 함수를 시각적 이미지로부터 유도해서 근사시키든, 환경에 대한 다른 관측 데이터로부터 유도해서 근사시키든 상관없이 몇 가지 제약사항이 있다.

- 근사는 수렴하는 데까지 시간이 오래 걸리며 때로는 순조롭게 달성되지 않는다. 심지어 수많은 세대를 반복하면서 더 나아지는 것이 아니라 나빠지는 신경망 학습 지표를 보게 될 수도 있다.

- 탐욕스러운 방식을 기반으로 하는 Q-러닝이 제공하는 방식은 휴리스틱과 닮아 있다. 이 방식은 최선의 방향을 가리키지만 자세한 계획을 제공할 수는 없다. 장기적인 목표나 여러 하위 목표로 나눠야 할 목표를 다룰 때 Q-러닝의 성능은 나빠진다.

- Q-러닝의 동작 방식으로 인한 또 다른 결과로는 이것이 실제로 일반적인 관점에서 게임 역학을 이해하지 못하고 특정 관점에서만 이해한다는 점이다(이 방식은 훈련시키는 동안 자신이 경험했던 것을 유효한 것으로 복제한다). 그 결과, 게임에 새로운(실제로 훈련시키는 동안 전혀 경험해 보지 못했던) 요소가 도입되면 알고리즘은 무용지물이 되고 완전히 무효화될 수 있다. 알고리즘에 새로운 게임을 도입해도 마찬가지다. 알고리즘이 동작하지 않을 것이다.

프로젝트 시작

강화학습과 DQN 방식을 자세히 살펴보고, OpenAI Gym 환경에서 작업 방식과 Q 함수의 DQN 근사를 설정하는 방법에 대한 기본을 모두 이해했으니 마지막으로 코드를 살펴보자. 우선 간단하게 필요한 패키지를 모두 임포트하자.

```
import gym
from gym import wrappers
import numpy as np
import random, tempfile, os
from collections import deque
import tensorflow as tf
```

tempfile 모듈은 데이터 파일의 임시 저장 영역으로 사용될 수 있는 임시 파일과 디렉터리를 생성한다. collections 모듈의 deque 명령어는 덱(double-ended queue)을 생성하는데, 이것은 사실상 시작과 끝에서 항목을 추가할 수 있는 리스트다. 흥미롭게도 이 자료구조는 미리 정의된 크기로 설정될 수 있다. 이 리스트가 가득 차면 새 항목이 들어갈 자리를 만들기 위해 오래된 항목이 삭제된다.

우리는 OpenAI Gym이 제공하는 에이전트, 에이전트 두뇌(DQN), 에이전트 메모리, 환경을 나타내는 일련의 클래스를 사용해 이 프로젝트를 구성하지만 이 프로젝트는 해당 에이전트에 정확하게 연결돼야 한다. 따라서 이를 위한 클래스를 코딩할 필요가 있다.

AI 두뇌 정의

프로젝트의 첫 단계로 Q-값의 근사값을 계산하기 위한 신경망 코드를 모두 포함하는 Brain 클래스를 만든다. 이 클래스에는 필요한 초기화 코드와 이 목적에 부합하는 적합한 텐서플로 그래프, 간단한 신경망(복잡한 딥러닝 아키텍처가 아니라 프로젝트에 어울리는 간단하면서도 작동하는 네트워크로 나중에 더 복잡한 아키텍처로 대체할 수 있다)을 생성하는 코드, 마지막으로 모델을 적합시키고 예측하기 위한 메서드를 포함하고 있다.

먼저 초기화부터 시작하자. 입력부터 보자면 우리는 실제로 게임으로부터 받은 정보에 해당하는 상태 입력의 크기(nS)와 게임에서 우리가 행동을 수행하기 위해 누를 수 있는 버튼에 해당하는 행동 출력의 크기(nA)를 알아야 한다. 선택사항이지만 범위를 설정해두는 것도 상당히 유용하다. 범위를 정의하기 위해 문자열을 사용하면 다양한 목적을 위해 생성된 네트워크를 구분하는 데 도움이 되며, 우리 프로젝트에는 두 개의 범위가 있는데 하나는 다음에 받게 될 보상을 처리하기 위한 것이며 다른 하나는 최종 보상을 예측하기 위한 것이다.

다음으로 최적화(여기서는 Adam 최적화 기법을 사용한다)에 적용할 학습 속도를 정의해야 한다.

> Adam 최적화 기법은 "Adam: A Method for Stochastic Optimization" 논문[5]에 잘 설명돼 있다. 이 기법은 적절히 동작하기 위해 따로 조정할 필요가 거의 없는, 매우 효율적인 경사 기반의 최적화 기법이다. Adam 최적화는 모멘텀(Momentum)이 결합된 RMSprop 기법과 유사한 확률적 경사 하강 알고리즘이다. UC Berkeley Computer Vision Review Letters에 실린 글[6]에서 더 자세한 내용을 확인할 수 있다. 우리 경험상 이 기법은 배치로 딥러닝 알고리즘을 훈련시킬 때 가장 효과적이며 학습 속도의 조정은 필요하다.

마지막으로 다음 내용도 제공한다.

- 신경 구조(클래스에서 제공하는 기본 구조를 바꾸고 싶다면)

- 해당 시점까지 DQN 네트워크에 공급된 사례의 훈련 배치 개수를 기록하기 위한 전역 변수 global_step을 입력

- 텐서플로 표준 시각화 도구인 텐서보드(TensorBoard)를 위해 로그를 저장할 디렉터리

```
class Brain:
    """
    신경망을 사용해 얻은 Q-값 근사
    이 네트워크는 Q-네트워크와 목표 네트워크에 모두 사용됨
    """

    def __init__(self, nS, nA, scope="estimator",
                 learning_rate=0.0001,
                 neural_architecture=None,
                 global_step=None, summaries_dir=None):
```

5 https://arxiv.org/abs/1412.6980

6 https://theberkeleyview.wordpress.com/2015/11/19/berkeleyview-for-adam-a-method-for-stochastic-optimization/

```
        self.nS = nS
        self.nA = nA
        self.global_step = global_step
        self.scope = scope
        self.learning_rate = learning_rate

        if not neural_architecture:
            neural_architecture = self.two_layers_network

        # 텐서보드 요약 정보를 디스크에 기록
        with tf.variable_scope(scope):
            # Build the graph
            self.create_network(network=neural_architecture, learning_rate=self.learning_rate)
            if summaries_dir:
                summary_dir = os.path.join(summaries_dir, "summaries_%s" % scope)
                if not os.path.exists(summary_dir):
                    os.makedirs(summary_dir)
                self.summary_writer = tf.summary.FileWriter(summary_dir)
            else:
                self.summary_writer = None
```

tf.summary.FileWriter 명령어는 우리가 학습 과정의 핵심 지표를 저장하는 대상 디렉터리(summary_dir)의 이벤트 파일을 초기화한다. 핸들은 self.summary_writer에 저장되어 나중에 학습된 내용을 모니터링하고 디버깅하기 위해 훈련 기간 동안이나 그 후에 보여주고 싶은 측정값을 저장하는 용도로 사용할 것이다.

다음으로 이 프로젝트에서 사용할 기본 신경망을 정의한다. 입력으로 우리가 사용할 입력 계층과 은닉층 각각의 크기를 취한다. 입력 계층은 우리가 사용할 상태에 의해 정의되므로 이 프로젝트처럼 측정값의 벡터일 수도 있고, DQN 논문처럼 이미지일 수도 있다.

이러한 계층은 텐서플로의 Layers 모듈이 제공하는 고차원 작업[7]을 사용하면 간단히 정의된다. 여기서는 기본 전결합 계층(fully_connected)을 선택하고, 두 개의 은닉층으로 ReLU 활성화(activation) 함수를 사용하고 출력 계층으로 선형 활성화 함수를 사용한다.

---

7 https://www.tensorflow.org/api_guides/python/contrib.layers

사전에 정의된 32라는 크기는 우리 목적에는 완벽하게 들어맞지만 원한다면 이 값을 증가시킬 수 있다. 또한 이 네트워크에서는 드롭아웃을 적용하지 않는다. 확실히 여기서는 과적합이 문제가 되지 않고 학습 내용의 품질이 문제가 되며, 이 문제는 유용하지만 서로 관련 없는 상태로 이뤄진 시퀀스와 그에 따른 최종 보상에 대한 제대로 된 추정값을 제공해야만 개선될 수 있다. 네트워크가 과적합되지 않도록 하는 핵심은 유용한 상태 시퀀스, 특히 탐구와 활용의 균형이 잡힌 시퀀스에 있다. 강화학습 문제에서 다음 두 가지 상황 중 하나에 놓인다면 과적합됐다고 볼 수 있다.

- **차선책**: 알고리즘이 차선책을 제안한다. 그 말은 착륙선이 착륙에 필요한 거친 방법을 학습했고, 그 방법으로 최소한 착륙은 가능하기에 그 방법을 고수한다는 뜻이다.

- **무력감**: 알고리즘이 학습된 무력감에 빠졌다. 즉 제대로 착륙하는 방법을 찾지 못해서 가능한 가장 나쁜 방식으로 추락할 것이라는 사실을 받아들일 뿐이다.

실제로 이 두 가지 상황은 DQN 같은 강화학습 알고리즘이 게임하는 동안 대안책을 탐구할 기회가 없다면 극복하기 어렵다. 가끔 무작위로 행동하는 것은 언뜻 드는 생각처럼 단순히 일을 엉망으로 만드는 것이 아니라 이런 함정을 피하기 위한 전략이다.

반면 이보다 더 큰 네트워크를 사용하면 그 대신 뉴런이 죽는 문제가 발생해서 제대로 동작하는 네트워크를 얻기 위해 다른 활성화 함수인 tf.nn.leaky_relu[8]를 사용해야 할 수도 있다.

사망한 ReLU는 언제나 동일한 값, 일반적으로 0을 출력하고 끝나서, 역전파 업데이트를 막는다.

활성화 함수 leaky-relu는 텐서플로 1.4 이후부터 사용할 수 있다. 텐서플로 이전 버전을 사용하고 있다면 각자 네트워크에서 사용될 adhoc 함수를 생성하면 된다.

```
def leaky_relu(x, alpha=0.2):
    return tf.nn.relu(x) - alpha * tf.nn.relu(-x)
```

---

8 https://www.tensorflow.org/api_docs/python/tf/nn/leaky_relu

이제 Brain 클래스에 몇 가지 함수를 추가하겠다.

```python
def two_layers_network(self, x, layer_1_nodes=32, layer_2_nodes=32):
    layer_1 = tf.contrib.layers.fully_connected(x, layer_1_nodes, activation_fn=tf.nn.relu)
    layer_2 = tf.contrib.layers.fully_connected(layer_1, layer_2_nodes, activation_fn=tf.nn.relu)
    return tf.contrib.layers.fully_connected(layer_2, self.nA, activation_fn=None)
```

create_network 메서드는 입력, 신경망, 손실, 최적화를 결합한다. 손실은 원래 보상과 추정 결과의 차이를 계산하고, 그 값을 제곱해서 학습에 사용된 배치에 존재하는 모든 사례의 평균을 구해 생성된다. 손실은 Adam 최적화를 사용해 최소화된다.

또한 몇 가지 요약 정보는 텐서보드를 위해 기록된다.

- 해당 배치의 평균 손실, 훈련 기간 동안 적합 결과를 기록하기 위함

- 해당 배치에 대한 예측 보상의 최댓값, 최고의 승리 공식을 가리키는 가장 긍정적인 예측을 기록하기 위함

- 해당 배치에 대한 예측 보상의 평균값, 좋은 움직임을 예측하는 일반적인 경향을 기록하기 위함

다음은 우리 프로젝트의 텐서플로 엔진인 create_network를 정의한 코드다.

```python
def create_network(self, network, learning_rate=0.0001):

    # 상태 입력을 위한 플레이스홀더
    self.X = tf.placeholder(shape=[None, self.nS], dtype=tf.float32, name="X")
    # r 목표값
    self.y = tf.placeholder(shape=[None, self.nA], dtype=tf.float32, name="y")

    # 선택된 네트워크 적용
    self.predictions = network(self.X)

    # 손실값 계산
    sq_diff = tf.squared_difference(self.y, self.predictions)
    self.loss = tf.reduce_mean(sq_diff)

    # Adam 최적화 기법을 사용해서 매개변수 최적화
    self.train_op = tf.contrib.layers.optimize_loss(self.loss,
                    global_step=tf.train.get_global_step(),
                    learning_rate=learning_rate,
                    optimizer='Adam')
```

```
# 텐서보드를 위한 요약 정보 기록
self.summaries = tf.summary.merge([
    tf.summary.scalar("loss", self.loss),
    tf.summary.scalar("max_q_value",
    tf.reduce_max(self.predictions)),
    tf.summary.scalar("mean_q_value",
    tf.reduce_mean(self.predictions))])
```

이 클래스는 predict와 fit 메서드로 완성된다. fit 메서드는 입력 배치로 상태 행렬 s를 취하고 보상 벡터 r을 출력한다. 또한 훈련시킬 세대 수를 고려한다(원래 논문에서는 관측 데이터 배치마다 과적합 되는 것을 피하기 위해 배치당 한 세대만 사용하도록 제안한다). 그리고 나면 현재 세션에서 입력은 결과와 요약 정보(앞에서 네트워크를 생성할 때 정의했던) 측면에서 적합돼 있다.

```
def predict(self, sess, s):
    """
    행동을 위한 q 값 예측
    """
    return sess.run(self.predictions, {self.X: s})

def fit(self, sess, s, r, epochs=1):
    """
    Q* 함수 추정값 업데이트
    """
    feed_dict = {self.X: s, self.y: r}

    for epoch in range(epochs):
        res = sess.run([self.summaries, self.train_op,
                    self.loss,
                    self.predictions,
                    tf.train.get_global_step()],
                    feed_dict)
        summaries, train_op, loss, predictions, self.global_step = res

    if self.summary_writer:
        self.summary_writer.add_summary(summaries, self.global_step)
```

결과로 지금까지 훈련에 사용된 사례 수를 기록하는 카운터인 global_step이 반환되며 나중에 사용할 수 있도록 기록된다.

경험 재생을 위한 메모리 생성

두뇌(텐서플로 신경망)를 정의했으니 DQN 네트워크의 학습 과정을 강화시킬 데이터 저장소인 메모리를 정의할 차례다. 각 훈련 에피소드에서 상태와 행동으로 구성된 각 단계는 해당 에피소드의 결과 상태 및 최종 보상(에피소드가 완료된 경우에만 알 수 있는 것)과 함께 기록된다.

관측 데이터가 최종 결과인지 아닌지 알려주는 플래그를 추가하면 기록 정보가 완성된다. 개념은 특정 움직임을 즉각적인 보상(널 또는 작은 값일 수 있음)뿐 아니라 최종 보상에까지 연결해서 해당 세션의 모든 움직임을 최종 보상에 관련시키는 것이다.

클래스 메모리는 단순히 특정 크기의 큐로, 이전 게임 경험에서 얻은 정보로 채워지며 거기에서 데이터를 샘플링하고 추출하기 쉽다. 큐의 크기가 고정되어 오래된 사례는 큐 밖으로 밀려 나가기 때문에 항상 최근 것 중 사례를 추출할 수 있게 된다.

이 클래스는 데이터 원천과 메모리 크기를 지정하는 초기화와 len 메서드(이로써 메모리가 찼는지 여부를 알 수 있고 예를 들어 훈련의 무직위성과 다양성을 개선하기 위해 충분한 데이터를 확보할 때까지 훈련을 기다릴 때 유용하다), 큐에 기록하기 위한 add_memory, 리스트 형식으로 메모리에서 데이터를 모두 불러오기 위한 recall_memory로 구성된다.

```python
class Memory:
    """
    deque를 기반으로 한 memory 클래스,
    deque: 리스트와 유사한 컨테이너로 양쪽 끝에서 데이터를 추가하거나 빼낼 수 있음
          collection 패키지에 있음
    """
    def __init__(self, memory_size=5000):
        self.memory = deque(maxlen=memory_size)


    def __len__(self):
        return len(self.memory)


    def add_memory(self, s, a, r, s_, status):
        """
```

```
        튜플(s a r s_)에 부울 플래그 status를 더해 기록함,
        이번 움직임이 마지막인지 여부를 확인
        """
        self.memory.append((s, a, r, s_, status))

    def recall_memories(self):
        """
        Returning all the memorized data at once
        """
        return list(self.memory)
```

에이전트 생성

다음으로 볼 클래스는 에이전트로, 두뇌(Q-값 함수 근사를 제공)와 메모리를 초기화하고 유지하는 역할을 담당한다. 무엇보다 이 클래스는 환경 내에서 행동하는 에이전트다. 이 클래스를 초기화할 때 루나 랜더 게임 학습을 최적화한 경험을 바탕으로 대부분 고정 값을 갖는 일련의 매개변수를 설정한다. 하지만 이 매개변수는 에이전트가 처음 초기화될 때 명시적으로 변경될 수 있다.

- epsilon = 1.0은 탐구-활용 매개변수의 초깃값이다. 1.0일 경우 에이전트는 무조건 탐구에 의존해야 한다는 의미로, 다시 말하면 무작위로 움직여야 한다.

- epsilon_min = 0.01은 탐구-활용 매개변수의 최솟값을 설정한다. 값이 0.01이면 착륙 포드가 Q 함수 피드백을 기반으로 하지 않고 무작위로 움직일 가능성이 1%라는 것을 뜻한다. 이로써 게임을 위태롭게 하지 않으면서 끝낼 수 있는 다른 최선의 방법을 찾아낼 최소한의 가능성을 항상 제공한다.

- epsilon_decay = 0.9994는 epsilon이 최솟값으로 줄어드는 속도를 조절하는 감소 요인이다. 이 설정에서 약 5,000 에피소드가 지난 뒤 최솟값에 도달하도록 조정되는데, 이 정도면 알고리즘이 학습할 사례로 최소 2백만 건이 제공될 것이다.

- gamma = 0.99는 보상 할인 요인이다. Q-값 추정 값은 현재 보상에 대해 미래 보상에 가중치를 부여함으로써 알고리즘을 해당 유형의 게임에서 무엇이 최선인지에 따라 근시안적 또는 원시안적으로 만든다(루나 랜더 게임에서는 실제 보상이 착륙 포드가 달에 착륙할 때만 주어지기 때문에 원시안적인 것이 좋다).

- learning_rate = 0.0001은 Adam 최적화가 배치를 학습할 때의 학습 속도다.

- epochs = 1은 신경망을 배치에 적합시키기 위해 사용할 훈련 세대 수다.

- batch_size = 32는 배치 크기다.

- memory = Memory(memory_size = 250000)은 메모리 큐의 크기다.

여기서 쓴 매개변수를 사용하면 현재 프로젝트는 확실히 작동할 것이다. OpenAI 환경이 달라지면 그에 따른 최적의 매개변수를 찾아야 할 것이다.

초기화 단계에서 텐서보드 로그가 저장될 장소(기본값은 experiment 디렉터리다)와 바로 다음의 보상을 추정하는 방법을 학습하기 위한 모델, 최종 보상을 위한 가중치를 저장하기 위한 또다른 모델을 정의하기 위해 필요한 명령어도 제공한다. 이와 더불어 모델 체크포인트를 저장하는 tf.train.Saver가 초기화됨으로써 전체 세션이 직렬화되어 디스크에 저장해서 게임하는 방법을 학습할 때 뿐 아니라 나중에 그 세션을 복원해서 실제 게임할 때 사용할 수 있게 한다.

여기서 언급한 두 모델은 동일한 세션에서 서로 다른 범위 이름(하나는 텐서보드에서 언급한 바로 다음 보상 모델인 q이고 다른 하나는 target_q)을 사용해 초기화된다. 두 개의 다른 범위 이름을 사용하면 뉴런의 계수를 쉽게 다룰 수 있어서 이 계수를 클래스에 있는 다른 메서드와 교환할 수 있다.

```python
class Agent:
    def __init__(self, nS, nA, experiment_dir):
        # 초기화
        self.nS = nS
        self.nA = nA
        self.epsilon = 1.0 # 탐구-활용 비율(exploration-exploitation ratio)
        self.epsilon_min = 0.01
        self.epsilon_decay = 0.9994
        self.gamma = 0.99 # 보상 감소율
        self.learning_rate = 0.0001
        self.epochs = 1 # 훈련 세대 수
        self.batch_size = 32
        self.memory = Memory(memory_size=250000)

        # 추정 모델 생성
        self.experiment_dir =os.path.abspath("./experiments/{}".format(experiment_dir))
        self.global_step = tf.Variable(0, name='global_step', trainable=False)
        self.model = Brain(nS=self.nS, nA=self.nA, scope="q",
                           learning_rate=self.learning_rate,
                           global_step=self.global_step,
                           summaries_dir=self.experiment_dir)
        self.target_model = Brain(nS=self.nS, nA=self.nA, scope="target_q",
                           learning_rate=self.learning_rate,
                           global_step=self.global_step)
```

```
# 변수를 초기화하기 위한 작업 추가
init_op = tf.global_variables_initializer()

# 모든 변수를 저장하고 복원하기 위한 작업 추가
self.saver = tf.train.Saver()

# 세션 설정
self.sess = tf.Session()
self.sess.run(init_op)
```

네트워크가 학습한 지식을 활용하는 것에 비해 새로운 해법을 탐구하는 데 쏟는 시간의 비율을 다루는 epsilon은 epsilon_update 메서드를 사용해 꾸준히 업데이트된다. 이 메서드는 실제 epsilon이 허용된 최솟값에 아직 도달하지 않았다면 거기에 epsilon_decay를 곱한 값으로 수정한다.

```
def epsilon_update(self, t):
    if self.epsilon > self.epsilon_min:
        self.epsilon *= self.epsilon_decay
```

save_weights와 load_weights 메서드는 단순히 세션을 저장할 수 있게 해준다.

```
def save_weights(self, filename):
    """
    모델의 가중치 저장
    """
    save_path = self.saver.save(self.sess, "%s.ckpt" % filename)
    print("Model saved in file: %s" % save_path)

def load_weights(self, filename):
    """
    모델의 가중치 불러오기
    """
    self.saver.restore(self.sess, "%s.ckpt" % filename)
    print("Model restored from file")
```

set_weights와 target_model_update 메서드를 함께 사용해서 Q 네트워크의 가중치로 목표 Q 네트워크를 업데이트한다(set_weights는 각자 솔루션에서 사용할 수 있는 재활용 가능한 범용 함수이기도 하다). 두 범위의 이름을 다르게 지었으니 훈련 가능한 변수 리스트로부터 각 네트워크의 변수를 열거하기 쉽다. 열거된 변수는 실행 중인 세션에서 실행될 할당에 연결된다.

```python
def set_weights(self, model_1, model_2):
    """
    하나의 추정 모델의 매개변수를 다른 모델의 매개변수로 복제
    model_1: 이 추정 모델의 매개변수를 복사 매개변수 복사
    model_2: 복사된 매개변수를 이 모델에 복사
    """

    # 두 모델의 매개변수를 열거하고 정렬
    model_1_params = [t for t in tf.trainable_variables() if t.name.startswith(model_1.scope)]
    model_2_params = [t for t in tf.trainable_variables() if t.name.startswith(model_2.scope)]
    model_1_params = sorted(model_1_params, key=lambda x: x.name)
    model_2_params = sorted(model_2_params, key=lambda x: x.name)
    # 실행될 작업 열거
    operations = [coef_2.assign(coef_1) for coef_1, coef_2 \
                        in zip(model_1_params, model_2_params)]
    # 실행될 작업 실행
    self.sess.run(operations)

def target_model_update(self):
    """
    모델 가중치를 목표 모델의 가중치에 설정
    """
    self.set_weights(self.model, self.target_model)
```

act 메서드는 epsilon을 기반으로 무작위로 움직일지 가능한 최선의 행동을 택할지 여부를 결정하기 때문에 정책 구현의 핵심이다. 이 메서드가 가능한 최선의 행동을 택하면 훈련된 Q 네트워크에 다음에 올 수 있는 행동 각각에 대한 보상 추정치를 제공할 것을 요청하고(루나 랜더 게임에서 4개의 버튼 중 하나를 누름으로써 이진 방식으로 나타냄) 예측 보상 중 최댓값을 갖는 행동을 반환한다(탐욕스러운 방식).

```
def act(self, s):
    """
    엡실론을 기반으로 에이전트가 학습된 Q* 함수를 기반으로 움직이거나
    무작위 선택에 의해 움직이게 함
    """
    # 엡실론을 기반으로 다음 행동을 예측하거나 임의로 다음 행동을 택함
    if np.random.rand() <= self.epsilon:
        return np.random.choice(self.nA)
    else:
        # 모든 가능한 행동에 대한 q 값 추정
        q = self.model.predict(self.sess, s)[0]
        # 최선의 행동을 반환
        best_action = np.argmax(q)
        return best_action
```

replay 메서드는 클래스를 완성한다. 이 메서드는 DQN 알고리즘이 학습할 수 있게 해주기 때문에 매우 중요하다. 따라서 이 메서드의 동작 방식을 자세히 살펴보겠다. replay 메서드가 처음으로 할 일은 이전 게임 에피소드의 메모리(이 메모리는 상태, 행동, 보상, 다음 상태, 관측 데이터가 최종 상태인지 여부를 알려주는 플래그 변수를 포함하는 변수일 뿐이다)로부터 배치(초기화 단계에서 배치 크기를 정의했다)를 샘플링하는 것이다. 무작위 샘플링을 하면 모델은 배치마다 네트워크 가중치를 서서히 조정해서 함수를 학습하기 위한 최선의 계수를 구할 수 있다.

그런 다음 이 메서드는 샘플링으로 불러온 상태가 최종 상태인지 여부를 알아낸다. 게임 중간에 얻는 보상은 게임 마지막에 얻는 보상을 보여주기 위해 업데이트돼야 한다. 이 작업은 목표 네트워크를 사용함으로써 가능한데, 이 네트워크는 이전 학습 마지막에 고정된 대로 *Q* 함수 네트워크의 스냅샷을 나타낸다. 대상 네트워크에 다음 상태가 공급되고, 결과 보상은 감마 요인으로 할인된 다음 현재 보상과 합산된다.

 현재 함수를 사용하면 학습 절차가 불안정해질 수 있으며 만족스러운 함수 네트워크를 얻지 못할 수도 있다.

```
def replay(self):
    # 메모리에서 랜덤 배치를 가져옴
    batch = np.array(random.sample(self.memory.recall_memories(), self.batch_size))
    # 현재 상태의 시퀀스 가져옴
```

```
s = np.vstack(batch[:, 0])
# 행동 시퀀스 재현
a = np.array(batch[:, 1], dtype=int)
# 보상 재현
r = np.copy(batch[:, 2])
# 결과 상태의 시퀀스 재현
s_p = np.vstack(batch[:, 3])
# 보상이 최종 상태와 관련된 것인지 여부를 확인
status = np.where(batch[:, 4] == False)

# 우리 모델과 목표 모델의 보상을 예측하기 위해 모델을 사용
next_reward = self.model.predict(self.sess, s_p)
final_reward = self.target_model.predict(self.sess, s_p)

if len(status[0]) > 0:
    # 목표 모델을 사용한 최종이 아닌 상태 업데이트 규칙
    # 보상이 최종 상태에서 비롯된 것이 아니면
    # 그 보상은 부분적인 것임 (r0)
    # 나머지를 더하고 목표 예측을 사용해 최종 보상을 얻음
    best_next_action = np.argmax(next_reward[status, :][0], axis=1)
    # 할인된 최종 보상을 더함
    r[status] += np.multiply(self.gamma, final_reward[status, best_next_action][0])

# 관측된 행동과 보상을 다룰 때 행동에 대해 예측된 보상을 대체함
expected_reward = self.model.predict(self.sess, s)
expected_reward[range(self.batch_size), a] = r

# 상태를 예측/관측된 보상에 대해 다시 적합시킴
self.model.fit(self.sess, s, expected_reward, epochs=self.epochs)
```

최종이 아닌 상태의 보상이 업데이트되면 배치 데이터는 훈련을 위해 신경망에 공급된다.

환경 지정하기

구현할 마지막 클래스는 Environment 클래스다. 실제로 환경은 gym 명령어에 의해 제공되지만 앞서 본 agent 클래스와 동작하게 만들려면 이를 감싼 좋은 래퍼 클래스가 필요하다. 이것이 정확히 이 클래스가 하는 일이다. 초기화 단계에서 이 클래스는 루나 랜더 게임을 시작하고 nS, nA(상태와 행동의 차원), agent, 누적 보상(최근 100개 에피소드의 평균을 제공함으로써 솔루션을 테스트하는 데 유용함) 같은 핵심 변수를 설정한다.

```
class Environment:
    def __init__(self, game="LunarLander-v2"):
        # 초기화
        np.set_printoptions(precision=2)
        self.env = gym.make(game)
        self.env = wrappers.Monitor(self.env, tempfile.mkdtemp(),
                                    force=True, video_callable=False)
        self.nS = self.env.observation_space.shape[0]
        self.nA = self.env.action_space.n
        self.agent = Agent(self.nS, self.nA, self.env.spec.id)

        # 누적 보상
        self.reward_avg = deque(maxlen=100)
```

다음으로 test, train, incremental(점진적 훈련) 메서드를 위한 코드를 준비해야 하는데 이들 메서드는 포괄적으로 정의된 learning 메서드의 래퍼로 정의된다.

점진적 훈련을 사용하는 것은 약간 까다로운 일로서 재시작할 때 두뇌는 미리 훈련된 계수를 가지고 있지만 메모리는 실제로 비어 있다(이를 콜드 리스타트(cold restart)라고 함). 에이전트의 메모리가 비어 있으면 사례가 너무 작거나 제한적이라 효과적인 학습을 지원할 수 없다. 결과적으로 공급되는 사례의 품질은 실제로 학습하기에 완벽하지 않다(사례들은 대부분 서로 상관관계에 있으며, 드물지만 새롭게 경험된 에피소드에만 매우 특효가 있다). 훈련을 망칠 수 있는 위험은 매우 작은 epsilon(최소한도로 0.01로 설정하는 것이 좋다)을 사용함으로써 완화시킬 수 있다. 이렇게 하면 네트워크가 각 상태에 대해 이미 알고 있는 행동을 제안하기 때문에 대부분의 시간에 자신이 갖고 있는 가중치를 다시 학습하게 되어, 성능을 저하시키지 않지만 메모리에 충분한 사례들이 생길 때까지 안정적으로 진동하다가 다시 개선되기 시작한다.

다음은 훈련과 테스트를 위해 적절한 메서드를 적용하는 코드다.

```
def test(self):
    self.learn(epsilon=0.0, episodes=100, trainable=False, incremental=False)

def train(self, epsilon=1.0, episodes=1000):
    self.learn(epsilon=epsilon, episodes=episodes, trainable=True, incremental=False)

def incremental(self, epsilon=0.01, episodes=100):
    self.learn(epsilon=epsilon, episodes=episodes, trainable=True, incremental=True)
```

마지막으로 다룰 메서드는 learn으로, 에이전트가 환경과 상호작용하고 환경으로부터 학습하기 위한 모든 단계를 배치한다. 이 메서드는 epsilon 값(따라서 에이전트가 가지고 있던 epsilon 값을 덮어씀)과 그 환경에서 실행할 에피소드의 수, 그것이 훈련됐는지 여부(부울 플래그), 이 훈련이 이전 모델의 훈련에 이어 계속될 것인지 여부(또 다른 부울 플래그)를 취한다.

코드의 첫 번째 블록에서 이 메서드는 우리가 다음 작업을 원한다면 Q 값 근사치를 위해 사전 학습된 네트워크의 가중치를 로딩한다.

1. 네트워크를 테스트하고 어떻게 동작하는지 보기 위해

2. 더 많은 사례를 사용해 이전 훈련을 계속 이어가기 위해

다음으로 이 메서드는 중첩된 반복을 자세히 조사한다. 바깥쪽 반복은 필요한 에피소드의 수만큼 실행된다(각 에피소드에서 루나 랜더 게임은 결론에 도달한다). 반면 안쪽 반복은 에피소드를 구성하는 단계 수만큼, 그리고 최대 1,000번 반복한다.

반복할 때 각 시간 단계마다 신경망은 다음에 나올 움직임에 대한 정보를 요청받는다. 테스트 중이라면 신경망은 언제나 단순히 다음에 나올 최선의 움직임에 대한 대답을 제공한다. 훈련 중이라면 epsilon 값에 따라 최선의 행동을 제안하지 않고 대신 임의의 움직임을 만들 것을 제안할 것이다.

```
def learn(self, epsilon=None, episodes=1000, trainable=True, incremental=False):
    """
    환경과 학습 에이전트 사이의 상호작용을 나타냄
    """

    # 필요하면 가중치를 불러옴
    if not trainable or (trainable and incremental):
        try:
            print("Loading weights")
            self.agent.load_weights('./weights.h5')
        except:
            print("Exception")
            trainable = True
            incremental = False
            epsilon = 1.0
```

```python
# epsilon 설정
self.agent.epsilon = epsilon

# 에피소드 단위로 반복
for episode in range(episodes):
    # 새로운 에피소드 초기화
    episode_reward = 0
    s = self.env.reset()
    # s가 기본값에 놓임
    s = np.reshape(s, [1, self.nS])

    # 시간 프레임 단위로 반복
    for time_frame in range(1000):
        if not trainable:
            # 학습 중이 아니라면 비디오에 에이전트를 표시함
            self.env.render()

        # 다음에 취할 행동을 결정
        a = self.agent.act(s)

        # 행동을 수행하고 피드백을 받음
        s_p, r, status, info = self.env.step(a)
        s_p = np.reshape(s_p, [1, self.nS])

        # 보상을 누적 보상에 더함
        episode_reward += r

        # 전체 경험을 메모리에 추가
        if trainable:
            self.agent.memory.add_memory(s, a, r, s_p, status)

        # 새로운 상태를 현재 상태로 설정
        s = s_p

        # 메모리 길이가 배치 길이보다 큰 경우 경험 재생을 수행
        if trainable:
            if len(self.agent.memory) > self.agent.batch_size:
                self.agent.replay()
```

```
        # 에피소드가 완료되면 이 루프를 끝냄
        if status:
            if trainable:
                self.agent.target_model_update()
            break

    # 탐구 vs. 활용
    self.agent.epsilon_update(episode)

    # 지난 100회 에피소드의 평균을 구함
    self.reward_avg.append(episode_reward)
    print("episode: %i score: %.2f avg_score: %.2f"
          "actions %i epsilon %.2f" % (episode, episode_reward,
                       np.average(self.reward_avg), time_frame, epsilon))
self.env.close()

if trainable:
    # 미래에 사용할 수 있도록 가중치를 저장
    self.agent.save_weights('./weights.h5')
```

에이전트가 움직인 다음, 모든 정보가 수집되어(초기 상태, 선택된 행동, 획득한 보상, 결과 상태) 메모리에 저장된다. 이번 시간 프레임에서 메모리가 Q 함수를 근사하는 신경망을 위한 배치를 생성하기에 충분할 정도로 크면 훈련 세션이 실행된다. 해당 에피소드의 시간 프레임을 모두 사용했다면 DQN 네트워크가 새로운 에피소드에서 학습할 때 안정적인 참고 데이터로 사용될 수 있도록 DQN 가중치는 다른 네트워크에 저장된다.

강화학습 프로세스 실행

강화학습과 DQN에 대한 자세한 설명을 마쳤고 프로젝트에 쓰이는 코드도 모두 작성했으니 마지막으로 모든 코드 기능을 하나로 묶는 Environment 클래스를 활용해 스크립트나 주피터 노트북을 통해 실행해 볼 차례다.

```
lunar_lander = Environment(game="LunarLander-v2")
```

클래스를 인스턴스화했으면 train 메서드를 epsilon=1.0부터 시작하고 목표를 5000에피소드(상태, 행동, 보상으로 연결된 변수로 구성된 사례 220만 건에 해당함)로 설정해서 실행하면 된다. 우리가 제공한 실제 코드는 완전히 훈련된 DQN 모델을 성공적으로 만들어내도록 설정돼 있으나 각자 컴퓨터 GPU의 가용성과 연산 능력에 따라 시간이 다소 걸릴 수 있다.

```
lunar_lander.train(epsilon=1.0, episodes=5000)
```

마침내 클래스가 필수 훈련을 마치고 나면 디스크에 모델이 저장된다(저장된 모델은 언제라도 실행 또는 반복될 수 있다). 더구나 셸에서 실행되는 간단한 명령어를 사용해 텐서보드를 검사할 수도 있다.

```
tensorboard --logdir=./experiments --port 6006
```

그러면 브라우저에 그래프가 나타날 것이며, 이 그래프는 로컬 주소 localhost:6006에서 확인할 수 있다.

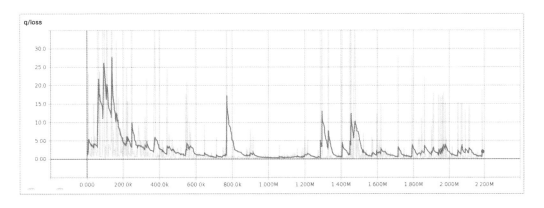

그림 10.3 훈련하는 동안 손실 추이, 고점은 800k 사례처럼 착륙기가 지면에 안전하게 착륙할 때 학습에 돌파구가 생겼음을 보여준다.

손실 그래프를 보면 다른 프로젝트와는 달리 여전히 손실을 줄이는 방향으로 최적화가 이뤄지고 있지만 그 과정에서 수많은 급등과 문제가 있음을 알 수 있다.

여기서 보여주는 그래프는 이 프로젝트를 1회 실행해서 얻은 결과다. 프로세스에 랜덤 요소가 있으므로 각자 컴퓨터에서 이 프로젝트를 실행했을 때 약간 다른 그래프를 얻을 수도 있다.

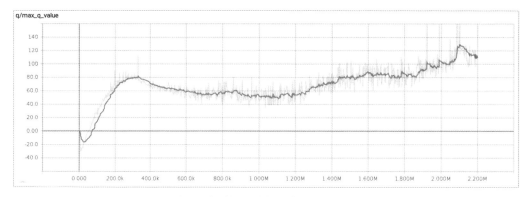

그림 10.4 배치 학습 세션에서 얻은 최대 q 값의 추이

예측된 q 값의 최댓값과 평균값도 마찬가지다. 마지막에는 네트워크가 개선되지만 단계를 약간 돌아가고 긴 시간 동안 정체 상태가 계속될 수 있다.

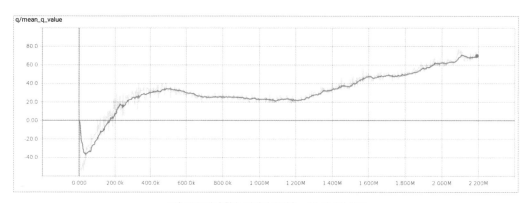

그림 10.5 배치 학습 세션에서 얻은 q 값 평균의 추이

최근 100개의 최종 보상의 평균을 취해서 추이를 그려보면 증가 추이를 볼 수 있고 DQN 네트워크가 지속적이고 꾸준히 개선되고 있음을 알 수 있다.

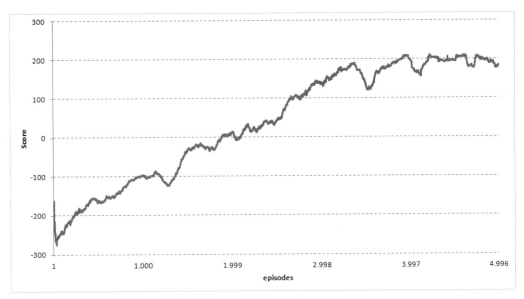

그림 10.6 각 학습 에피소드 끝에서 실제로 획득한 점수 추이.
이 그래프는 DQN의 능력이 증가하는 것을 더 분명하게 보여준다.

텐서보드가 아닌 결과로부터 동일한 정보를 사용해 epsilon 값에 따라 평균적으로 활동 수가 변경된다는 것을 알 수 있다. 초기에는 하나의 에피소드가 끝나기 위해 필요한 행동 수가 200 이하다. epsilon이 0.5일 때 갑자기 평균 행동의 수는 꾸준히 증가하다가 정점인 약 750까지 도달한다(여기서 착륙 포드가 로켓을 사용해서 중력에 대항하는 방법을 배웠다).

결국 네트워크는 이것이 차선의 전략이라는 것을 알게 되고, epsilon이 0.3 미만으로 떨어질 때 에피소드 완료에 필요한 평균 활동 수도 함께 떨어진다. 이 단계의 DQN은 착륙 포드를 더 효율적인 방식으로 성공적으로 착륙시키는 방법을 발견한다.

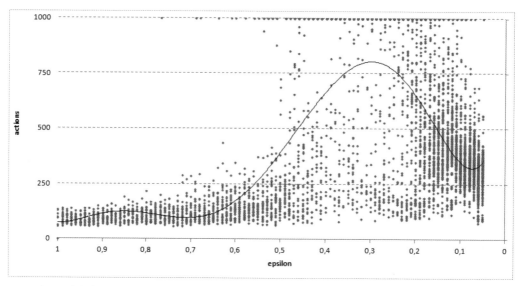

그림 10.7 엡실론(탐구/활용 비율)과 DQN 네트워크 효율 사이의 관계. 에피소드를 완료하기 위해 필요한 움직임 수로 표현됨

어떤 이유에서든 네트워크가 더 많은 사례와 학습이 필요하다고 생각되면 incremental 메서드를 사용해 학습을 반복할 수 있는데, 이 경우에는 epsilon은 매우 낮아야 한다는 점을 명심하자.

```
lunar_lander.incremental(episodes=25, epsilon=0.01)
```

훈련이 끝난 다음, 결과를 보고 평균 100회의 에피소드마다 DQN이 얻을 수 있는 점수(이상적인 목표는 score >= 200)를 알아야 한다면 다음 명령어를 실행하면 된다.

```
lunar_lander.test()
```

감사의 글

이 프로젝트를 마치면서 Peter Skvarenina에게 감사드린다. 그의 프로젝트인 'Lunar Lander II'[9]가 우리 프로젝트에 많은 영감을 불어넣었으며, 우리만의 심층 Q 네트워크를 만드는 동안 그의 제안과 힌트가 많은 도움이 됐다.

---

9 https://www.youtube.com/watch?v=yiAmrZuBaYU

정리

이 프로젝트에서는 강화 알고리즘이 OpenAI 환경에서 무엇을 달성할 수 있는지 알아보고, 에이전트, 상태, 행동, 결과 보상으로 특징지어진 환경에서 최종 보상을 추정하는 방법을 학습할 수 있는 텐서플로 그래프를 프로그래밍했다. DQN이라고 부르는 이 방식은 신경망 방식을 사용해 벨만 등식으로부터 결과를 근사하는 것을 목표로 한다. 그 결과, 훈련 마지막에 소프트웨어가 게임 상태를 읽고 언제든 취할 수 있는 올바른 행동을 결정함으로써 성공적으로 게임할 수 있는 루나 랜더 게임을 얻게 됐다.